PRIVATE ECONOMY DEVELOPMENT

2024年 民间投资与民营经济发展
重要数据分析报告

北京大成企业研究院 编著

PRIVATE INVESTMENT

ANALYSIS REPORT ON THE IMPORTANT DATA OF
PRIVATE INVESTMENT AND
PRIVATE ECONOMY DEVELOPMENT 2024

中华工商联合出版社

图书在版编目（CIP）数据

2024年民间投资与民营经济发展重要数据分析报告/北京大成企业研究院编著. -- 北京：中华工商联合出版社，2025.5. -- ISBN 978-7-5158-4288-2

Ⅰ.F832.48；F121.23

中国国家版本馆CIP数据核字第2025FE8753号

2024年民间投资与民营经济发展重要数据分析报告

作　　者：	北京大成企业研究院
出 品 人：	刘　刚
责任编辑：	李红霞　孟　丹
装帧设计：	山海慧（北京）文化传媒有限公司
责任审读：	付德华
责任印制：	陈德松
出版发行：	中华工商联合出版社有限责任公司
印　　刷：	北京毅峰迅捷印刷有限公司
版　　次：	2025年7月第1版
印　　次：	2025年7月第1次印刷
开　　本：	710mm×1000mm　1/16
字　　数：	230千字
印　　张：	14.5
书　　号：	ISBN 978-7-5158-4288-2
定　　价：	79.00元

服务热线：010—58301130—0（前台）
销售热线：010—58302977（网店部）
　　　　　010—58302166（门店部）
　　　　　010—58302837（馆配部、新媒体部）
　　　　　010—58302813（团购部）
地址邮编：北京市西城区西环广场A座
　　　　　19—20层，100044
http://www.chgslcbs.cn
投稿热线：010—58302907（总编室）
投稿邮箱：1621239583@qq.com

工商联版图书
版权所有　侵权必究
凡本社图书出现印装质量问题，请与印务部联系。
联系电话：010—58302915

编委会

指　导：黄孟复

主　编：陈永杰

编　委：谢伯阳　欧阳晓明　陈永杰　刘琦波
　　　　徐鹏飞　刘贵浙　葛佳意

摘　要

民企政策环境：继 2023 年出台《中共中央 国务院关于促进民营经济发展壮大的意见》及各部委出台相应落实政策后，2024 年是相对的民营经济政策小年，较少与民营经济相关的政策出台，其中更少有重磅政策，更多是此前政策的延续、落实、细化与执行，对民营经济的政策和态度基本平稳。2024 年的政策重点是外资与外贸，为了应对改革开放以来首次出现的连续两年外商投资大幅下降，国家出台多项政策，加大吸引外资力度；国内消费低迷，经济增长更加依赖出口，国家出台多项政策支持出口与外贸。

民企工资增长：2023 年全国城镇私营单位就业人员年平均工资增速小幅回升，增长 4.8%，比 2022 年提高 1.1 个百分点。全国城镇非私营单位就业人员年平均工资增长 5.8%，继续高于私营单位工资增速。私营单位与非私营单位工资差距经历了 2010—2014 年的缩小后，之后九年差距一直在拉大。可支配收入增速亦均较 2022 年有所反弹，农村居民人均可支配收入增长 7.7%，全国居民人均可支配收入增长 6.3%，城镇居民人均可支配收入增长 5.1%。但是农民工收入增速继续下滑，月均收入增速仅为 3.6%，制造业农民工月均收入仅增长 1.8%。东北地区私营单位工资增速只有 3.5%，房地产业私营单位工资继续负增长。

民间投资回升：2024 年民间投资下降 0.1%，自 2022 年以来连续三年无增长，主要是因为继续受到房地产开发投资下降的拖累。而民间制造业投资实现 10.8% 的增速，扣除房地产开发投资，民间投资增长 6.0%。在出口和锂电池、光伏、新能源汽车、芯片等行业的带动下，民间制造业投资自 2021 年以来连续四年保持较高增速，四年复合增速 12.6%。在财政资金的支持下国有及国有控股投资增速高达 5.7%，在民间投资小幅负增长、外商投资企业固定资产投资下降 10% 的不利情况下，带动全国固定资产投资增长 3.2%。扣除价格因素后，全国固定资产投资增长 4.8%，是支撑经济增速的重要因素。

民营工业发展：2024 年，随着政策效应不断显现，全国规模以上工业生产总体保持平稳，多数行业、地区和产品实现增长，工业产业结构持续优化，制造业增速回升。2024 年，全国规模以上工业增加值同比增长 5.8%。营收和利润方面，规模以上工业企业累计营收平稳增长，全年增长 2.1%，但利润增速同比下滑，并由正转负，全年同比上年下降 3.3%。分企业类型看，私营工业企业累计营收、利润增速均在国有控股、私营、外资三类企业中最高，利润方面是在三类企业中唯一实现正增长的。

大中小型企业：2024 年规模以上工业企业单位数超过 51 万家，小型企业占比稳定在 90% 以上。小型工业企业负债增速超过资产增速，资产增速超过营收增速，而利润明显下降，用工人数也有所下降。小型工业企业投入（负债、资产）增速超过产出（营收）增速，更超过效益（利润）增速，因此资产利润率、资产营收率、营收利润率等效率效益指标都有所恶化。

民营建筑发展：由于继续受到房地产行业的拖累，2024 年全国建筑业总产值增长 3.9%，增加值增长 3.8%，低于 GDP 增速 1.2 个百分点。民营企业占比近 99% 的非国有建筑业企业受到更大的影响，总产值增长 2.2%，低于全国建筑业 1.7 个百分点，低于国有建筑业 2.8 个百分点；新签合同额占比从超 60% 下降至不足 50%，总产值、施工面积占比从超 70% 一路下滑至不足 60%。在未来较长时间经济的"去房地产化"阶段，预计建筑业增速将维持在低位，而非国有建筑企业占比将持续下降。

民企外经外贸：2024年，政策作用显化，政企合力默契，为外贸企业保驾护航。各地海关、地方政府不断加强稳外贸、促外贸的施政力度，帮助出口企业赢得更多市场空间，提升了效率，降低了成本。企业主动寻求美国、欧洲以外的新市场，积极开拓非洲、拉美、东盟、"一带一路"沿线等新兴市场，取得了较好进展，这些现象都是积极信号。1—12月全国货物进出口总额约6.16万亿美元，同比增长3.8%，其中民营企业进出口额3.43万亿美元，同比增长7.5%，占比扩大到55.7%

民企上市公司：2024年，我国上市公司经济效益总体仍然保持降中趋稳的态势。截至2024年三季度，上市公司数量保持稳定，民营企业微增；上市公司营收同比下降，民营企业实现增长，表现好于平均水平；上市公司利润增速同比为负，民营企业降幅高于全国水平。从总量数据上看，尽管民营企业占上市公司数量的比重接近三分之二，但在资产、营收、净利润等方面，国有企业均占全部上市公司的三分之二以上甚至更高，表明国企仍然在上市公司群体中占据主体地位。

民企最强五百：2024年，各大企业"500强"榜单上榜民营企业总体规模有所提升，产业结构不断优化，创新能力不断增强，积极履行社会责任，整体上呈现稳中有进、质效同升的良好发展态势。"中国民营企业500强"上榜民企资产、营收、净利润等指标均较上年稳中有升。"中国企业500强"上榜民营企业数量为244家，与上年持平。"《财富》世界500强"中国大陆上榜企业125家，其中民营企业34家，民企上榜数量较上年减少1家。

民企富豪榜单：从2022年开始到2024年，富豪榜单多项指标连续下降，与疫情后欧美地区等国家对中国实行的产业链遏制政策有一定关系，如受到出口受限影响的宁德时代的曾毓群，财富较上一年减少了500亿元。但也要看到，中国经济基本面依然坚挺，创新优势始终保持，人工智能领域催生出许多优秀企业，工业、消费、食品等实体行业依然强劲。同时必须指出，中美两国富豪财富和数量变化也与过去三年来中美股市市值涨跌密不可分，富豪榜的升降不足以表达两国的经济基本面情况。

民企公益慈善：2017—2024年，胡润中国慈善榜上榜门槛由1 500万元提高到1亿元，平均捐赠额从2亿元提高到4.4亿元，年均增长15.7%，第1名捐赠额年均增长8.5%。2024年公益时报统计的榜单中，民营企业慈善捐款企业数量达到920家，占上榜企业总数的67.2%；合计捐赠约163亿元，占上榜企业捐赠总额的65%。而在2023年榜单中，民营企业共有892家，占上榜企业总数的65.4%；合计捐赠超101亿元，占上榜企业捐赠总额的50.6%。

目 录

导　言　民营企业要成为我国参与国际市场竞争和技术创新的重要
　　　　力量 ··· 1

概述一　经济增速趋降　民企坚忍前行
　　　　——2024年民营经济形势简析及2025年趋势展望 ············ 7
概述二　总量显增效益平稳　支撑中国经济发展
　　　　——2019—2023年全国规模以上企业9大数据比较分析 ·········· 17

第一章　民企政策环境——民企政策平稳，壁垒尚待突破 ············ 35
第二章　民企工资增长——增速小幅反弹，差距继续扩大 ············ 43
第三章　民间投资回升——制造业高增长，房地产续拖累 ············ 61
第四章　民营工业发展——向好趋势未变，困难压力不小 ············ 71
第五章　大中小型企业——负债继续扩张，利润大幅下滑 ············ 100
第六章　民营建筑发展——去地产化继续，建筑产值低增 ············ 111
第七章　民企外经外贸——政企合力默契，出口增长回暖 ············ 119
第八章　民企上市公司——数量稳中有降，营收净利承压 ············ 135
第九章　民企最强五百——规模稳步增长，效益仍然承压 ············ 147
第十章　民企富豪榜单——财富继续缩水，行业分化明显 ············ 160
第十一章　民企公益慈善——矢志不渝投入，社会责任提升 ········· 171

专论与调研（一）

中国上市公司的比较优势到底如何

　　——上市公司在全国经济中的地位及与规上企业经营状况比较……179

专论与调研（二）

中国上市公司控股情况

　　——从上市公司发展统计报告看民营上市公司……………………189

专论与调研（三）

第五次全国经济普查企业主要经济数据简明比较……………………198

专论与调研（四）

突围与融合：全球产业链重构中民企战略选择

　　——大成企业首脑沙龙（2024·长沙）观点综述……………………204

专论与调研（五）

困难压力仍然较大，预期信心有待增强

　　——对806家民营企业的问卷调查……………………………………215

后　　记………………………………………………………………………220

导　言

民营企业要成为我国参与国际市场竞争和技术创新的重要力量

编者按：本文根据第十、第十一届全国政协副主席黄孟复在大成企业首脑沙龙（2024·长沙）上的讲话整理。

每一年大成沙龙的主题都是围绕着分析经济形势，交流民营企业发展的观点和感悟，探找方向出路和增强信心。从我们了解的情况看，当前民营企业家普遍对未来形势不乐观、缺乏信心，有的甚至"躺平"，这是非常严重的问题。

然而民营企业家都是经历了几十年市场经济的起起落落、风风雨雨的，见识了多少成功与失败。他们在风风雨雨中成长，到现在活下来的企业都是最优秀、最顽强的，都是国家的宝贵财富。所以，我们这次沙龙确定了这个主题："突围与融合——全球产业链重构中民企战略选择"，不仅是要给民营企业鼓劲，还要帮助企业家认清方向，在困难的形势下如何突围、往哪里突围。

一、全球产业链重构中民营企业要顺应大趋势、克服困难，在国际市场中突围

1. 民营企业"走出去"是经济发展的大趋势

现在中国面临的问题是如何继续保住世界工厂的地位，但是保住什

么、舍去什么，要由市场来决定。我们看到，有越来越多的民营企业顺应市场经济结构调整、国际供应链转移的大趋势，选择出海，努力融入国际产业链。"走出去"不管是企业有意为之还是被迫为之，都是发展中国家发展到一定体量后必然会经历的。中国最早走出去的是人，中国人在全世界各地跑，然后是中国产品出口到全世界，现在是中国的企业走向世界，这就是大趋势。民营企业强大了、丰满了，就不一定只在中国发展，而要到全世界去寻找发展空间。

2. 提高在全球供应链中的竞争力

现在我们衡量经济总量通常都是用GDP，而GDP统计的是在一个国家境内创造的经济总量，中国GDP已是世界第二位。但我认为GNP也是衡量一个国家实力的重要指标之一，GNP统计的是一个国家在全世界范围内创造财富的能力，即中国企业在全球范围所创造的价值，不管你是在国内还是在世界各国，只要是中国人创造的价值都计算在内。所以，用全球的资源赚全世界的钱，在全球供应链中占有一席之地，才是真正有竞争力。

3. 中国企业面临严峻的国际环境和逆全球化压力，要咬紧牙关挺过去

目前，以美国为首，欧盟、日本等发达国家，以及一些大型跨国公司达成了遏制中国的共识，联合起来打压中国。这些西方国家从抵制国企开始，逐步发展到抵制科技含量高的民企，采取明和暗的手段来对付我们，这一现象有可能会越演越烈，相信很多高科技企业已经感同身受。同时逆全球化浪潮也迎面而来，中国在过去30多年是全球化的获利者，现在遇到了逆全球化的问题。一些发达国家会通过逆全球化的策略和手段遏制中国发展，目的就是阻止发展中国家成为发达国家，这种趋势可能会持续10~20年，这就考验中国能否挺过去。所以，中国企业要咬紧牙关继续发展和坚持前进，突出技术、质量、成本等方面优势。我们坚信，严

峻的国际环境和逆全球化浪潮是抑制不住中国经济成长的步伐的，中国企业是不可能被压垮的。

二、民营企业要成为我国技术创新的重要源泉

我们都知道，民营企业是就业的主力军，解决了我国全部就业的80%和新增就业的90%，这是民营经济立足的根本，国家也充分肯定民企的贡献。目前我国就业形势颇为严峻，特别是每年1 200多万新增大学毕业生就业问题还是主要靠民营企业来解决。我在很多会议上都很自豪地说，民营企业是解决就业的主力军，不支持民营企业就是对就业不负责，对老百姓不负责任。今后，更希望我能自豪地讲，民营企业是创新的源泉，是创新的发源地，是创新人才的汇聚地，是我国创新的重要力量，不支持民营企业也就是不支持创新。

我们这次沙龙请了曹祥东博士讲飞秒技术，他的经历和见解给我很大的启发。民营企业如何向技术创新型企业转型，我想分享几点看法。

一是要学习科学家的精神，努力成为有科学家头脑的企业家。科学家思维就是要打破原有的认知和常规，或者是在常规中寻找新的规律。企业家要技术创新，不是成为科学家，而是要学习科学家的创新精神。现在很多民营企业想向科技创新型企业转变，我觉得企业家在不违背基本原则的前提下，也要敢于突破常规，寻找新的规律。民营企业自身也要不断提高，从每一个企业自身做起，提高对科技创新和转型的认识能力。将来我们的民营企业家中说不定也诞生几个院士，希望大家努力。

二是坚持长期主义，而不是只图挣快钱。我看到一些民营企业家比较重视短期利益，只喜欢投入两三年就能见到回报的项目，对于需要长时间投入的东西没有信心和耐心，当然这与大环境的浮躁也有关系。我认为企业家应该转变思想，提升格局和胸怀，不只关注投资回报周期，而要更多地思考长期价值。对于那些有较高技术价值和市场发展潜力的

投资项目，根据企业的实力和能力，就要持续投入进去，因为很多有难度的科研技术都是需要八年、十年以上的长期努力才能攻克，而成功之后创造的价值却是巨大的。

三是培养科技人才，就要为年轻人提供良好的创新环境。科技的进步改变了世界，也改变了人们对物理世界的认识，科技人才的重要性毋庸置疑。必须承认我国的人才培养环境相比一些发达国家，还有很多不足，尤其是在对年轻人才的培养上做得很不够。很多年轻科技人员的才能没法得到很好的发现和发挥，只能到国外寻找出路。现在，由于发达国家遏制中国，国外许多高校科研机构在关键技术领域对中国人有所限制，使我们科技人才的培养面临严峻的问题。一些海外学成回国的创业者他们的经历启发我们，我国应该建立鼓励科技人员创新创业的良好机制，使他们的智慧和创造得到充分的发挥，在创新的同时也能让他们创富。

民营企业要在新一轮科技革命中有所作为，为青年一代科技人员创造良好的环境。我国每年有大量的大学毕业生要就业，他们具备基础知识和一定的创新能力，是优质的劳动力资源，只要民营企业选对合适的发展方向，利用这样的人才优势，培养出一批创新型的企业人才，就是尽到了社会责任，不负党和国家的期望。

四是应当通过风险投资、股权投资，孵化支持科技型企业。相比一些发达国家，我国融资环境对科技企业的支持不足。要研究如何增加各类股权投资在金融中的比重，把我国更多的资金投入到风险投资领域，设立各类投资基金，让他们来支持科技企业的全生命周期成长。民营企业在这方面是可以大有作为的。

三、提振企业家信心，关键在于坚定不移地落实好中央的政策

关于所有制的意识形态之争应当制止。今天，我们的民营企业遇到

双重困难，一方面是西方国家利用意识形态不同打压中国企业；另一方面是国内有些人也在搞意识形态对立，他们不承认民营经济是中国经济发展的重要力量。这种论调导致社会上的所有制歧视，很多民营企业受到种种不公正的对待。民营企业家心神不定、心有余悸，如不制止将极大损害民营经济的发展，打击企业家的信心。国际上，西方国家拼命打压我们，我们千万不能自毁长城。党中央、国务院一直强调，所有企业都应该平等使用生产要素、公平参与市场竞争、同等受到法律保护。最近中央又出台了一系列政策措施，即将出台《民营经济促进法》，加大支持民营经济发展力度。我认为中央的政策方向很明确，就是要坚决支持民营经济，关键看能否落实。

政策落实是提振企业家信心的关键。现在的问题是尽管中央多次出台了鼓励民营经济发展的政策文件，但是对民营企业信心提振作用不及预期。从"非公经济36条"开始，中央出台的鼓励支持民营经济的相关政策也有好几百条了，关键是政策要落实到位。

我认为，民营经济贡献了国民经济的"56789"，是我国GDP和就业的主要力量，必须要高度重视民营经济，解决民营经济发展中遇到的实际问题。如果全国各地能够真正贯彻落实中央的决策部署，企业家信心会迅速得到提振。建议在《民营经济促进法》出台后，中央对各地各部门落实新法的情况进行巡视，到各省督查落实相关条款的进度，条条对照。要广泛征求民营企业的意见，全面掌握政策落实的情况。最高人民法院也应当坚决纠正涉及民营企业的冤案错案，并追究相关责任人的责任。我相信民营企业是"给点阳光就灿烂"，不管当下是否有信心，只要中央的政策真正落实了，大家一定会铆足干劲加油干，把中国经济推上新的发展轨道，让美国等西方国家目睹中国的盛世。我们也要为民营经济发展不断呼吁，也相信未来民营经济发展环境会越来越好。

最后，我希望民营企业集聚力量，利用好现在的政策、环境和资源，吸取从前的教训，按照国家制定的战略发展目标，坚持发展下去。我们对中国经济发展是有信心的，对民营经济发展是有信心的，关键是要监督民营经济政策能很好地落实，对敷衍、不认真落实政策的人要追究责任，我相信党和国家一定会有决心做到。

概述一

经济增速趋降　民企坚忍前行
——2024年民营经济形势简析及2025年趋势展望

2024年全年经济形势，宏观地看，公布数据好于社会预期，经济增长的基本目标可以达到，可圈可点；环视全球，中国在主要经济体中的增速位居前列，着实不易。微观地看，多数企业实际感受市场日渐萎缩，企业经营不振，面临困难较大，企业家信心不高，社会议论较多。

12月9日召开的中共中央政治局会议对经济形势的判断是："经济运行总体平稳、稳中有进，我国经济实力、科技实力、综合国力持续增强。新质生产力稳步发展，改革开放持续深化，重点领域风险化解有序有效，民生保障扎实有力，全年经济社会发展主要目标任务将顺利完成。"

12月12日结束的中央经济工作会议的判断是："经济运行总体平稳、稳中有进，高质量发展扎实推进，经济社会发展主要目标任务即将顺利完成。当前，外部环境变化带来的不利影响加深，我国经济运行仍面临不少困难和挑战，但经济基础稳、优势多、韧性强、潜能大，长期向好的支撑条件和基本趋势没有变。"

国家统计局对经济形势的最近描述是，"三个回升、两个稳定、一个提振"："三个回升"，指市场销售、服务业和进出口明显回升；"两个稳定"，一个稳定是指工业和投资稳定增长，另一个是指就业和物价保持稳定；"一个提振"，指的是市场信心得到提振。

如果深入到经济运行的内部，既从2024年、也从之前8年，来认真看看国有经济、民营经济和外资经济三大市场主体、三驾经济马车的运行状况数据，呈现出一些新的形势和特点：国有经济发展相对较快、增长明显；民营经济发展相对较慢，不同领域参差不齐、有好有差；外资经济发展整体下滑、状况难改。

下面是2024年民营经济形势简要分析和2025年趋势粗略展望。

一、2024年民营经济营商政策环境简要概述

如果说，2023年是民营经济新的政策年的话，那么可以说，2024年是新政策的继续扩展和推行年，同时也是民营经济营商环境的继续改善年。

一是中央出台重大政策。党的二十届三中全会发布了《中共中央关于进一步全面深化改革 推进中国式现代化的决定》，对民营经济发展提出了更加积极的方针政策。

二是出台相关法律法规。如《中华人民共和国消费者权益保护法实施条例》《公平竞争审查条例》《中华人民共和国增值税法》，等等。

三是党中央和国务院出台了一系列新政策。例如，国务院关于《印发推动大规模设备更新和消费品以旧换新行动方案》的通知，《国务院关于加强监管防范风险推动资本市场高质量发展的若干意见》，中共中央办公厅、国务院办公厅印发《关于加强行政执法协调监督工作体系建设的意见》，《国务院办公厅关于创新完善体制机制推动招标投标市场规范健康发展的意见》，《国务院关于调整完善工业产品生产许可证管理目录的决定》，国务院办公厅关于印发《促进创业投资高质量发展的若干政策措施》的通知，国务院办公厅关于印发《政府采购领域"整顿市场秩序、建设法规体系、促进产业发展"三年行动方案（2024—2026年）》的通知，国务院办公厅转发中国证监会等部门《关于进一步做好资本市场财务造假综合惩防工作的意见》，《中共中央 国务院关于

加快经济社会发展全面绿色转型的意见》，《中共中央办公厅 国务院办公厅关于完善市场准入制度的意见》，《国务院关于促进服务消费高质量发展的意见》，《中共中央 国务院关于深化产业工人队伍建设改革的意见》，《中共中央办公厅 国务院办公厅关于加快公共数据资源开发利用的意见》，中共中央办公厅、国务院办公厅印发《关于解决拖欠企业账款问题的意见》，《国务院关于进一步规范和监督罚款设定与实施的指导意见》，《国务院办公厅关于严格规范涉企行政检查的意见》，等等。

四是国家有关部门出台相关配套政策。财政部等《关于进一步支持专精特新中小企业高质量发展的通知》，国家发展改革委《关于支持优质企业借用中长期外债促进实体经济高质量发展的通知》，国家发展改革委等《关于加力支持大规模设备更新和消费品以旧换新的若干措施》的通知，最高人民法院《关于大型企业与中小企业约定以第三方支付款项为付款前提条款效力问题的批复》，工业和信息化部《关于创新信息通信行业管理 优化营商环境的意见》，国家发展改革委办公厅等《关于建立促进民间投资资金和要素保障工作机制》的通知，市场监管总局《关于市场监管部门优化营商环境重点举措（2024年版）》的通知，生态环境部关于印发《生态环境部门进一步促进民营经济发展的若干措施的通知》，交通运输部、国家发展和改革委员会《交通物流降本提质增效行动计划》，海关总署《关于进一步促进跨境电商出口发展的公告》，国家卫生健康委等《关于印发独资医院领域扩大开放试点工作方案的通知》，等等。

特别需要提及的是，2024年6月25日，在第十四届全国人民代表大会常务委员会第十次会议上，国务院向全国人大提出了《关于促进民营经济发展情况的报告》，详细报告了近年来国务院及有关部门在促进民营经济发展方面的政策及执行情况。随后，10月，国家发改委和司法部等部门代表国务院提出了《中华人民共和国民营经济促进法（征求意见稿）》向全社会征求意见，在社会上引起很大反响。经过一定修改后，报请全国人大审议。12月底，全国人大提出了《中华人民共和国民营经济促进法（草案征求意见稿）》，向社会征求意见。此法两次向社会广泛征求意见，充分反映了国家对此法的高度重视，也反映了社会对此法的高度关注。作为我国第一部专门关于民营经济发展的基础性法律，这部法律将改革开放以来，特别是党的十八大以来关于促进民营经济发展的方针政策和实践中的有效做法确定为法律制度，对于巩固改革成果，改善营商环境，回应各方关切，提振发展信心，具有很重要意义。

二、2024年民营经济主要数据简要分析

2024年，是中国经济、特别是民营经济整体发展比较艰难、发展速度明显趋缓的一年。以下用五个方面的数据，简要描述和对比民营经济与国有和外资经济的基本状况和新的变化趋势。

一看投资经济新趋势：全国投资中速，国有投资中高速，民间投资低速，外商投资下降。

2024年，全国固定资产投资（不含农户）514 374亿元，同比增长3.2%，其中，民间固定资产投资257 574亿元，下降0.1%，占全国投资的50.1%，占全国投资增量的–1.6%；国有投资增长5.7%，远超民间投资增速。港澳台企业投资增长4.2%，外商企业投资下降10%。

2015—2023年的8年，根据统计局公布增速累计计算，全国、民间和国有投资年均增速分别为5%、3.7%和7.7%；民间投资占比由54.5%下降为49.7%。据2024年中国统计年鉴，2015年全国投资总额为347 827亿元，2023年为503 036亿元。8年期间，全国投资年平均增速，年均增长4.7%。同期，民间投资分别为189 659亿元和253 544亿元，年均增长3.7%。国有投资则年均增长7.7%，比民间投资增速高一倍多。2015年和2023年，民间投资占全国投资总量的54.5%和49.7%，占全国

投资增量的58.5%和–6.9%；外商直接投资，2015年为1 355.8亿美元，2023年为1 632.5亿美元，8年年均增长2.3%，低于全国投资和民间投资增速。

总体来看，民间投资虽然仍占全国投资的一半左右，但其增长势头已经明显减弱，近年来情况更甚，加上今年，9年中有7年低于全国，更是明显低于国有投资增速；2024年是负增长，减弱状况更为显著。民间投资增长日益走低，甚至是负增长，这是全国投资增速明显下降的主要原因。

二看工业经济新趋势：增加值增速，国企私企持平；营收增速，国企高于私企；效益提升，国企好于私企。

工业增加值：2024年全国、国有、私营和外资工业增加值分别增长5.8%、4.2%、5.3%和4.0%。2015—2023年8年期间，全国工业增加值（公布的累计）增长55%，年均增长5.6%；其中，规模以上国有工业增长51%，年均增长5.3%；私营工业增长54.5%，年均增长5.6%；外资工业增长35%，年均增长3.8%。

工业资产：2024年全国、规模以上的国有、私营和外资工业资产分别增长4.5%、4.1%、4.3%和2.5%，国有、私营和外资工业资产占比分别为36.2%、29.1%和17.7%；全部民企（除国有控股和外资控股之外的企业，下同）占比为46.1%。

2015—2023年8年期间，全国工业企业资产增长63.5%，年均增长6.3%；其中，国有工业资产增长53%，年均增长5.5%；私营工业增长108.1%，年均增长9.6%；外资工业增长50%，年均增长5.2%；全部民企工业资产增长78.8%，年均增长为7.5%。2015年和2023年，全部民企工业资产占比分别为41.5%和45.6%。

工业企业营收：2024年全国、国有、私营和外资工业营业收入的增速，分别为2.1%、0.1%、2.4%和–0.5%。国有、私营和外资营收占比分别为26.9%、37.2%和19.4%，全部民企营收占比为53.7%。

2015—2023年8年，全国、国有、私营和外资工业营收分别增长了68%、69%、64.6%和36%，年均增速分别为6.7%、6.8%、6.4%和3.9%。国企、私企和外企营业收入的各自占比，2015年分别为21.8%、34.8%和22.1%，2023年分别为27.5%、36.6%和20.4%。2015年和2023年，全部民企营收分别占56%和52%，下降了4个百分点。

工业企业利润：2024年全国、国有、私营和外资工业企业利润的增速分别为–3.3%、–4.6%、0.5%和–1.7%；国有、私营和外资工业企业利润占比分别为28.8%、31.3%和23.7%；全部民企占比为47.5%。2015—2023年8年，全国、国有、私营和外资工业企业利润分别增长了84%、134%、67%和37%，年均增速分别为7.9%、11.2%、6.6%和4%。国企、私企和外企利润的各自占比，2015年分别为17.3%、36.6%和24%，2023年分别为29.4%、36.6%和30.1%。2015年和2023年，全部民企企业利润分别占58.7%和40.5%，民企整体下降了18个百分点，而国企提高了12个百分点。

营收利润率：2024年全国工业为5.4%，国企为5.8%，私企为4.5%，外企为6.6%。2015—2023年的8年间，国有企业在波动中上升，由4.6%提高到6.2%，提高了1.6个百分点；私企在逐步下降，由6%下降到4.8%，下降了1.2个百分点，低于国企1.4个百分点；外企基本稳定，提高0.3个百分点。

资产利润率：2024年全国工业为4.2%，国企为3.3%，私企为4.5%，外企为5.6%。2015—2023年的8年间，全国工业由6.5%降到4.6%；国有企业在波动中上升，由2.9%提高到4.1%，提高了1.2个百分点；私企明显下降，由10.6%下降到4.9%，下降了5.7个百分点，仅高于国企0.3个百分点；外企下降了1.9个百分点。

劳动生产率（人均营业收入）：2024年全国工业为186.1万元，

其中，国有企业为308万元，私营企业为142万元，外企为197万元，国企是私企的2倍多。2015—2023年的8年间，国企从2015年的141.5万元提高至2023年的299.2万元，提高了1.1倍；私企由115.2万元提高至138.1万元，仅提高了约20%；外企由107万元提高至188万元，提高了约76%。国企劳动生产率的提高明显快于民企和外企。

三看建筑经济新趋势：2024年全国建筑业总产值增长3.4%，其中国有建筑总产值增长5%，高于非国有建筑（没有公布相关数据），国有建筑占比为43.1%。

2015年，全国建筑业总产值为18.1万亿元，其中国有建筑业总产值为5.48万亿元，约占30.4%；非国有建筑业占近70%。由于外资建筑总体规模极小，因此，可以将非国有建筑总体视为民营建筑。2023年，全国建筑业总产值为31.6万亿元，其中国有建筑业总产值为13.4万亿元，约占42.4%，8年提升12个百分点；非国有建筑业占57.6%，8年降低12个百分点。

2015年，国有建筑企业从业人员为915万人，占全国建筑企业从业人员的18%；2023年为1 211万人，占全国的25.8%；2024年上半年占27.1%。8年来，国有建筑企业数量、产值总额、人数总量和竣工建筑面积的占比均明显提高，民营建筑企业的各项指标明显走低。

四看外贸经济新趋势：8年来，外贸是民企唯一保持明显高于国企和外资增长的领域。2024年私企在进出口总额中的占比为54.5%，在出口总额中的占比为63.6%，在出口顺差中的占比为106.4%。

进出口总额：2015年，私企占35%、国企占16.4%、外企占46.4%；2023年，三者分别占52.4%、16%、30.2%；2024年三者分别占54.5%、15.1%、29.2%。

出口总额：2015年，私企占42.8%、国企占10.7%、外企占44.2%；2023年，三者分别占62%、8%、28.6%；2024年三者分别占67%、

7.8%、25.2%。8年来，私企出口总额由2015年的9 738亿美元增长到2023年的20 950亿美元，增长了1.15倍，年均增长10%；国企出口总额由2 424亿美元增长到2 689亿元美元，增长了11%，年均增长1.3%；外企由10 047亿美元下降到9 656亿美元，总体下降0.5%，年均下降0.07%。

外贸顺差：2015年，私企占98.4%，国企占-27.9%，外企占29.3%；2023年，三者分别占133.3%、-50.1%、16.8%；2024年三者分别占121.6%、-37.6%、16.0%。

以上数据表明，近9年来，基本上是民营企业独立支撑了中国外贸的不断增长，每年外贸出口的增量基本都来自民企；民企还创造了平均每年120%以上的外贸顺差，顺差累计（2015—2024年）总额达到8万多亿美元，成为补充中国常年外汇储备（每年3万多亿美元）不竭来源的绝对主力。同期，国有企业的外贸逆差累计总额达到近4万亿美元。

五看国有经济整体增速。国有企业资产增长：根据国务院向全国人大提供的报告数据，全国非金融类国有控股企业的资产总额，2017年为183.5万亿元，2023年为371.9万亿元；按当年数据计算，5年间资产总额增长了102%，年均增长12.5%，远超民企资产总额的增长速度。

国有企业营收增长：根据财政部公布数据，全国非金融类国有控股企业营业收入总额，2024年营业收入为84.7万亿元，增长1.3%。2017年为52.2万亿元，2023年为85.7万亿元，6年间增长了64%，年均增长8.6%，明显高于民企营收增长速度。同期，6年间全国GDP名义增长50%，年均增长7.2%。国企营业收入名义增长率高于GDP名义增长率约20%。

国有企业利润增长：根据财政部公布数据，全国非金融类国有控股企业利润总额，2024年利润总额4.35万亿元，同比增长0.4%。2017年为2.9万亿元，2023年为4.6万亿元；按当年数据计算，6年间增长了60%，年均增长8.1%。这也高于民营企业利润增长速度。

三、2025 年民营经济发展展望

2024 年，民营经济坚忍前行，克服了各种困难，增速虽然下滑，但仍保持了相当的增长。2024 年，民营经济遇到了国际国内宏观经济形势明显趋紧的影响，主要是外需与内需市场都趋于下滑。同时，也遇到了中观和微观经济一些新的不利因素的明显影响。

大成企业研究院对民营企业的一次调研反映，2024 年企业经营压力较大，部分企业家感觉困惑焦虑，主要有三个表现：一是需求放缓、行业"内卷"，企业营收、利润增长面临较大压力；二是部分地方税收倒查冲击民企信心，导致企业家安全感降低；三是中小民营企业深受账款拖欠问题困扰。

2025 年，民营经济发展将继续面临和新面临几个大的困难与压力。这些困难与压力的存在是确定的，但困难与压力的深度与广度及行进的程度是不太确定的。

一是国际市场压力，主要是美国市场压力。特朗普正式上台后，将推行特朗普 2.0 版新政策，对中国加增关税和加大技术"卡脖子"限制是确定无疑的，只是关税最终加增多少、如何加增、加增的实际执行严格程度等，高端技术，特别是与通用人工智能相关的核心技术"卡脖子"限制的方向、重点和严酷程度等，实际上有许多不确定性。这对中国的整个进出口市场和企业技术创新影响巨大。民营企业作为中国外贸的最大主体、作为中国技术创新的最活跃主体，受影响更大。

二是国内市场压力，主要是房地产市场继续下滑和整个消费市场低迷的压力。这两大压力是确定会继续出现的，但在国家一系列强有力的财政税收、金融货币、产业导向等刺激和振兴政策的作用下，房地产市场继续下滑的程度、整个消费市场的继续低迷程度、各种债务负担的实际降低程度，也具有很大的不确定性。

三是民营企业信心不足带来的自身的"内卷"与"躺平"的压力，其存在是确定无疑的，这个压力已经延续了一段时间。新的一年是否有明显改观，也是不确定的。如何真正地创造和形成民营企业敢投、愿投与能投的氛围，不仅取决于刺激政策的力度、执行的程度，更要看政策的实际效果。

四是执法环境能否切实改善的压力，执法环境的政策改善是确定的，但实际执行与落实程度及其效果也是不大确定的。《中华人民共和国民营经济促进法（草案）》第七章权益保护共计13条法律规定，为保护民营企业权益提供了更为全面和明确的有法可依的法律前提，但是否能真正做到有法必依、执法必严、违法必究，民营企业抱着希望，但结果仍待观察。这是个老大难问题。

从中国自身发展的总体形势看，如果国家的财政税收、金融货币、消费提振、产业发展、技术推动等各项强力刺激政策能够全面落实、严格执行并取得切实效果，如果在《中华人民共和国民营经济促进法》出台后相关法律政策能够全面落实、严格执行并取得切实效果，2025年的中国经济、特别是民营经济发展，至少会保持与2023年和2024年相当的增长速度，甚或有所回升。

概述二

总量显增效益平稳　支撑中国经济发展
——2019—2023年全国规模以上企业9大数据比较分析

国家统计局的《中国统计摘要》自2020年起，每年公布前一年的全国（非金融类，下同）规模以上（限额以上）企业的主要经济指标的绝对数据，到2024年已经连续公布了5年数据。这使人们可以看到比较完整的全国重要企业的相关数据，并进行相关计算与分析，从中看到中国企业的整体发展情况。全国（非金融类）规上企业在数量上只占全国各类市场主体中的少数，但其资产、收入、利润和税收的总量则占全国各类市场主体的80%以上，是中国亿万市场主体中的绝对主体，更是影响中国经济发展基本态势的绝对主体。根据第五次经济普查数据，2023年全国第二、三产业的企业法人单位数约2 980.5万个，而规上企业114万多家，占企业法人单位数的3.8%。

以下是将统计局2020—2024年共5年的《中国统计摘要》中"按单位规模分组的企业主要统计数据"的绝对数汇总后进行的相关计算，并对主要数据进行简要比较分析。因此，我们可以从一个全新的角度看到全国规上企业经济运行概貌。

数据简要说明：（1）数据来源，2020—2024年《中国统计摘要》；（2）表中的"三类企业总计"一栏，数据为根据统计局的三类企业数据作者进行的加总计算；（3）表格中各个增长率、占比、效益和平均数据，都是根据统计局数据作者进行的按绝对数计算的数据；（4）表格数据不含金融类企业数据。

统计局对数据的注：（1）表中数据均为快报数据，企业划分依据《统计上大中小微型企业划分办法（2017）》标准；（2）规模以上服务企业分项不等于合计，是因为上述标准未对铁路运输业、自有房地产经营、教育、卫生等行业作出规定，因此无法分大中小微规模；（3）规模以上服务企业平均用工人数为期末用工人数。

由于数据较多，为了简明起见，主要列表简明分析比较三类规上企业的9大类数据情况，同时简要分析其中的大中小微型企业情况。

一、全国规上企业数量

2019—2023年，全国规上企业数量4年年均增长9.7%；2023年为114万家，增长10.7%，占全国法人企业（约2 980万家）的3.8%；其中，规上工业企业、限上批零住餐业和规上服务企业占规上企业的比重分别为42.3%、38.1%和19.6%；其中，大、中、小微型企业数量分别占2.1%、12.4%、85.5%（见表1）。

近5年，全国（非金融类）规上企业数量年年较快增长，从2019年的787 098家增长到2023年的1 140 521家，4年年均增长9.7%，其中2023年增长10.7%（见表1）。

按企业类型分，其中的规上工业企业数量，从2019年的372 822家，增长到2023年的482 192家，4年年均增长6.6%，2023年增长6.8%。2023年，规上工业企业占全部规上企业总量的42.3%。

其中的限上批零住餐业数量，2019—2023年，从246 067家增长到434 487家，4年年均增长15.3%，2023年增长17%。2023年，限上批零住餐业企业占全部规上企业总量的38.1%。

其中的规上服务企业数量，2019—2023年，从168 209家增长到223 842家，4年年均增长7.4%，2023年增长8%。2023年，规上服务企业占全部规上企业总量的19.6%。

按企业规模分，其中的大型企业，2019—2023年，从20 472家增长到23 128家，4年年均增长3.1%，2023年下降1.9%。2023年，规上大型企业占全部规上企业总量的2.1%。

其中的中型企业，2019—2023年，从123 484家增长到138 691家，4年年均增长2.9%，2023年下降0.1%。2023年，规上中型企业占全部规上企业总量的12.4%。

其中的小微型企业，2019—2023年，从603 610家增长到956 917家，4年年均增长12.2%，2023年增长12.9%。2023年，规上小微型企业占全部规上企业总量的85.5%。

表1　按单位规模分组的各类企业总量数据

单位：个，%

行业	企业法人单位数					4年年均增长率	2023年占比
	2019年	2020年	2021年	2022年	2023年		
规上工业企业	372 822	383 077	408 732	451 362	482 192	6.6	100
大型企业	8 355	8 117	7 897	8 326	7 979	−1.1	1.7
中小微型企业	364 467	374 960	400 835	443 036	474 213	6.8	98.3
中型企业	43 105	40 745	39 443	39 349	37 342	−3.5	7.7
小微型企业	321 362	334 215	361 392	403 687	436 871	8	90.6
限上批零住餐业	246 067	277 156	317 504	371 277	434 487	15.3	100
大型企业	5 704	5 954	5 641	6 111	5 934	1	1.4
中小微型企业	240 363	271 202	311 863	365 166	428 553	15.6	98.6
中型企业	58 663	62 729	64 085	71 243	72 373	5.4	16.7
小微型企业	181 700	208 473	247 778	293 923	356 180	18.3	82
规上服务业企业	168 209	173 254	191 029	207 252	223 842	7.4	
总数2	128 677	156 886	172 678	187 293	202 057		100
大型企业	6 413	7 940	8 334	9 136	9 215	9.5	4.6

续表

行业	企业法人单位数					4年年均增长率	2023年占比
	2019年	2020年	2021年	2022年	2023年		
中小微型企业	122 264	148 946	164 344	178 157	192 842	12.1	95.4
中型企业	21 716	25 433	26 544	28 232	28 976	7.5	14.3
小微型企业	100 548	123 513	137 800	149 925	163 866	13	81.1
各类企业总计	787 098	833 487	917 265	1 029 891	1 140 521	9.7	
总计2	747 566	817 119	898 914	1 009 932	1 118 736		100
大型企业	20 472	22 011	21 872	23 573	23 128	3.1	2.1
中型企业	123 484	128 907	130 072	138 824	138 691	2.9	12.4
大中型企业	143 956	150 918	151 944	162 397	161 819	3	14.5
小微型企业	603 610	666 201	746 970	847 535	956 917	12.2	85.5

注：1.数据来自2020—2024年《中国统计摘要》。2.总数2为不包含铁路企业等的企业总量，铁路企业等无法划分大中小型企业。3.三类企业总计数据是根据统计局数据作者进行的加总计算数据，下同。4.本表格及以下各表格的增长率、占比、户均、人均和效益数据，都是根据统计局数据按绝对数计算作者进行的推算数据。

二、全国规上企业营业收入

2019—2023年，全国规上企业营业收入4年年均增长9.8%；2023年营业收入为278.7万亿元，增长2.9%，相当于2023年126万亿元GDP的2.21倍，是全国第二、三产业企业法人单位营业收入（442.6万亿元）的63%；其中，规上工业企业、限上批零住餐业和规上服务企业营业收入分别为133.4万亿元、109.8万亿元和35.4万亿元，分别占规上企业的47.9%、39.4%和12.7%；其中，大型、中型和小微型企业营业收入分别为945 692亿元、768 390亿元和1 042 762亿元，分别占规上企业的34.3%、27.9%和37.8%（见表2）。

近5年，全国（非金融类）规上企业营业收入（按当年绝对数计算）较快增长，2019—2023年从191.5万亿元增长到278.7万亿元，4年年均增长9.8%，其中2023年增长2.9%（见表2）。另据最新公布的第五次经济普查数据，2023年全国第二、三产业法人企业的营业收入总额为441.6万亿元，全国规上企业营业收入占全国法人企业营业收入的63%。

企业营业收入是GDP的主要来源，规上企业营业收入从2019年的191.5万亿元提升到2023年的278.7万亿元，年均增长9.8%，明显高于同期全国GDP的名义增速6.3%；分别相当于当年GDP的1.94倍和2.21倍，反映规上企业对整个经济的贡献份额进一步提升。

按企业类型分，其中的工业企业营业收入，2019—2023年，从105.8万亿元增长到133.4万亿元，4年年均增长6%，2023年下降3.2%。2023年，规上工业企业营业收入占全部规上企业营业总收入的47.9%，占全部工业企业法人单位营业收入152.4万亿元的87.5%。

其中的限上批零住餐业营业收入，2019—2023年，从63.9万亿元增长到109.8万亿元，4年年均增长14.5%，2023年增长8.7%。2023年，限上批零住餐业营业收入占全部规上企业营业总收入的39.4%，占全国批零住餐业法人企业营业收入（156万亿元）的70.4%。

其中的规上服务企业营业收入，2019—2023年，从21.9万亿元增长到35.4万亿元，4年年均增长12.8%，2023年增长10.7%。2023年，规上服务企业营业收入占全部规上企业营业总收入的12.7%，占全国服务业企业法人单位营业收入（96.36万亿元）的36.8%。

按企业规模分，其中的大型企业营业收入，2019—2023年，从72.8万亿元增长到94.6万亿元，4年年均增长6.7%，2023年为2.8%。2023年，规上大型企业营业收入占全部规上企业营业收入总额的34.3%。

其中的中型企业营业收入，2019—2023年，从53.7万亿元增长到76.8万亿元，4年年均增长9.4%，2023年下降0.4%。2023年，规上中型企业营业收入占全部规上企业营业收入总额的27.9%。

其中的小微型企业营业收入，2019—2023年，从61.3万亿元增长到104.3万亿元，4年年均增长14.2%，2023年增长4.9%。2023年，小微型规上企业营业收入占全部规上企业营业收入总额的37.8%。

表2 按单位规模分组的各类企业营业收入数据

单位：亿元，%

行业	营业收入					4年年均增长率	2023年占比
	2019年	2020年	2021年	2022年	2023年		
规上工业企业	1 057 825	1 061 434	1 279 227	1 379 098	1 334 391	6	100
大型企业	458 003	444 537	524 470	575 813	571 622	5.7	42.8
中小微型企业	599 822	616 897	754 757	803 285	762 769	6.2	57.2
中型企业	239 072	242 372	295 533	314 553	296 007	5.5	22.2
小微型企业	360 750	374 525	459 223	488 732	466 762	6.7	35
限上批零住餐业	638 713	707 817	919 659	1 009 819	1 098 177	14.5	100
大型企业	195 275	194 370	224 795	236 613	254 363	6.8	23.2
中小微型企业	443 439	513 447	694 864	773 206	843 813	17.5	76.8
中型企业	251 500	278 060	351 218	382 910	395 078	12	36
小微型企业	191 939	235 387	343 646	390 296	448 735	23.7	40.9
规上服务业企业	218 923	243 018	297 463	320 064	354 349	12.8	
总数2	181 344	222 713	272 583	295 526	324 277		100
大型企业	74 999	85 648	100 559	107 083	119 707	12.4	36.9
中小微型企业	106 345	137 065	172 024	188 443	204 570	17.8	63.1
中型企业	45 949	56 675	68 783	73 876	77 305	13.9	23.8
小微型企业	60 395	80 390	103 240	114 567	127 265	20.5	39.2
各类企业总计	1 915 461	2 012 269	2 496 349	2 708 981	2 786 917		
总计2	1 877 882	1 991 964	2 471 469	2 684 443	2 756 845	9.8	100
大型企业	728 277	724 555	849 824	919 509	945 692	6.7	34.3
中型企业	536 521	577 107	715 534	771 339	768 390	9.4	27.9
大中型企业	1 264 798	1 301 662	1 565 358	1 690 848	1 714 082	7.9	62.2
小微型企业	613 084	690 302	906 109	993 595	1 042 762	14.2	37.8

三、全国规上企业利润

2019—2023年，全国规上企业利润4年年均增长7.9%；2023年为

13.74万亿元，增长3.6%；其中，规上工业企业、限上批零住餐业和规上服务企业的利润分别为7.69万亿元、1.99万亿元和4.05万亿元，分别占56%、14.5%和29.5%；其中，大型、中型和小微型企业的利润分别为6.94万亿元、3.16万亿元和3.46万亿元，分别占51.2%、23.3%和25.6%（见表3）。

表3 按单位规模分组的各类企业利润总额

单位：亿元，%

行业	利润总额					4年年均增长率	2023年占比
	2019年	2020	2021	2022年	2023年		
规上工业企业	61 996	64 516	87 092	84 039	76 858	5.5	100
大型企业	28 606	27 951	40 541	39 335	37 329	6.9	48.6
中小微型企业	33 389	36 565	46 551	44 704	39 529	4.3	51.4
中型企业	15 137	16 947	22 294	20 662	18 074	4.5	23.5
小微型企业	18 252	19 619	24 257	24 042	21 455	4.1	27.9
限上批零住餐业	13 156	13 408	17 440	17 019	19 999	11	100
大型企业	7 508	7 448	8 969	8 706	10 256	8.1	51.3
中小微型企业	5 648	5 960	8 470	8 313	9 744	14.6	48.7
中型企业	3 433	3 677	5 239	5 237	5 284	11.4	26.4
小微型企业	2 215	2 283	3 231	3 076	4 460	19.1	22.3
规上服务业企业	26 196	25 489	29 150	32 360	40 540	11.5	
总数2	24 581	25 699	28 931	32 984	38 732	12	100
大型企业	11 378	12 939	14 202	18 899	21 784	17.6	56.2
中小微型企业	13 203	12 760	14 729	14 085	16 948	6.4	43.8
中型企业	5 556	6 259	7 694	6 703	8 210	10.3	21.2
小微型企业	7 647	6 501	7 035	7 382	8 738	3.4	22.6
各类企业总计	101 348	103 413	133 682	133 418	137 397	7.9	
总计2	99 733	103 623	133 463	134 042	135 589	8.0	100
大型企业	47 492	48 338	63 712	66 940	69 369	9.9	51.2
中型企业	24 126	26 883	35 227	32 602	31 568	7	23.3
大中型企业	71 618	75 221	98 939	99 542	100 937	9	74.4
小微型企业	28 114	28 403	34 523	34 500	34 653	5.4	25.6

近5年，全国（非金融类）规上企业利润（按绝对数计算）较快增长，2019—2023年从10.13万亿元增长到13.74万亿元，4年年均增长7.9%，其中2023年增长3.0%（见表3）。

企业利润是国家企业所得税收入的来源，可以将其与同期全国企业所得税增长情况进行比较。2019—2023年，全国企业所得税总额从3.73万亿元提高到4.11万亿元，4年年均增长2.46%，2023年为下降6%。全国企业所得税增长大幅度低于规上企业利润增长，这在一定程度上反映了国家对企业的所得税减免等让利支持行为。

按企业类型分，其中的规上工业企业利润，2019—2023年，从6.20万亿元增长到7.69万亿元，4年年均增长5.5%，2023年为下降8.5%。2023年，规上工业企业利润占全部规上企业利润总额的55.9%。

其中的限上批零住餐业利润，2019—2023年，从1.32万亿元增长到2.00万亿元，4年年均增长11%，2023年增长17.5%。2023年，限上批零住餐业利润占全部规上企业利润总额的14.56%。

其中的规上服务业企业利润，2019—2023年，从2.62万亿元增长到4.05万亿元，4年年均增长11.5%，2023年增长25.3%。2023年，规上服务企业利润占全部规上企业利润总额的29.5%。

按企业规模分，其中的大型企业利润，2019—2023年，从4.75万亿元增长到6.94万亿元，4年年均增长9.9%，2023年增长3.6%。2023年，规上大型企业利润占全部规上企业利润总额的50.5%。

其中的中型企业利润，2019—2023年，从2.41万亿元增长到3.16万亿元，4年年均增长7%，2023年为下降3.2%。2023年，中型企业利润占全部规上企业利润总额的23.0%。

其中的小微型企业利润，2019—2023年，从2.81万亿元增长到3.47万亿元，4年年均增长5.4%，其中2023年增长0.4%。2023年，小微型企业利润占全部规上企业利润总额的25.2%。

四、全国规上企业用工人数

2019—2023 年，全国规上企业平均用工人数 4 年年均增长 1.9%；2023 年为 13 182 万人，增长 0.8%；其中，规上工业企业、限上批零住餐业和规上服务业企业的平均用工人数分别为 7 351 万人、1 704 万人和 4 127 万人，分别占全国规上企业的 55.76%、12.9% 和 31.3%；其中，大型、中型和小微型企业的平均用工人数分别为 4 088 万人、3 590 万人和 5 101 万人，分别占全国规上企业的 32%、28.1% 和 39.9%（见表 4）。

表 4　按单位规模分组的各类企业平均用工人数

单位：万人，%

行业	2019 年	2020 年	2021 年	2022 年	2023 年	4 年年均增长率	2023 年占比
规上工业企业	7 495	7 318	7 439	7 549	7 351	−0.5	100
大型企业	2 496	2 376	2 352	2 381	2 267	−2.4	30.8
中小微型企业	4 999	4 942	5 087	5 168	5 084	0.4	69.2
中型企业	2 114	2 036	2 047	1 993	1 878	−2.9	25.5
小微型企业	2 885	2 906	3 040	3 175	3 206	2.7	43.6
限上批零住餐业	1 536	1 526	1 578	1 629	1 704	2.6	100
大型企业	568	546	536	538	535	−1.5	31.4
中小微型企业	968	980	1 042	1 092	1 169	4.8	68.6
中型企业	566	574	580	595	594	1.2	34.9
小微型企业	402	406	462	497	575	9.4	33.7
规上服务业企业	3 205	3 508	3 762	3 898	4 127	6.5	
总数 2	2 543	3 124	3 365	3 504	3 724	10	100
大型企业	929	1 142	1 216	1 276	1 286	8.5	34.5
中小微型企业	1 614	1 982	2 149	2 228	2 438	10.9	65.5
中型企业	764	927	1 017	1 076	1 118	10	30
小微型企业	850	1 055	1 132	1 152	1 320	11.6	35.4
各类企业总计	12 236	12 351	12 779	13 076	13 182	1.9	
总计 2	11 574	11 967	12 382	12 682	12 779	2.5	100

续表

行业	平均用工人数					4年年均增长率	2023年占比
	2019年	2020年	2021年	2022年	2023年		
大型企业	3 993	4 064	4 104	4 195	4 088	0.6	32
中型企业	3 444	3 537	3 644	3 664	3 590	1	28.1
大中型企业	7 437	7 601	7 748	7 859	7 678	0.8	60.1
小微型企业	4 137	4 367	4 634	4 824	5 101	5.4	39.9

近5年，全国（非金融类）规上企业平均用工人数小幅增长，2019年和2023年，从12 236万人增长到13 182万人，4年年均增长1.9%，2023年增长0.8%（见表4）。

同期，全国城镇就业人数分别为45 249万人和47 032万人，规上企业平均用工人数分别占全国城镇就业人数的27%和28.03%，就业占比有一定提高。

按企业类型分，其中的工业企业平均用工人数，2019—2023年，从7 495万人下降到7 351万人，4年年均下降0.5%，2023年为下降2.6%。2023年，规上工业企业用工人数占全部规上企业用工人数的55.76%。

其中的限上批零住餐业平均用工人数，2019—2023年，从1 536万人增长到1 704万人，4年年均增长2.6%，2023年增长4.6%。2023年，限上批零住餐业平均用工人数占全部规上企业平均用工人数的12.9%。

其中的服务业企业平均用工人数，2019—2023年，从3 205万人增长到4 127万人，4年年均增长6.5%，2023年增长5.9%。2023年，规上服务企业平均用工人数占全部规上企业平均用工人数的31.3%。

按企业规模分，其中的大型企业平均用工人数，2019—2023年，从3 993万人增长到4 088万人，4年年均增长0.6%，2023年为下降2.6%。

2023年，规上大型企业平均用工人数占全部规上企业平均用工人数的32%。

其中的中型企业平均用工数，2019—2023年，从3 444万人增长到3 590万人，4年年均增长1%，其中2023年为下降2%。2023年，中型企业平均用工人数占全部规上企业平均用工人数的28.1%。

其中的小微型企业平均用工数，2019—2023年，从4 137万人增长到5 101万人，4年年均增长5.4%，其中2023年增长5.7%。2023年，小微型企业平均用工人数占全部规上企业平均用工人数的39.9%。

五、全国规上企业资产

2019—2023年，全国规上企业总资产4年年均增长10.8%；2023年为373.8万亿元，增长8%，占全国非金融类企业法人单位资产792万亿元的47%；其中，规上工业企业、限上批零住餐业和规上服务企业的资产总额分别为167.36万亿元、58.1万亿元和148.34万亿元，分别占全国规上企业的44.78%、15.54%和39.69%；其中，大型、中型和小微型企业的资产总额分别为137.48亿元、91.24万亿元和122.83万亿元，分别占全国规上企业的39.1%、26%和34.9%（见表5）。

近5年，全国（非金融类）规上企业资产总额增长较快，2019—2023年，从248.3万亿元增长到373.8万亿元，4年年均增长10.8%，2023年增长8%。

投资是企业资产形成的来源。同期，全国固定资产投资4年年均增长率为3.8%，2023年为2.8%，规上企业资产增长大幅度高于全国投资增长。

按企业类型分，其中的工业企业资产总额，2019—2023年，从119.1万亿元增长到167.4万亿元，4年年均增长8.9%，2023年为增长7.2%。2023年，规上工业企业资产总额占全部规上企业资产总额的44.78%。

其中的限上批零住餐业资产总额，2019—2023年，从34.54万亿元增长到58.1万亿元，4年年均增长13.9%，2023年增长10.1%。2023年，限上批零住餐业资产总额占全部规上企业资产总额的15.54%。

表5 按单位规模分组的各类企业资产总额

单位：亿元，%

行业	2019年	2020年	2021年	2022年	2023年	4年年均增长率	2023年占比
规上工业企业	1 191 375	1 267 550	1 412 880	1 561 197	1 673 577	8.9	100
大型企业	569 654	588 348	640 335	707 018	756 451	7.3	45.2
中小微型企业	621 722	679 202	772 545	854 179	917 126	10.2	54.8
中型企业	274 050	292 576	328 586	356 229	370 022	7.8	22.1
小微型企业	347 672	386 626	443 959	497 951	547 105	12	32.7
限上批零住餐业	345 396	398 215	461 493	527 639	580 764	13.9	100
大型企业	118 195	125 782	141 828	157 250	163 418	8.4	28.1
中小微型企业	227 200	272 433	319 665	370 390	417 346	16.4	71.9
中型企业	134 480	156 961	174 650	198 250	214 601	12.4	37
小微型企业	92 720	115 472	145 015	172 140	202 745	21.6	34.9
规上服务业企业	946 045	1 110 158	1 250 301	1 371 473	1 483 404	11.9	
总数2	811 926	958 685	1 065 951	1 170 415	1 261 093		100
大型企业	277 187	340 560	386 547	429 814	454 895	13.2	36.1
中小微型企业	534 739	618 125	679 404	740 601	806 198	10.8	63.9
中型企业	222 880	258 011	285 952	305 383	327 772	10.1	26
小微型企业	311 859	360 114	393 452	435 218	478 426	11.3	37.9
各类企业总计	2 482 816	2 775 923	3 124 674	3 460 309	3 737 745	10.8	
总计2	2 348 697	2 624 450	2 940 324	3 259 251	3 515 434		100
大型企业	965 036	1 054 690	1 168 710	1 294 082	1 374 764	9.2	39.1
中型企业	631 410	707 548	789 188	859 862	912 395	9.6	26
大中型企业	1 596 446	1 762 238	1 957 898	2 153 944	2 287 159	9.4	65.1
小微型企业	752 251	862 212	982 426	1 105 309	1 228 276	13	34.9

其中的服务业企业资产总额，2019—2023年，从94.6万亿元增长到148.34万亿元，4年年均增长11.9%，2023年增长8.2%。2023年，规上服务业企业资产总额占全部规上企业资产总额的39.69%。

按企业规模分，其中的大型企业资产总额，2019—2023年，从96.5万亿元增长到137.48万亿元，4年年均增长9.2%，其中2023年为增长6.2%。2023年，规上大型企业资产总额占全部规上企业资产总额的39.1%。

其中的中型企业资产总额，2019—2023年，从63.14万亿元增长到91.24万亿元，4年年均增长9.6%，2023年为6.1%。2023年，中型企业资产总额占全部规上企业资产总额的26%。

其中的小微型企业资产总额，2019—2023年，从75.22万亿元增长到122.83万亿元，4年年均增长13%，2023年增长11.1%。2023年，小微型企业资产总额占全部规上企业资产总额的34.9%。

另外，据最新公布的第五次经济普查数据，全国第二、三产业的法人单位的资产总额为1 439.1万亿元，其中企业法人单位的资产总额（加总计算）为1 298.3万亿元；其中，工业企业法人单位资产总额为201万亿元，建筑业企业法人单位资产总额为52.3万亿元；服务业企业法人单位资产总额（加总为作者计算）为1 045万亿元，扣除金融业资产506万亿元后，全国非金融类企业法人单位资产总额为792万亿元；全国规上企业资产373.8万亿元，占全国非金融类法人企业单位资产792万亿元的47.2%。

六、全国规上企业资产利润率

规上企业资产利润率，总体平稳，小幅下降。2019—2023年，分别为4.1%、3.7%、4.3%、3.9%、3.7%（见表6）。

按企业类型分，其中，规上工业企业的资产利润率，2019—2023年，分别为 5.2%、5.1%、6.2%、5.4%、4.6%。限上批零住餐业的资产利润率分别为 3.8%、3.4%、3.8%、3.2%、3.4%。规上服务业企业的资产利润率分别为 2.8%、2.3%、2.3%、2.4%、2.7%。

按企业规模分，其中，大型企业的资产利润率，2019—2023 年，分别为 4.9%、4.6%、5.5%、5.2%、5%。中型企业分别为 3.8%、3.8%、4.5%、3.8%、3.5%。小微型企业分别为 3.7%、3.3%、3.5%、4.6%、4.4%。

表 6 按单位规模分组的各类企业资产利润率

单位：%

行业	资产利润率				
	2019 年	2020 年	2021 年	2022 年	2023 年
规上工业企业	5.2	5.1	6.2	5.4	4.6
大型企业	5	4.8	6.3	5.6	4.9
中小微型企业	5.4	5.4	6	5.2	4.3
中型企业	5.5	5.8	6.8	5.8	4.9
小微型企业	5.2	5.1	5.5	4.8	3.9
限上批零住餐业	3.8	3.4	3.8	3.2	3.4
大型企业	6.4	5.9	6.3	5.5	6.3
中小微型企业	2.5	2.2	2.6	2.2	2.3
中型企业	2.6	2.3	3	2.6	2.5
小微型企业	2.4	2	2.2	1.8	2.2
规上服务业企业	2.8	2.3	2.3	2.4	2.7
大型企业	4.1	3.8	3.7	4.4	4.8
中小微型企业	2.5	2.1	2.2	1.9	2.1
中型企业	2.5	2.4	2.7	2.2	2.5
小微型企业	2.5	1.8	1.8	1.7	1.8
各类企业总计	4.1	3.7	4.3	3.9	3.7
大型企业	4.9	4.6	5.5	5.2	5
中型企业	3.8	3.8	4.5	3.8	3.5
大中型企业	4.5	4.3	5.1	4.6	4.4
小微型企业	3.7	3.3	3.5	4.6	4.4

七、全国规上企业营收利润率

规上企业营收利润率，总体平稳，小幅下降。2019—2023 年，分别为 5.3%、5.1%、5.4%、4.9%、4.9%（见表 7）。

表 7　按单位规模分组的各类企业营收利润率

单位：%

行业	营收利润率				
	2019 年	2020 年	2021 年	2022 年	2023 年
规上工业企业	5.9	6.1	6.8	6.1	5.8
大型企业	6.2	6.3	7.7	6.8	6.5
中小微型企业	5.6	5.9	6.2	5.6	5.2
中型企业	6.3	7	7.5	6.6	6.1
小微型企业	5.1	5.2	5.3	4.9	4.6
限上批零住餐业	2.1	1.9	1.9	1.7	1.8
大型企业	3.8	3.8	4	3.7	4
中小微型企业	1.3	1.2	1.2	1.1	1.2
中型企业	1.4	1.3	1.5	1.4	1.3
小微型企业	1.2	1	0.9	0.8	1
规上服务业企业	12	10.5	9.8	10.1	11.4
大型企业	15.2	15.1	14.1	17.6	18.2
中小微型企业	12.4	9.3	8.6	7.5	8.3
中型企业	12.1	11	11.2	9.1	10.6
小微型企业	12.7	8.1	6.8	6.4	6.9
各类企业总计	5.3	5.1	5.4	4.9	4.9
大型企业	6.5	6.7	7.5	7.3	7.3
中型企业	4.5	4.7	4.9	4.2	4.1
大中型企业	5.7	5.8	6.3	5.9	5.9
小微型企业	4.6	4.1	3.8	5.9	5.9

按企业类型分，其中，规上工业企业的营收利润率，2019—2023 年，分别为 5.9%、6.1%、6.8%、6.1%、5.8%。限上批零住餐业的营收利润率

分别为2.1%、1.9%、1.9%、1.7%、1.8%。规上服务业企业的营收利润率分别为12%、10.5%、9.8%、10.1%、11.4%。

按企业规模分，其中，大型企业的营收利润率，2019—2023年，分别为6.5%、6.7%、7.5%、7.3%、7.3%。中型企业的营收利润率分别为4.5%、4.7%、4.9%、4.2%、4.1%。小微型企业的营收利润率分别为4.6%、4.1%、3.8%、5.9%、5.9%。

八、全国规上企业资产营收率

规上企业资产营收率，总体平稳，小幅下降。2019—2023年，分别为77.1%、72.5%、79.9%、78.3%、74.6%（见表8）。

表8 按单位规模分组的各类企业资产营收率

单位：%

行业	资产营收率				
	2019年	2020年	2021年	2022年	2023年
规上工业企业	88.8	83.7	90.5	88.3	79.7
大型企业	80.4	75.6	81.9	81.4	75.6
中小微型企业	96.5	90.8	97.7	94	83.2
中型企业	87.2	82.8	89.9	88.3	80
小微型企业	103.8	96.9	103.4	98.1	85.3
限上批零住餐业	184.9	177.7	199.3	191.4	189.1
大型企业	165.2	154.5	158.5	150.5	155.7
中小微型企业	195.2	188.5	217.4	208.8	202.2
中型企业	187	177.2	201.1	193.1	184.1
小微型企业	207	203.8	237	226.7	221.3
规上服务业企业	23.1	21.9	23.8	23.3	23.9
大型企业	27.1	25.1	26	24.9	26.3
中小微型企业	19.9	22.2	25.3	25.4	25.4
中型企业	20.6	22	24.1	24.2	23.6
小微型企业	19.4	22.2	26.2	26.3	26.6
各类企业总计	77.1	72.5	79.9	78.3	74.6

续表

行业	资产营收率				
	2019年	2020年	2021年	2022年	2023年
大型企业	75.5	68.7	72.7	71.1	68.8
中型企业	85	81.6	90.7	89.7	84.2
大中型企业	79.2	73.9	80	78.5	74.9
小微型企业	81.5	80.1	92.2	78.5	74.9

按企业类型分，其中，规上工业企业的资产营收率，2019—2023年，分别为88.8%、83.7%、90.5%、88.3%、79.7%。限上批零住餐业的资产营收率分别为184.9%、177.7%、199.3%、191.4%、189.1%。规上服务业企业的资产营收率分别为23.1%、21.9%、23.8%、23.3%、23.9%。

按企业规模分，其中，大型企业的资产营收率，2019—2023年，分别为75.5%、68.7%、72.7%、71.1%、68.8%。中型企业的资产营收率分别为85%、81.6%、90.7%、89.7%、84.2%。小微型企业的资产营收率分别为81.5%、80.1%、92.2%、78.5%、74.9%。

九、全国规上企业劳动生产率

规上企业人均营业收入，即企业劳动生产率，总体提高较快。2019—2023年，全国规上企业的人均营业收入，分别为157万元、163万元、195万元、207万元、211万元，4年年均提高7.67%，2023年提高1.9%（见表9）。

按企业类型分，规上工业企业的人均营业收入，2019—2023年，分别为141万元、145万元、172万元、183万元、182万元，4年年均增长6.6%。限上批零住餐业人均营业收入分别为416万元、464万元、583万元、620万元、644万元，4年年均增长11.5%。规上服务业企业人均营业收入分别为68万元、69万元、79万元、82万元、86万元，4年年均增长6%。

按企业规模分,大型企业的人均营业收入,2019—2023年,分别为182万元、178万元、207万元、219万元、231万元,4年年均增长6.1%。中型企业人均营业收入分别为156万元、163万元、196万元、211万元、214万元,4年年均增长8.2%。小微型企业人均营业收入分别为148万元、158万元、196万元、206万元、204万元,4年年均增长8.4%。

表9 按单位规模分组的各类企业人均营收

单位:万元

行业	人均营收				
	2019年	2020年	2021年	2022年	2023年
规上工业企业	141	145	172	183	182
大型企业	183	187	223	242	252
中小微型企业	120	125	148	155	150
中型企业	113	119	144	158	158
小微型企业	125	129	151	154	146
限上批零住餐业	416	464	583	620	644
大型企业	344	356	419	440	475
中小微型企业	458	524	667	708	722
中型企业	444	484	606	644	665
小微型企业	477	580	744	785	780
规上服务业企业	68	69	79	82	86
大型企业	81	75	83	84	93
中小微型企业	66	69	80	85	84
中型企业	60	61	68	69	69
小微型企业	71	76	91	99	96
各类企业总计	157	163	195	207	211
大型企业	182	178	207	219	231
中型企业	156	163	196	211	214
大中型企业	170	171	202	215	223
小微型企业	148	158	196	206	204

第一章　民企政策环境

——民企政策平稳，壁垒尚待突破

继2023年出台《中共中央 国务院关于促进民营经济发展壮大的意见》及各部委出台相应落实政策后，2024年是相对的民营经济政策小年，较少与民营经济相关的政策出台，其中更少有重磅政策，更多是此前政策的延续、落实、细化与执行，对民营经济的政策和态度基本平稳。值得注意的是，对经济领域的指导、规范、管制有所增加，企业经营受到更多的限制；一些改革措施出台较慢；一些阻碍民营经济发展的深层次政策壁垒也有待突破。

2024年7月党的二十届三中全会决定指出"毫不动摇巩固和发展公有制经济，毫不动摇鼓励、支持、引导非公有制经济发展，保证各种所有制经济依法平等使用生产要素、公平参与市场竞争、同等受到法律保护，促进各种所有制经济优势互补、共同发展"，明确坚持2002年党的十六大以来的"两个毫不动摇"政策。

2023—2024年中国外商投资连续两年大幅下降，是改革开放以来的首次，国家出台多项政策，加大吸引外资力度。取消两项制造业外商投资准入限制性措施；在北京、上海、海南、深圳启动增值电信业务对外开放试点，取消外资股比限制；允许在北京、天津、上海、南京、苏州、福州、广州、深圳和海南全岛设立除中医类之外的外商独资医院；在北京、上海、广东、海南自贸区开放外商投资企业从事人体干细胞、基因诊断与治疗技术开发和技术应用。

国家出台多项政策支持出口与外贸，外管局优化贸易外汇业务管理；海关总署向高级认证企业推出17项便利措施；商务部等支持跨境电商建设海外仓，取消跨境电商出口海外仓企业备案；出台跨境服务贸易负面清单；扩大来华单方面免签政策适用国家范围，扩大过境免签政策实施区域、延长可停留时间，便利贸易伙伴商务人员来华。

一、法律法规

2024年，全国人大和国务院通过一系列法律法规条例，全国人大及其常委会全年共制定法律6件，包括关税法、学位法、农村集体经济组织法、学前教育法、能源法、增值税法，修改法律16件，现行有效法律305件；国务院制定条例、规定、办法等行政法规16部（条例14部、规定2部），修改16部。其中，学前教育法将2018年11月《中共中央 国务院关于学前教育深化改革规范发展的若干意见》落实为法律，明确社会资本不得控制非营利民办幼儿园，民办幼儿园不得上市，上市公司不得投资幼儿园；为落实2023年末《中华人民共和国公司法》修订的要求，国务院关于实施《中华人民共和国公司法》注册资本登记管理制度的规定，明确对于存量公司给予三年过渡期（见表1）。

表1　2024年全国人大和国务院发布的与民营经济相关的法律、法规与条例

时间	法律及条例	相关内容
2024年6月	《公平竞争审查条例》	从市场准入和退出、商品要素的自由流动、生产经营成本和生产经营行为四个方面，确定了19项政策措施中不得包含的内容
2024年6月	《稀土管理条例》	国务院工业和信息化主管部门会同国务院有关部门确定稀土开采企业和稀土冶炼分离企业，其他组织和个人不得从事稀土开采和稀土冶炼分离；对稀土开采和稀土冶炼分离实行总量调控；建立稀土产品追溯信息系统，加强对稀土产品全过程追溯管理
2024年7月	国务院关于实施《中华人民共和国公司法》注册资本登记管理制度的规定	2024年6月30日前登记设立的公司，有限责任公司剩余认缴出资期限自2027年7月1日起超过5年的，应当在2027年6月30日前将其剩余认缴出资期限调整至5年内并记载于公司章程，股东应当在调整后的认缴出资期限内足额缴纳认缴的出资额；股份有限公司的发起人应当在2027年6月30日前按照其认购的股份全额缴纳股款

续表

时间	法律及条例	相关内容
2024年9月	《网络数据安全管理条例》	网络数据处理者开展网络数据处理活动,影响或者可能影响国家安全的,应当按照国家有关规定进行国家安全审查;重要数据的处理者应当每年度对其网络数据处理活动开展风险评估,并向省级以上有关主管部门报送风险评估报告
2024年10月	《中华人民共和国两用物项出口管制条例》	出口两用物项、出口管制清单所列两用物项或者实施临时管制的两用物项,出口经营者应当向国务院商务主管部门申请许可
2024年11月	《中华人民共和国学前教育法》	发展学前教育坚持政府主导,以政府举办为主,大力发展普惠性学前教育,鼓励、引导并规范社会力量参与;社会资本不得通过兼并收购等方式控制公办幼儿园、非营利性民办幼儿园

二、重要会议

2024年,中央全面深化改革委员会先后召开了三次会议,审议通过了一系列政策文件。其中一些改革措施出台较慢,2月召开的深改委会议审议通过4份政策文件,其中《关于改革土地管理制度增强对优势地区高质量发展保障能力的意见》《关于加快形成支持全面创新的基础制度的意见》仍未见出台,而其他两份文件已分别在8月和10月发布。

2024年末召开的中央经济工作会议指出:"出台民营经济促进法。开展规范涉企执法专项行动。制定全国统一大市场建设指引。加强监管,促进平台经济健康发展。"(见表2)

表2　2024年党中央和国务院重要会议与民营经济相关内容

时间	会议	相关内容
2024年2月19日	深改委第四次会议	审议通过了《关于改革土地管理制度增强对优势地区高质量发展保障能力的意见》《关于促进经济社会发展全面绿色转型的意见》《关于进一步提升基层应急管理能力的意见》《关于加快形成支持全面创新的基础制度的意见》《中央全面深化改革委员会2023年工作总结报告》《中央全面深化改革委员会2024年工作要点》
2024年2月23日	中央财经委员会第四次会议	研究大规模设备更新和消费品以旧换新问题,研究有效降低全社会物流成本问题
2024年6月11日	深改委第五次会议	审议通过了《关于完善中国特色现代企业制度的意见》《关于健全种粮农民收益保障机制和粮食主产区利益补偿机制的指导意见》《关于建设具有全球竞争力的科技创新开放环境的若干意见》等文件

续表

时间	会议	相关内容
2024年7月15—18日	党的二十届三中全会	听取和讨论了习近平受中央政治局委托所作的工作报告，审议通过了《中共中央关于进一步全面深化改革 推进中国式现代化的决定》
2024年8月29日	深改委第六次会议	审议通过《中央和国家机关有关部门贯彻实施党的二十届三中全会〈决定〉重要改革举措分工方案》《关于实施自由贸易试验区提升战略的意见》等文件
2024年12月11—12日	中央经济工作会议	实施更加积极有为的宏观政策。要实施更加积极的财政政策，提高财政赤字率，加大财政支出强度，增加发行超长期特别国债，持续支持"两重"项目和"两新"政策实施。增加地方政府专项债券发行使用，扩大投向领域和用作项目资本金范围。要实施适度宽松的货币政策。适时降准降息，保持人民币汇率在合理均衡水平上的基本稳定。综合整治"内卷式"竞争，规范地方政府和企业行为

三、中央文件

2024年7月，党的二十届三中全会出台《中共中央关于进一步全面深化改革 推进中国式现代化的决定》，明确指出"坚持致力于为非公有制经济发展营造良好环境和提供更多机会的方针政策"，也指出要"引导规范民营医院发展""引导规范民办教育发展"（见表3）。

表3 2024年党中央出台的与民营经济相关政策

时间	政策	相关内容
2024年7月	中共中央关于进一步全面深化改革 推进中国式现代化的决定	制定民营经济促进法。深入破除市场准入壁垒，推进基础设施竞争性领域向经营主体公平开放，完善民营企业参与国家重大项目建设长效机制。支持有能力的民营企业牵头承担国家重大技术攻关任务，向民营企业进一步开放国家重大科研基础设施。完善民营企业融资支持政策制度，破解融资难、融资贵问题。健全全涉企收费长效监管和拖欠企业账款清偿法律法规体系。加快建立民营企业信用状况综合评价体系，健全民营中小企业增信制度。支持引导民营企业完善治理结构和管理制度，加强企业合规建设和廉洁风险防控。加强事中事后监管，规范涉民营企业行政检查。全面构建亲清政商关系，健全促进非公有制经济健康发展、非公有制经济人士健康成长工作机制

续表

时间	政策	相关内容
2024年8月	中共中央办公厅、国务院办公厅关于完善市场准入制度的意见	由法律、行政法规、国务院决定、地方性法规设定的市场准入管理措施，省、自治区、直辖市政府规章依法设定的临时性市场准入管理措施，全部列入全国统一的市场准入负面清单。各类按要求编制的全国层面准入类清单目录和产业政策、投资政策、环境政策、国土空间规划等涉及市场准入的，全部纳入市场准入负面清单管理
2024年10月	中共中央办公厅、国务院办公厅印发《关于解决拖欠企业账款问题的意见》	要健全拖欠企业账款清偿的法律法规体系和司法机制。要加强政府投资项目和项目资金监管。定期检查资金到位情况、跟踪资金拨付情况。完善工程价款结算制度。加强政府采购支付监管。要健全防范化解大型企业拖欠中小企业账款的制度机制，并加强执法监督。督促国有企业规范和优化支付管理制度

四、国务院政策

2024年，国务院落实中央会议和文件精神，出台多项涉及营商环境、创业投资、外资外贸的支持政策。但也有一些政策重新建立了许可门槛，如工业产品生产许可证管理制度逆转了此前多年压减许可证管理目录和简化审批程序的放宽趋势，新增了6种产品实施许可证管理（见表4）。

表4 2024年国务院出台的与民营经济相关政策

时间	政策	相关内容
2024年1月	国务院关于进一步优化政务服务提升行政效能推动"高效办成一件事"的指导意见	明确了"高效办成一件事"第一批13个重点事项清单。其中，属于经营主体办事的有8项，包括开办运输企业、水电气网联合报装、信用修复、企业上市合法合规信息核查、企业注销登记等
2024年1月	国务院办公厅关于促进即时配送行业高质量发展的指导意见	全文包括13个"指导"
2024年2月	国务院关于进一步规范和监督罚款设定与实施的指导意见	严守罚款设定权限；科学适用过罚相当原则；合理确定罚款数额；定期评估清理罚款规定；及时修改废止罚款规定
2024年3月	国务院办公厅关于印发《扎实推进高水平对外开放更大力度吸引和利用外资行动方案》的通知	合理缩减外商投资准入负面清单，开展放宽科技创新领域外商投资准入试点，扩大银行保险领域外资金融机构准入，拓展外资金融机构参与国内债券市场业务范围，深入实施合格境外有限合伙人境内投资试点

39

续表

时间	政策	相关内容
2024年5月	国务院办公厅关于创新完善体制机制推动招标投标市场规范健康发展的意见	提出七方面政策举措，一是完善招标投标制度体系；二是落实招标人主体责任；三是完善评标定标机制；四是推进数字化智能化转型升级；五是加强协同高效监督管理；六是营造规范有序市场环境；七是提升招标投标政策效能
2024年5月	国务院关于调整完善工业产品生产许可证管理目录的决定	增加对冷轧带肋钢筋、瓶装液化石油气调压器、钢丝绳、胶合板、细木工板、安全帽6种产品实施工业产品生产许可证管理。调整后，实施工业产品生产许可证管理的产品共计14类27个品种
2024年6月	国务院办公厅关于印发《促进创业投资高质量发展的若干政策措施》的通知	五方面重点举措，一是培育多元化创业投资主体；二是多渠道拓宽创业投资资金来源；三是加强创业投资政府引导和差异化监管；四是健全创业投资退出机制；五是优化创业投资市场环境
2024年7月	国务院办公厅关于印发《政府采购领域"整顿市场秩序、建设法规体系、促进产业发展"三年行动方案（2024—2026年）》的通知	持续开展政府采购领域反映突出的采购人设置差别歧视条款等四类违法违规行为专项整治。加强常态化行政执法检查，畅通权利救济渠道，开展第二批政府采购行政裁决示范点建设，推进省级以下争议处理向省级集中。创新监管手段，升级改造中央政府采购电子平台，建立健全信用管理机制，加强政府采购协同监管
2024年9月	国务院办公厅关于以高水平开放推动服务贸易高质量发展的意见	推动服务贸易制度型开放，建立健全跨境服务贸易负面清单管理制度，发挥对外开放平台引领作用，加强规则对接和规制协调，提升服务贸易标准化水平

五、最高检、最高法政策

最高人民法院、最高人民检察院落实党的二十届三中全会决定提出的"依法平等长久保护各种所有制经济产权"要求，出台政策依法保护民营企业产权、企业家合法财产权以及民营企业、企业家人格权（见表5）。

表5　2024年最高法、最高检出台的与民营经济相关政策

时间	政策	相关内容
2024年8月	最高人民法院《关于大型企业与中小企业约定以第三方支付款项为付款前提条款效力问题的批复》	对大型企业和中小企业之间以第三方支付款项作为付款条件的约定，在效力上予以否定性评价，并对相关条款无效后如何确定付款期限和违约责任作出规定

续表

时间	政策	相关内容
2024年11月	最高人民法院《关于进一步规范网络司法拍卖工作的指导意见》	共12条，按照网络司法拍卖流程，主要规定了拍前财产调查和询价、拍卖中的变价处置、拍卖的管理监督
2024年12月	最高人民检察院《关于加强涉外检察工作的意见》	服务高质量发展和高水平对外开放，积极参与营造市场化、法治化、国际化一流营商环境，依法维护我国公民、企业等各类主体在海外的合法权益，服务高质量共建"一带一路"

六、部委政策

各部门贯彻落实党中央和国务院要求，出台了多项支持政策（见表6）。2013年以来，我国先在自贸区探索面向外商投资的市场准入负面清单，之后在自贸区试点经验的基础上，先是面向非自贸区的外商投资，然后面向民间投资也推出负面清单，各类市场主体有了统一清晰的准入规则。外商投资准入负面清单于2018年首次发布，当时的限制措施有48条，此后经过2019年、2020年、2021年3次更新，限制措施减少至31条。2024年9月最新一版《外商投资准入特别管理措施（负面清单）（2024年版）》发布，限制措施进一步压减至29条，涉及11个行业，其中制造业领域外资准入限制措施实现"清零"。压减的制造业外商准入限制措施为："出版物印刷须由中方控股""禁止投资中药饮片的蒸、炒、炙、煅等炮制技术的应用及中成药保密处方产品的生产"。

表6 2024年各部委出台的与民营经济相关政策

时间	政策	相关内容
2024年1月	国家金融监督管理总局关于加强科技型企业全生命周期金融服务的通知	鼓励银行保险机构在科技资源集聚的地区，规范建设科技金融专业或特色分支机构，专注做好科技型企业金融服务
2024年2月	国家发展改革委《政府定价的经营服务性收费目录清单（2024版）》	自2017年发布以来，2020年、2022年、2023年、2024年均进行更新

续表

时间	政策	相关内容
2024年3月	国家发展改革委 中国人民银行关于印发《全国公共信用信息基础目录（2024年版）》和《全国失信惩戒措施基础清单（2024年版）》的通知	明确13类纳入的公共信用信息，包括登记注册基本信息、行政管理信息、严重失信主体名单信息等。纳入三类14项失信惩戒措施
2024年3月	《跨境服务贸易特别管理措施（负面清单）》（2024年版）和《自由贸易试验区跨境服务贸易特别管理措施（负面清单）》（2024年版）	统一列出国民待遇、市场准入、当地存在、金融服务跨境贸易等方面对于境外服务提供者以跨境方式提供服务（通过跨境交付、境外消费、自然人移动模式）的特别管理措施，包括71项
2024年8月	工业和信息化部关于创新信息通信行业管理 优化营商环境的意见	深入推进电信业务向民间资本开放，加大对民营企业参与移动通信转售等业务和服务创新的支持力度，有序推进卫星互联网业务准入制度改革，更好地支持民营电信企业发展
2024年8月	国家发展改革委办公厅等关于建立促进民间投资资金和要素保障工作机制的通知	建立以统计数据为基础、以重点项目为抓手、以政策为支撑的促进民间投资资金和要素保障工作机制
2024年9月	市场监管总局关于印发《市场监管部门优化营商环境重点举措（2024年版）》的通知	10个方面40条举措
2024年9月	关于印发《生态环境部门进一步促进民营经济发展的若干措施》的通知	对符合生态环境保护要求的民营重大投资项目，开辟绿色通道。对符合要求的建设项目，在企业自愿的原则下，探索实施环评与排污许可"审批合一"
2024年9月	《外商投资准入特别管理措施（负面清单）（2024年版）》	外资准入负面清单限制措施由31条压减至29条，涉及11个行业，其中农、林、牧、渔业4项，采矿业1项，电力、热力、燃气及水生产和供应业1项，批发和零售业1项，交通运输、仓储和邮政业4项，信息传输、软件和信息技术服务业2项，租赁和商务服务业3项，科学研究和技术服务业3项，教育2项，卫生和社会工作1项，文化、体育和娱乐业7项

第二章　民企工资增长
——增速小幅反弹，差距继续扩大

2023年，全国城镇私营单位就业人员年平均工资增速小幅回升，增长4.8%，比2022年提高1.1个百分点。全国城镇非私营单位就业人员年平均工资增长5.8%，继续高于私营单位工资增速。私营单位与非私营单位工资差距经历了2010—2014年的缩小后，之后九年差距一直在拉大。可支配收入增速亦均较2022年有所反弹，农村居民人均可支配收入增长7.7%，全国居民人均可支配收入增长6.3%，城镇居民人均可支配收入增长5.1%。但是农民工收入增速继续下滑，月均收入增速仅为3.6%，制造业农民工月均收入仅增长1.8%。东北地区私营单位工资增速只有3.5%，房地产业私营单位工资继续负增长。

一、居民可支配收入情况

2024年全国居民人均可支配收入41 314元，比上年名义增长5.3%，扣除价格因素，实际增长5.1%。分城乡看，城镇居民人均可支配收入54 188元，增长4.6%，扣除价格因素，实际增长4.4%；农村居民人均可支配收入23 119元，增长6.6%，扣除价格因素，实际增长6.3%。城乡居民收入比由2023年的2.39降至2.34（见表1、图1）。

2024年，全国居民人均可支配收入中位数34 707元，增长5.1%，中位数是平均数的84.0%。其中，城镇居民人均可支配收入中位数49 302元，增长4.6%，中位数是平均数的91.0%；农村居民人均可支配收入中位数 19 605 元，增长 4.6%，中位数是平均数的 84.8%。

表 1　全国居民可支配收入数据

单位：元，%

年份	居民可支配收入 全国	居民可支配收入 城镇	居民可支配收入 农村	居民可支配收入 城镇/农村	增长率 全国	增长率 城镇	增长率 农村	增长率 农村/城镇	人均GDP	全国居民人均消费支出
2013	18 311	26 467	9 430	2.81	10.9	—	—	—	43 497	13 220
2014	20 167	28 844	10 489	2.75	10.1	9.0	11.2	1.25	46 912	14 491
2015	21 966	31 195	11 422	2.73	8.9	8.2	8.9	1.09	49 922	15 712
2016	23 821	33 616	12 363	2.72	8.4	7.8	8.2	1.06	53 783	17 111
2017	25 974	36 396	13 432	2.71	9.0	8.3	8.6	1.05	59 592	18 322
2018	28 228	39 251	14 617	2.69	8.7	7.8	8.8	1.12	65 534	19 853
2019	30 733	42 359	16 021	2.64	8.9	7.9	9.6	1.21	70 078	21 559
2020	32 189	43 834	17 131	2.56	4.7	3.5	6.9	1.99	71 828	21 210
2021	35 128	47 412	18 931	2.50	9.1	8.2	10.5	1.29	81 370	24 100
2022	36 883	49 283	20 133	2.45	5.0	3.9	6.3	1.62	85 698	24 538
2023	39 218	51 821	21 691	2.39	6.3	5.1	7.7	1.51	89 358	26 796
2024	41 314	54 188	23 119	2.34	5.3	4.6	6.6	1.43	95 797	28 227

注：数据源自《中国统计年鉴 2024》表 6-1、表 6-6、表 6-11、表 3-1；2024 年数据来自国家统计局季度数据发布；城镇/农村、农村/城镇为大成课题组计算得出。

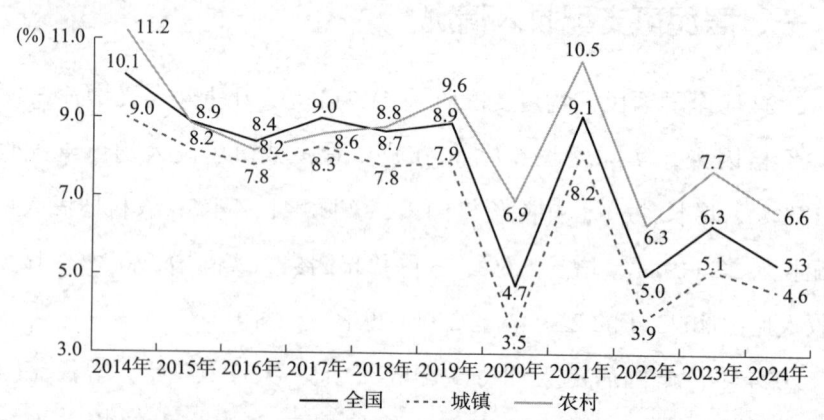

图 1　2014—2024 年全国居民人均可支配收入增长情况

2024 年，全国居民人均消费支出 28 227 元，比上年名义增长 5.3%，扣除价格因素，实际增长5.1%。分城乡看，城镇居民人均消费支出34 557元，增长4.7%，扣除价格因素，实际增长4.5%；农村居民人均消费支出19 280元，增长6.1%，扣除价格因素，实际增长5.8%。

根据国民经济核算数据，2022年住户部门的可支配收入占GDP比重仅为60.8%，居民消费支出占GDP比重更是仅有37.5%，最终消费率只有53.5%，而资本形成率高达43.2%。居民收入占比低是因为政府收入和国有企业收入占GDP的比重高，这两者的收入主要形成了投资，也导致中国的资本形成率很高（见表2）。

表2 三大部门收入分配比重与支出法国内生产总值构成

单位：%

年份	可支配收入 企业	可支配收入 广义政府	可支配收入 住户	居民消费支出占比	政府消费支出占比	最终消费率	资本形成率
2013	20.9	20.9	58.2	35.6	15.8	51.4	46.1
2014	21.1	21.0	58.0	36.5	15.7	52.3	45.6
2015	20.2	20.7	59.1	37.6	16.1	53.7	43.0
2016	20.8	19.8	59.5	38.7	16.4	55.1	42.7
2017	21.5	19.6	58.9	38.7	16.4	55.1	43.2
2018	21.9	18.7	59.4	38.7	16.6	55.3	44.0
2019	21.9	17.8	60.3	39.1	16.7	55.8	43.1
2020	22.9	14.9	62.2	37.8	16.9	54.7	42.9
2021	24.1	16.2	59.7	38.2	15.9	54.1	43.3
2022	22.6	16.6	60.8	37.5	16.1	53.5	43.2
2023	-	-	-	39.2	16.5	55.7	42.1

注：数据源自《中国统计年鉴2024》表3-11、表3-18。

二、城镇单位就业人员年平均工资情况

2023年全国城镇私营单位就业人员年平均工资为68 340元，比上年增加3 103元，名义增长4.8%，扣除价格因素实际增长4.5%。2023年全国城镇非私营单位就业人员年平均工资为120 698元，比上年增加6 669元，

名义增长 5.8%，扣除价格因素实际增长 5.5%。

2009 年国家统计局建立私营单位工资统计调查制度，以 2009 年为基数，自 2010 年的 14 年以来，私营单位和非私营单位工资年均增速均为 9.9%。这 14 年大致可分为两个阶段，包括 2010—2014 年的五年和 2015—2023 年的九年。前五年私营单位工资增速超过非私营单位，私营单位工资年均增速 14.9%，非私营单位为 11.8%，工资差距缩小，私营单位工资占非私营单位工资比例从 2009 年的 56.4% 增加至 2014 年的 64.6%；后九年私营单位增速低于非私营单位，私营单位工资年均增速 7.3%，非私营单位为 8.8%，工资差距扩大，私营单位工资占非私营单位工资比重从 2014 年高峰时的 64.6% 降至 2023 年的 56.6%（见表 3、图 2）。

表 3　城镇私营、非私营单位就业人员年平均工资情况

单位：元，%

年份	平均工资			名义增长率		
	私营单位	非私营单位	私营/非私营	私营单位	非私营单位	私营/非私营
2009	18 199	32 244	56.4	—	—	—
2010	20 759	36 539	56.8	14.1	13.3	1.06
2011	24 556	41 799	58.7	18.3	14.4	1.27
2012	28 752	46 769	61.5	17.1	11.9	1.44
2013	32 706	51 483	63.5	13.8	10.1	1.36
2014	36 390	56 360	64.6	11.3	9.5	1.19
2015	39 589	62 029	63.8	8.8	10.1	0.87
2016	42 833	67 569	63.4	8.2	8.9	0.92
2017	45 761	74 318	61.6	6.8	10.0	0.68
2018	49 575	82 413	60.2	8.3	10.9	0.76
2019	53 604	90 501	59.2	8.1	9.8	0.83
2020	57 727	97 379	59.3	7.7	7.6	1.01
2021	62 884	106 837	58.9	8.9	9.7	0.92
2022	65 237	114 029	57.2	3.7	6.7	0.55
2023	68 340	120 698	56.6	4.8	5.8	0.83

注：数据源自《中国统计年鉴 2024》表 4-9、表 4-13，私营/非私营为大成课题组计算得出。

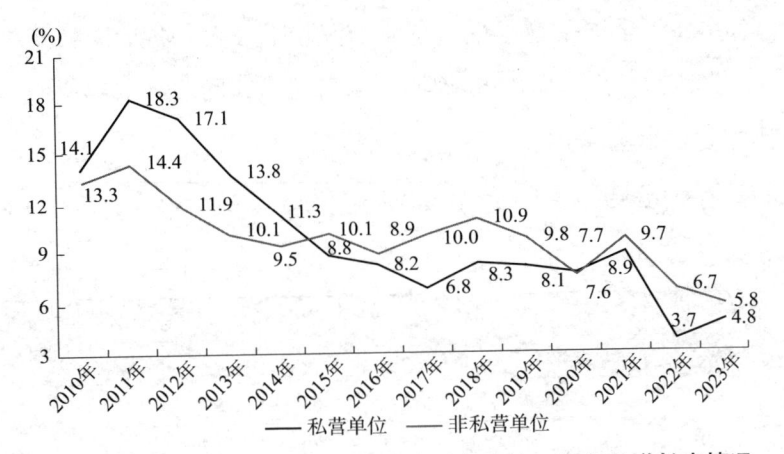

第二章 民企工资增长——增速小幅反弹，差距继续扩大

图2 城镇私营、非私营单位就业人员年平均工资名义增长率情况

（一）按区域分

从地区差异看，2023年城镇私营单位就业人员年平均工资由高到低依次是东部、西部、中部和东北，其中东部高于全国平均水平，其他三个区域低于全国平均水平，东北、中部、西部分别是东部地区的67.9%、74.3%、77.7%（见表4、表5）。

表4 分区域城镇私营、非私营单位就业人员年平均工资情况

单位：元，%

区域	2021年 非私营	2021年 私营	2021年 私营/非私营	2022年 非私营	2022年 私营	2022年 私营/非私营	2023年 非私营	2023年 私营	2023年 私营/非私营
全国	106 837	62 884	58.9	114 029	65 237	57.2	120 698	68 340	56.6
东部	124 019	69 706	56.2	132 802	72 965	54.9	139 213	76 017	54.6
中部	85 533	52 698	61.6	90 452	53 477	59.1	96 626	56 496	58.5
西部	94 964	54 278	57.2	100 759	55 781	55.4	107 975	59 037	54.7
东北	83 575	48 106	57.6	89 941	49 895	55.5	96 265	51 622	53.6

注：数据源自国家统计局，私营/非私营为大成课题组计算得出。

各区域内私营与非私营单位的工资差距与全国私营与非私营单位的工资差距一致，其中，中部地区差距最小，低于全国平均水平；东部、

47

西部、东北高于全国平均水平，东北地区差距最大。各地区私营单位工资基本在非私营单位工资的53%~59%，可见私营与非私营单位的工资差距大于地区之间的工资差距。

表5 分区域城镇私营、非私营单位就业人员年平均工资名义增长率情况

单位：%

区域	2020年 非私营	2020年 私营	2021年 非私营	2021年 私营	2022年 非私营	2022年 私营	2023年 非私营	2023年 私营
全国	7.6	7.7	9.7	8.9	6.7	3.7	5.8	4.8
东部	8.0	6.9	10.4	9.6	7.1	4.7	4.8	4.2
中部	6.4	11.2	9.4	7.9	5.8	1.5	6.8	5.6
西部	7.4	8.0	7.9	7.5	6.1	2.8	7.2	5.8
东北	8.2	10.2	7.7	9.5	7.6	3.7	7.0	3.5

注：数据源自国家统计局。

从全国31个省级行政区来看，私营单位工资最高的5个地区依次为上海、北京、广东、江苏、浙江；最低的5个地区依次为黑龙江、河南、山西、吉林、河北，最低是最高的42.5%。私营单位工资与非私营单位工资差距最小的5个地区依次为福建、湖南、广东、江苏、江西，差距最大的5个地区依次是西藏、青海、北京、上海、黑龙江，各省份私营单位工资基本在非私营单位工资的42%~63%。海南、北京、河南、辽宁、贵州、江西的私营单位工资增速最低，不足3%（见表6）。

表6 2023年分地区城镇单位就业人员年平均工资

单位：元

地区	私营单位	非私营单位	国有单位	港澳台投资单位	外商投资单位
全 国	68 340	120 698	127 672	132 342	149 130
北 京	105 931	218 312	231 908	281 474	260 128
天 津	72 966	138 007	158 688	111 621	139 398
河 北	51 281	94 818	94 528	109 566	95 124
山 西	50 452	95 025	87 760	77 817	97 377

续表

地区	私营单位	非私营单位	国有单位	港澳台投资单位	外商投资单位
内蒙古	57 410	108 856	104 454	102 868	121 706
辽宁	53 333	97 330	100 722	97 653	105 756
吉林	51 214	94 937	96 372	82 630	125 278
黑龙江	47 281	95 750	97 153	80 481	91 612
上海	111 347	229 337	263 880	235 593	257 083
江苏	75 088	125 102	164 986	112 727	125 839
浙江	74 325	133 045	184 226	153 616	126 240
安徽	59 498	103 688	125 346	102 586	118 837
福建	67 651	108 520	136 249	88 755	98 920
江西	55 201	92 794	109 315	66 089	83 932
山东	61 046	107 131	126 459	104 960	99 426
河南	48 841	84 156	87 026	69 603	95 353
湖北	60 583	109 227	125 884	90 588	115 298
湖南	60 277	97 015	108 029	83 432	89 392
广东	80 685	131 418	172 245	107 949	122 197
广西	51 527	96 184	102 304	68 817	101 838
海南	66 059	114 572	120 111	149 842	130 414
重庆	63 941	113 653	140 595	103 582	104 746
四川	62 105	110 160	124 016	103 341	112 473
贵州	54 156	102 010	102 376	98 715	96 178
云南	53 944	106 769	114 200	76 626	87 906
西藏	70 084	165 004	178 527	175 839	126 960
陕西	58 022	106 969	101 948	86 495	147 016
甘肃	51 380	99 124	105 486	82 643	147 414
青海	56 424	121 457	127 891	140 063	107 208
宁夏	61 567	117 681	116 884	116 379	108 468
新疆	62 220	112 305	113 739	111 912	111 561

注：数据源自《中国统计年鉴2024》表4-9、表4-13。

（二）按行业分

分行业看，2023年私营单位工资增速较高的行业有金融业、采矿业；

房地产行业继续负增长，租赁、商务服务业、交通运输、仓储、邮政业增速也较低。金融业增速较高的原因主要是工资水平较低的保险代理员大幅减少，既导致保险业平均工资大幅提高，也推动整个金融行业平均工资水平上升。采矿业增速较高的主要原因是上游行业景气度较高。

从行业差异看，2023年，无论是在城镇非私营单位还是在城镇私营单位中，就业人员年平均工资水平排在前三位的行业均为信息传输、软件和信息技术服务业，金融业，科学研究和技术服务业。工资水平排在后三位的行业略有不同，在城镇非私营单位中为住宿和餐饮业，农、林、牧、渔业，水利、环境和公共设施管理业；在私营单位中为农、林、牧、渔业，水利、环境和公共设施管理业以及居民服务、修理和其他服务业。城镇非私营单位工资水平行业高低倍差达到3.99；城镇私营单位工资水平行业高低倍差为2.91，主要是因为私营单位收入最高的行业收入比非私营单位低很多。

对比各行业内私营与非私营单位工资差异情况，教育，电力、热力、燃气及水生产和供应业，文化、体育和娱乐业，科学研究和技术服务业等行业私营单位工资不足非私营单位工资的50%。这些行业均是相对封闭的行业，对私人部门开放程度低，行业内的私人部门比较边缘，行业内的国有部门受私人部门的竞争小，因此私营与非私营单位工资差距较大。农、林、牧、渔业，居民服务、修理和其他服务业，建筑业，住宿和餐饮业等行业私营单位工资是非私营单位工资的70%以上（见表7—表9）。

表7　城镇单位分行业就业人员年平均工资情况

单位：元，%

行业	2022年 非私营	2022年 私营	2022年 私营/非私营	2023年 非私营	2023年 私营	2023年 私营/非私营
合计	114 029	65 237	57.2	120 698	68 340	56.6
农、林、牧、渔业	58 976	42 605	72.2	62 952	44 465	70.6

续表

行业	2022年 非私营	2022年 私营	2022年 私营/非私营	2023年 非私营	2023年 私营	2023年 私营/非私营
采矿业	121 522	68 509	56.4	135 025	75 648	56.0
制造业	97 528	67 352	69.1	103 932	71 762	69.0
电力、热力、燃气及水生产和供应业	132 964	61 870	46.5	143 594	64 826	45.1
建筑业	78 295	60 918	77.8	85 804	63 857	74.4
批发和零售业	115 408	60 630	52.5	124 362	63 701	51.2
交通运输、仓储和邮政业	115 345	66 059	57.3	122 705	68 051	55.5
住宿和餐饮业	53 995	47 547	88.1	58 094	51 583	88.8
信息传输、软件和信息技术服务业	220 418	123 894	56.2	231 810	129 215	55.7
金融业	174 341	110 304	63.3	197 663	124 812	63.1
房地产业	90 346	56 435	62.5	91 932	56 119	61.0
租赁和商务服务业	106 500	65 731	61.7	109 264	67 107	61.4
科学研究和技术服务业	163 486	81 569	49.9	171 447	82 277	48.0
水利、环境和公共设施管理业	68 256	44 714	65.5	68 656	47 504	69.2
居民服务、修理和其他服务业	65 478	47 760	72.9	68 919	49 907	72.4
教育	120 422	52 771	43.8	124 067	55 775	45.0
卫生和社会工作	135 222	71 060	52.6	143 818	74 462	51.8
文化、体育和娱乐业	121 151	56 769	46.9	127 334	59 407	46.7

注：数据源自国家统计局，私营/非私营为大成课题组计算得出。

表8　城镇私营单位分行业就业人员年平均工资增速

单位：%

行业	2015年	2016年	2017年	2018年	2019年	2020年	2021年	2022年	2023年
合计	8.8	8.2	6.8	8.3	8.1	7.7	8.9	3.7	4.8
农、林、牧、渔业	7.5	8.4	9.5	6.1	3.8	3.2	6.4	2.8	4.4
采矿业	6.6	3.7	4.1	6.9	12.7	9.8	14.8	9.3	10.4
制造业	9.2	8.1	6.8	9.5	7.3	9.6	10.4	5.3	6.5
电力、热力、燃气及水生产和供应业	4.4	11.5	7.5	6.6	12.2	9.3	9.2	4.4	4.8
建筑业	7.4	7.4	4.8	8.4	6.5	5.8	5.4	0.8	4.8

续表

行业	2015年	2016年	2017年	2018年	2019年	2020年	2021年	2022年	2023年
批发和零售业	8.1	8.1	7.0	6.7	7.8	8.8	9.5	4.4	5.1
交通运输、仓储和邮政业	4.1	5.5	7.4	10.2	6.8	6.1	8.9	5.8	3.0
住宿和餐饮业	8.2	8.9	6.3	7.4	7.0	−0.4	10.8	1.6	8.5
信息传输、软件和信息技术服务业	13.1	10.2	10.8	8.4	11.8	18.7	13.2	8.1	4.3
金融业	8.0	12.2	3.8	20.4	20.9	9.0	15.1	15.6	13.2
房地产业	10.4	10.3	4.3	7.0	5.9	2.5	4.5	−3.2	−0.6
租赁和商务服务业	11.1	9.3	7.4	3.9	7.2	1.6	10.9	1.9	2.1
科学研究和技术服务业	6.3	8.6	6.1	6.5	9.3	6.8	7.6	5.0	0.9
水利、环境和公共设施管理业	10.0	7.7	2.4	3.3	4.8	−2.6	0.2	3.1	6.2
居民服务、修理和其他服务业	13.7	7.9	7.2	6.9	7.0	1.4	6.0	1.2	4.5
教育	2.8	6.7	9.5	6.9	9.8	−4.6	8.5	0.4	5.7
卫生和社会工作	9.0	8.5	7.5	10.7	9.2	6.2	11.6	4.9	4.8
文化、体育和娱乐业	9.2	9.3	7.8	8.2	10.5	4.1	9.5	1.1	4.6

注：数据源自国家统计局。

表9 城镇非私营单位分行业就业人员年平均工资增速

单位：%

行业	2015年	2016年	2017年	2018年	2019年	2020年	2021年	2022年	2023年
合计	10.1	8.9	10.0	10.9	9.8	7.6	9.7	6.7	5.8
农、林、牧、渔业	12.7	5.2	8.6	−0.1	7.9	23.4	10.9	9.6	6.7
采矿业	−3.7	1.9	14.8	17.2	11.8	6.2	12.2	12.0	11.1
制造业	7.7	7.5	8.4	11.8	8.4	5.9	11.7	5.5	6.6
电力、热力、燃气和水生产和供应业	7.6	6.3	7.7	10.9	7.6	8.3	7.4	6.1	8.0
建筑业	6.7	6.5	6.7	8.9	8.4	6.7	8.3	3.3	9.6
批发和零售业	8.0	7.8	9.4	13.1	10.5	8.4	11.6	7.1	7.8
交通运输、仓储和邮政业	8.5	7.0	8.9	10.3	9.7	3.7	9.2	5.0	6.4
住宿和餐饮业	9.5	6.3	5.5	5.5	4.3	−3.0	9.8	0.7	7.6

续表

行业	2015年	2016年	2017年	2018年	2019年	2020年	2021年	2022年	2023年
信息传输、软件和信息技术服务业	11.1	9.3	8.7	10.9	9.3	10.0	13.5	9.4	5.2
金融业	6.0	2.3	4.6	5.7	1.2	1.5	13.1	15.6	13.4
房地产业	8.4	8.7	5.8	8.7	6.5	4.6	8.8	-0.9	1.8
租赁和商务服务业	8.0	5.9	6.0	4.6	3.6	5.4	10.3	3.9	2.6
科学研究和技术服务业	8.7	8.1	11.6	14.4	8.2	4.8	8.5	7.7	4.9
水利、环境和公共设施管理业	11.0	9.7	9.4	8.5	7.9	4.5	3.0	3.7	0.6
居民服务、修理和其他服务业	7.0	6.2	6.3	9.5	8.8	0.8	7.4	0.4	5.3
教育	17.7	11.9	12.0	10.8	5.7	9.0	4.6	8.1	3.0
卫生和社会工作	13.2	11.7	12.0	9.4	11.0	6.0	9.9	6.6	6.4
文化、体育和娱乐业	13.0	9.8	9.9	12.3	9.2	4.1	4.7	3.3	5.1
公共管理、社会保障和社会组织	17.3	13.9	13.3	9.4	7.3	10.7	6.6	6.7	-0.3

注：数据源自国家统计局。

（三）按登记注册类型分

从城镇单位的登记注册类型来看，2023年外商投资单位、港澳台投资单位工资增速较高，增速分别为8.7%、6.0%；私营单位、国有单位工资增速较低（见表10、表11）。

表10　城镇单位分登记注册类型就业人员年平均工资

单位：元

年份	私营单位	非私营单位	国有单位	港澳台投资单位	外商投资单位
2009	18 199	32 244	34 130	28 090	37 101
2010	20 759	36 539	38 359	31 983	41 739
2011	24 556	41 799	43 483	38 341	48 869
2012	28 752	46 769	48 357	44 103	55 888
2013	32 706	51 483	52 657	49 961	63 171
2014	36 390	56 360	57 296	55 935	69 826

续表

年份	私营单位	非私营单位	国有单位	港澳台投资单位	外商投资单位
2015	39 589	62 029	65 296	62 017	76 302
2016	42 833	67 569	72 538	67 506	82 902
2017	45 761	74 318	81 114	73 016	90 064
2018	49 575	82 413	89 474	82 027	99 367
2019	53 604	90 501	98 899	91 304	106 604
2020	57 727	97 379	108 132	100 155	112 089
2021	62 884	106 837	115 583	114 034	126 019
2022	65 237	114 029	123 622	124 841	137 199
2023	68 340	120 698	127 672	132 342	149 130

注：数据源自《中国统计年鉴2024》表4-9、表4-13。

表 11　城镇单位分登记注册类型就业人员年平均工资增速

单位：%

年份	私营单位	非私营单位	国有单位	港澳台投资单位	外商投资单位
2010	14.1	13.3	12.4	13.9	12.5
2011	18.3	14.4	13.4	19.9	17.1
2012	17.1	11.9	11.2	15.0	14.4
2013	13.8	10.1	8.9	13.3	13.0
2014	11.3	9.5	8.8	12.0	10.5
2015	8.8	10.1	14.0	10.9	9.3
2016	8.2	8.9	11.1	8.9	8.6
2017	6.8	10.0	11.8	8.2	8.6
2018	8.3	10.9	10.3	12.3	10.3
2019	8.1	9.8	10.5	11.3	7.3
2020	7.7	7.6	9.3	9.7	5.1
2021	8.9	9.7	6.9	13.9	12.4
2022	3.7	6.7	7.0	9.5	8.9
2023	4.8	5.8	3.3	6.0	8.7

（四）规模以上企业就业人员分岗位年平均工资情况

2023年全国规模以上企业就业人员年平均工资为98 096元，比上年名义增长6.1%。其中私营企业工资增长5.7%，高于城镇私营单位工资增速0.9个百分点；国有企业增长12.1%，高于城镇国有单位工资增速8.8个百分点（见表12、表13）。

表12 规模以上企业分登记注册类型就业人员年平均工资

单位：元

年份	全国	私营	私营/全国	国有	港澳台投资	外商投资
2015	53 615	44 343	82.7	66 943	61 297	74 563
2016	57 394	47 477	82.7	71 707	66 621	80 964
2017	61 578	49 864	81.0	78 549	71 872	87 914
2018	68 380	54 554	79.8	82 364	80 847	97 083
2019	75 229	60 551	80.5	91 607	90 164	106 180
2020	79 854	63 309	79.3	97 739	98 765	112 290
2021	88 115	69 558	78.9	109 914	112 144	124 622
2022	92 492	71 775	77.6	115 149	121 930	134 438
2023	98 096	75 858	77.3	129 139	129 634	145 239

注：数据源自国家统计局，私营/全国为大成课题组计算得出。

表13 规模以上企业分登记注册类型就业人员年平均工资增速

单位：%

年份	全国	私营	国有	港澳台商投资	外商投资
2015	7.3	7.1	7.4	10.9	9.0
2016	7.0	7.1	7.1	8.7	8.6
2017	7.3	5.0	9.5	7.9	8.6
2018	11.0	9.4	4.9	12.5	10.4
2019	10.0	11.0	11.2	11.5	9.4
2020	6.1	4.6	6.7	9.5	5.8
2021	10.3	9.9	12.5	13.5	11.0
2022	5.0	3.2	4.8	8.7	7.9
2023	6.1	5.7	12.1	6.3	8.0

注：增速为大成课题组计算得出。

三、农民工月均收入情况

2023年农民工月均收入4 780元，增长3.6%。其中，外出农民工月均收入5 441元，增长3.8%；本地农民工月均收入4 131元，增长2.6%。外出农民工月均收入增速比本地农民工快1.2个百分点。

分区域看，在东部地区就业的农民工月均收入5 172元，增长3.4%；在中部地区就业的农民工月均收入4 567元，增长4.1%；在西部地区就业的农民工月均收入4 376元，增长3.3%；在东北地区就业的农民工月均收入4 049元，增长5.2%。

分行业看，从事制造业的农民工月均收入4 780元，增长1.8%；从事建筑业的农民工月均收入5 488元，增长2.4%；从事批发和零售业的农民工月均收入4 181元，增长5.1%；从事交通运输、仓储和邮政业的农民工月均收入5 469元，增长3.2%；从事住宿和餐饮业的农民工月均收入3 998元，增长4.6%；从事居民服务、修理和其他服务业的农民工月均收入3 965元，增长2.3%（见表14—表16）。

表14　各区域农民工月均收入情况

单位：元

年份	全国	东部	中部	西部	东北
2008	1 340	1 352	1 275	1 273	—
2009	1 417	1 422	1 350	1 378	—
2010	1 690	1 696	1 632	1 643	—
2011	2 049	2 053	2 006	1 990	—
2012	2 290	2 286	2 257	2 226	—
2013	2 609	—	—	—	—
2014	2 864	2 966	2 716	2 797	—
2015	3 072	3 213	2 918	2 964	—
2016	3 275	3 454	3 132	3 117	3 063
2017	3 485	3 677	3 331	3 350	3 254
2018	3 721	3 955	3 568	3 522	3 298

第二章　民企工资增长——增速小幅反弹，差距继续扩大

续表

年份	全国	东部	中部	西部	东北
2019	3 962	4 222	3 794	3 723	3 469
2020	4 072	4 351	3 866	3 808	3 574
2021	4 432	4 787	4 205	4 078	3 813
2022	4 615	5 001	4 386	4 238	3 848
2023	4 780	5 172	4 567	4 376	4 049

注：数据源自国家统计局2012—2023年《农民工监测调查报告》，在2008—2015年全国划分为东部、中部、西部三个区域，其中辽宁属于东部，吉林、黑龙江属于中部；自2016年全国划分为东部、中部、西部、东北四个区域。

表15　各行业农民工月均收入情况

单位：元

年份	合计	制造业	建筑业	批发和零售业	交通运输、仓储和邮政业	住宿和餐饮业	居民服务、修理和其他服务业
2013	2 609	2 537	2 965	2 432	3 133	2 366	2 297
2014	2 864	2 832	3 292	2 554	3 301	2 566	2 532
2015	3 072	2 970	3 508	2 716	3 553	2 723	2 686
2016	3 275	3 233	3 687	2 839	3 775	2 872	2 851
2017	3 485	3 444	3 918	3 048	4 048	3 019	3 022
2018	3 721	3 732	4 209	3 263	4 345	3 148	3 202
2019	3 962	3 958	4 567	3 472	4 667	3 289	3 337
2020	4 072	4 096	4 699	3 532	4 814	3 358	3 387
2021	4 432	4 508	5 141	3 796	5 151	3 638	3 710
2022	4 615	4 694	5 358	3 979	5 301	3 824	3 874
2023	4 780	4 780	5 488	4 181	5 469	3 998	3 965

注：数据源自国家统计局2014—2023年《农民工监测调查报告》。

表16　各行业农民工月均收入增速

单位：%

年份	合计	制造业	建筑业	批发和零售业	交通运输、仓储和邮政业	住宿和餐饮业	居民服务、修理和其他服务业
2014	9.8	11.6	11.0	5.0	5.3	8.4	10.2

57

续表

年份	合计	制造业	建筑业	批发和零售业	交通运输、仓储和邮政业	住宿和餐饮业	居民服务、修理和其他服务业
2015	7.2	4.9	6.6	6.4	7.7	6.2	6.1
2016	6.6	8.9	5.1	4.5	6.2	5.5	6.1
2017	6.4	6.5	6.3	7.4	7.2	5.1	6.0
2018	6.8	8.4	7.4	7.0	7.3	4.3	6.0
2019	6.5	6.1	8.5	6.4	7.4	4.5	4.2
2020	2.8	3.5	2.9	1.7	3.1	2.1	1.5
2021	8.8	10.1	9.4	7.5	7.0	8.3	9.5
2022	4.1	4.1	4.2	4.8	2.9	5.1	4.4
2023	3.6	1.8	2.4	5.1	3.2	4.6	2.3

注：数据源自国家统计局2014—2023年《农民工监测调查报告》。

四、各地最低工资标准情况

2024年有多达11个地区调整了最低工资标准。其中，黑龙江时隔三年多调整最低工资；内蒙古、江西时隔三年；江苏、浙江、湖北、湖南、辽宁、吉林不足三年；云南时隔两年；河南不足两年。此外，湖北、辽宁、吉林最低工资标准的档位设置从四档减少为三档。

各地第一档最低工资标准的中位数为2 100元，为2023年城镇私营单位就业人员月平均工资（5 695元）的36.9%。2024年各地最低工资标准第一档平均数为2 140元，比2023年的2 010元增加了130元，增幅为6.5%（见表17）。

表17　2023年全国各地区最低工资标准情况

单位：元

地区	实行日期	月最低工资标准			
		第一档	第二档	第三档	第四档
上海	2023.07.01	2 690			
江苏	2024.01.01	2 490	2 260	2 010	

续表

地区	实行日期	月最低工资标准			
		第一档	第二档	第三档	第四档
浙江	2024.01.01	2 490	2 260	2 010	
北京	2023.09.01	2 420			
深圳	2021.12.01	2 360			
广东（除深圳）	2021.12.01	2 300	1 900	1 720	1 620
内蒙古	2024.12.01	2 270	2 200	2 140	
湖北	2024.02.01	2 210	1 950	1 800	
河北	2023.01.01	2 200	200	1 800	
山东	2023.10.01	2 200	2 010	1 820	
天津	2021.07.01	2 180			
陕西	2023.05.01	2 160	2 050	1 950	
吉林	2024.10.01	2 120	1 920	1 780	
重庆	2022.04.01	2 100	2 000		
四川	2022.04.01	2 100	1 970	1 870	
西藏	2023.09.01	2 100			
河南	2024.01.01	2 100	2 000	1 800	
辽宁	2024.05.01	2 100	1 900	1 700	
湖南	2024.09.01	2 100	1 900	1 700	
黑龙江	2024.05.01	2 080	1 850	1 750	
云南	2024.10.01	2 070	1 920	1 770	
安徽	2023.03.01	2 060	1 930	1 870	1 780
宁夏	2024.03.01	2 050	1 900		
福建	2022.04.01	2 030	1 960	1 810	1 660
甘肃	2023.11.01	2 020	1 960	1 910	1 850
海南	2023.12.01	2 010	1 850		
江西	2024.04.01	2 000	1 870	1 740	
山西	2023.01.01	1 980	1 880	1 780	
新疆	2021.04.01	1 900	1 700	1 620	1 540
贵州	2023.02.01	1 890	1 760	1 660	
青海	2023.02.01	1 880			
广西	2020.03.01	1 810	1 580	1 430	

续表

地区	实行日期	月最低工资标准			
		第一档	第二档	第三档	第四档
2024年平均数		2 140	1 872	1 802	1 690
2023年平均数		2 010	1 790	1 717	1 616
2022年平均数		2 000	1 803	1 663	1 543
2021年平均数		1 956	1 748	1 620	1 487
2020年平均数		1 836	—	—	—

数据来源：根据各地政府、人社厅网站整理，截至2024年12月31日。

第三章　民间投资回升
——制造业高增长，房地产续拖累

2024年民间投资下降0.1%，自2022年以来连续三年无增长，主要是因为继续受到房地产开发投资下降的拖累。而民间制造业投资实现10.8%的增速，扣除房地产开发投资，民间投资增长6.0%。在出口和锂电池、光伏、新能源汽车、芯片等行业的带动下，民间制造业投资自2021年以来连续四年保持较高增速，四年复合增速12.6%。

在财政资金的支持下国有及国有控股投资增速高达5.7%，在民间投资小幅负增长、外商投资企业固定资产投资下降10%的不利情况下，带动全国固定资产投资增长3.2%。扣除价格因素后，全国固定资产投资增长4.8%，是支撑经济增速的重要因素。另外，净出口继续高速增长，2020年以来的五年时间中国贸易顺差已经翻番有余，五年复合增速19.4%，和投资一起在消费疲弱之际支撑经济增长。

一、投资、出口支撑经济增长，消费较为低迷

2024年，全国固定资产投资（不含农户）514 374亿元，同比增长3.2%（见表1）。由于PPI下降2.2%，扣除价格因素影响，固定资产投资实际增速为4.8%，与GDP增速基本持平，资本形成总额对经济增长贡献率为25.2%，拉动GDP增长1.3个百分点。

2024年社会消费品零售总额同比增长3.5%，由于CPI增长0.2%，消费实际增速低于GDP实际增速近2个百分点，是拖累经济增速的主要原

因。最终消费支出对经济增长贡献率为 44.5%，拉动 GDP 增长 2.2 个百分点。

2024 年净出口以人民币计同比增长 22.2%，是拉动经济增长的重要力量，货物和服务净出口对经济增长贡献率为 30.3%，拉动 GDP 增长 1.5 个百分点。自 2020 年以来的五年来，中国的贸易顺差持续高速增长，2019 年贸易顺差为 29 120 亿元人民币，2024 年贸易顺差 70 623 亿人民币，五年增幅达 143%，年均复合增速 19.4%。

二、民间投资继续下滑，财政资金支持国有投资持续发力

2024 年，民间固定资产投资 257 574 亿元，下降 0.1%；外商投资企业同比下降 10.0%；而国有部门投资增速高达 5.7%。民间固定资产投资占全国固定资产投资比例仅为 50.1%，已降至 2012 年公布民间投资数据以来的最低点（见表 2）。

从各月情况看，民间投资从 2024 年 1—3 月的小幅增长 0.5%，逐月下降至 1—11 月的 -0.4%，至 12 月降幅收窄至 0.1%；外商投资企业固定资产投资从 1—3 月的下降 10.4%，进一步下滑至 1—11 月的下降 20.0%，至 12 月降幅收窄至 10.0%（见表 1）。

从固定资产投资实际到位资金增长情况来看，2024 年来自国家预算的资金增长了 8.5%，来自债券的资金增长 23.3%，而全部实际到位资金下降 2.3%。支持固定资产投资的财政资金主要来自 3.6 万亿地方政府专项债券、1.3 万亿中央预算内资金、1 万亿超长期特别国债（见表 1 至表 3）。

分产业看，第一产业投资 9 543 亿元，比上年增长 2.6%；第二产业投资 179 064 亿元，比上年增长 12.0%；第三产业投资 325 767 亿元，比下年下降 1.1%。分地区看，东部地区投资比上年增长 1.3%，中部地区投资增长 5.0%，西部地区投资增长 2.4%，东北地区投资增长 4.2%。

表 1 2024 年固定资产投资月度数据

单位：亿元，%

时间	全国固定资产投资 绝对值	同比	民间投资 绝对值	同比	占比	国有及国有控股同比	外商投资企业同比	港澳台商投资企业同比
2024 年 1-2 月	50 847	4.2	26 753	0.4	52.6	7.3	-14.1	6.4
2024 年 1-3 月	100 042	4.5	51 597	0.5	51.6	7.8	-10.4	7.1
2024 年 1-4 月	143 401	4.2	73 913	0.3	51.5	7.4	-15.2	6.4
2024 年 1-5 月	188 006	4.0	97 810	0.1	52.0	7.1	-15.4	6.6
2024 年 1-6 月	245 391	3.9	127 278	0.1	51.9	6.8	-15.8	5.1
2024 年 1-7 月	287 611	3.6	147 139	0.0	51.2	6.3	-15.2	5.1
2024 年 1-8 月	329 385	3.4	167 911	-0.2	51.0	6.0	-17.7	4.7
2024 年 1-9 月	378 978	3.4	191 001	-0.2	50.4	6.1	-19.1	6.9
2024 年 1-10 月	423 222	3.4	212 775	-0.3	50.3	6.2	-20.6	8.2
2024 年 1-11 月	465 839	3.3	233 689	-0.4	50.2	6.1	-20.0	7.2
2024 年 1-12 月	514 374	3.2	257 574	-0.1	50.1	5.7	-10.0	4.2

注：数据源自国家统计局。

表 2 2004 年以来固定资产投资年度数据

单位：亿元，%

时间	全国固定资产投资 绝对值	同比	民间投资 绝对值	同比	占比	国有及国有控股同比	外商投资企业同比	港澳台商投资企业同比
2004	55 475	25.0				14.5		
2005	68 514	23.5				17.5		
2006	82 830	20.9				16.9		
2007	101 212	22.2				16.7		
2008	124 434	22.9				22.8		
2009	156 933	26.1				35.2		
2010	189 964	21.0				18.0		
2011	195 947	20.3				11.1		
2012	231 905	18.4	125 300		54.0	14.7	7.8	8.0
2013	271 939	17.3	150 542	20.1	55.4	16.3	4.5	7.0
2014	309 575	13.8	174 306	15.8	56.3	13.0	-0.3	8.7

续表

时间	全国固定资产投资 绝对值	全国固定资产投资 同比	民间投资 绝对值	民间投资 同比	民间投资 占比	国有及国有控股同比	外商投资企业同比	港澳台商投资企业同比
2015	337 418	9.0	189 659	8.8	56.2	10.9	−2.8	0.0
2016	362 056	7.3	194 952	2.8	53.8	18.7	12.4	18.5
2017	385 372	6.4	205 153	5.2	53.2	10.1	−2.7	−4.0
2018	408 176	5.9	223 001	8.7	54.6	1.9	6.1	−11.5
2019	430 145	5.4	233 482	4.7	54.3	6.8	−0.7	7.5
2020	442 791	2.9	235 701	1.0	53.2	5.3	10.6	4.2
2021	464 665	4.9	252 082	7.0	54.3	2.9	5.0	16.4
2022	488 549	5.1	254 451	0.9	52.1	10.1	−4.7	0.2
2023	503 036	3.0	253 544	−0.4	50.4	6.4	0.6	−2.7
2024	514 374	3.2	257 574	−0.1	50.1	5.7	−10.0	4.2

注：数据源自国家统计局。

表3 2012年以来固定资产投资实际到位资金增长情况

单位：%

年份	实际到位资金	国家预算资金	国内贷款	债券	利用外资	自筹资金	其他资金
2012	18.4	27.7	11.3	—	−11.7	21.1	12.9
2013	20.0	17.7	15.2	—	−3.3	20.3	25.3
2014	10.6	19.9	9.7	—	−6.2	13.6	−5.0
2015	7.5	15.6	−6.4	—	−29.6	9.2	10.1
2016	5.6	17.1	10.1	—	−20.5	−0.2	30.7
2017	4.7	7.8	8.7	—	−3.1	2.2	11.5
2018	3.4	0.1	−5.4	—	−2.3	3.7	8.7
2019	4.1	−0.9	2.0	—	33.3	1.4	11.4
2020	7.3	32.8	0.0	—	−4.4	6.7	7.5
2021	4.3	−3.8	−3.1	−20.5	−10.9	5.7	7.2
2022	0.5	39.3	−6.0	8.4	−19.8	9.0	−19.8
2023	−1.4	9.0	5.1	4.3	−17.5	1.1	−13.4
2024	−2.3	8.5	2.8	23.3	−16.4	1.6	−20.8

注：数据来自国家统计局。

三、房地产投资拖累民间投资和第三产业投资，国有部门持续投资基建，制造业民间投资高速增长

基建、制造业、房地产是固定资产投资的主要领域，国有部门投资主要集中在基建；民间投资则主要集中在制造业、房地产。

2024年房地产开发投资继续下滑，同比下降10.6%，商品房销售面积下降12.9%，商品房销售额下降17.1%，房屋施工面积下降12.7%，房屋新开工面积下降23.0%。房地产开发投资下滑导致第三产业投资下降1.1%，相比之下，第二产业投资增长12.0%。扣除房地产开发投资，全国固定资产投资增长7.2%，民间投资增长6.0%。

广义的基础设施建设投资包括第二产业中的电力、热力、燃气及水生产和供应业和第三产业中的交通运输、邮政业，电信、广播电视和卫星传输服务业，互联网和相关服务业，水利、环境和公共设施管理业4个行业门类的投资。2024年超长期特别国债安排7 000亿元支持国家重大战略实施和重点领域安全能力建设。电力、热力、燃气及水生产和供应业投资比上年增长23.9%，对全部投资增长的贡献率为45.9%，拉动全部投资增长1.5个百分点。第三产业中的基础设施投资同比增长4.4%，其中，水利管理业投资增长41.7%，航空运输业投资增长20.7%，互联网和相关服务业投资增长14.7%，铁路运输业投资增长13.5%。

2024年3月国务院印发《推动大规模设备更新和消费品以旧换新行动方案》，超长期特别国债安排3 000亿元支持"两新"，2024年设备工器具购置投资增长15.7%，增速高于全部投资12.5个百分点，对全部投资增长的贡献率为67.6%，拉动全部投资增长2.2个百分点。制造业投资同比增长9.2%，制造业民间投资增速10.8%，是拉动制造业投资增长的主要力量，其中铁路、船舶、航空航天和其他运输设备制造业，有色

金属冶炼和压延加工业，通用设备制造业是民间投资增速较高的行业大类（见表4、表5）。

表4 按行业门类分固定资产投资同比增长情况

单位：%

行业门类	2021年 全国	2021年 民间	2022年 全国	2022年 民间	2023年 全国	2023年 民间	2024年 全国	2024年 民间
全国投资	4.9	7.0	5.1	0.9	3.0	-0.4	3.2	-0.1
农、林、牧、渔业	9.3	9.9	4.2	-0.5	1.2	-5.3	6.4	5.5
采矿业	10.9	3.9	4.5	21.4	2.1	5.1	10.5	16.2
制造业	13.5	14.7	9.1	15.6	6.5	9.4	9.2	10.8
电力、热力、燃气及水生产和供应业	1.1	3.8	19.3	11.4	23.0	19.6	23.9	31.6
建筑业	1.6	34.7	2.0	-4.2	22.5	20.9	-1.9	-13.4
批发和零售业	-5.9	—	5.3	—	-0.4	—	5.0	—
交通运输、仓储和邮政业	1.6	3.8	9.1	6.8	10.5	13.9	5.9	5.7
住宿和餐饮业	6.6	—	7.5	—	8.2	—	34.1	—
信息传输、软件和信息技术服务业	-12.1	—	21.8	—	13.8	—	6.3	—
金融业	1.9	—	10.5	—	-11.9	—	-6.3	—
房地产业	5.0	—	-8.4	—	-8.1	—	-10.8	—
房地产开发投资	4.3	—	-10.0	—	-9.6	—	-10.6	—
租赁和商务服务业	13.6	—	14.5	—	9.9	—	6.3	—
科学研究和技术服务业	14.5	—	21.0	—	18.1	—	11.8	—
水利、环境和公共设施管理业	-1.2	-2.0	10.3	5.8	0.1	-1.2	4.2	5.6
居民服务、维修和其他服务业	-10.3	—	21.8	—	15.8	—	0.7	—
教育	11.7	24.9	5.4	-2.7	2.8	1.3	1.3	2.9
卫生和社会工作	19.5	-2.9	26.1	10.7	-3.8	-3.3	-9.4	3.8
文化、体育和娱乐业	1.6	0.4	3.5	5.0	2.6	6.4	0.0	4.7
公共管理、社会保障和社会组织	-38.2	-17.6	42.1	21.7	-37.0	-7.6	-4.2	9.4

注：数据源自国家统计局。

表5　制造业9个行业大类全国和民间投资同比增速

单位：%

行业大类	2021年 全国	2021年 民间	2022年 全国	2022年 民间	2023年 全国	2023年 民间	2024年 全国	2024年 民间
制造业	13.5	14.7	9.1	15.6	6.5	9.4	9.2	10.8
非金属矿物制品业	14.1	14.8	6.7	4.9	0.6	-1.1	1.6	3.0
黑色金属冶炼和压延加工业	14.6	22.2	-0.1	-0.2	0.2	1.1	1.8	7.8
有色金属冶炼和压延加工业	4.6	11.0	15.7	19.5	12.5	5.0	24.2	19.8
通用设备制造业	9.8	11.1	14.8	14.9	4.8	4.1	15.5	16.2
专用设备制造业	24.3	22.9	12.1	11.8	10.4	7.5	11.6	9.6
汽车制造业	-3.7	0.8	12.6	20.3	19.4	18.0	7.5	8.6
铁路、船舶、航空航天和其他运输设备制造业	20.5	16.3	1.7	6.7	3.1	3.6	34.9	37.7
电气机械和器材制造业	23.3	23.0	42.6	43.6	32.2	30.1	-3.9	-4.0
计算机、通信和其他电子设备制造业	22.3	26.1	18.8	20.2	9.3	10.7	12.0	8.2

注：数据源自国家统计局。

四、历史投资数据再次调整

近年来，国家统计局对固定资产投资数据进行了3次较大规模的修订。第一次是2021年9月出版的《中国统计年鉴2021》，对2003—2019年的固定资产投资数据进行了下修；第二次是2023年9月出版的《中国统计年鉴2023》，对2011—2022年的固定资产投资数据进行了下修；第三次是2024年9月出版的《中国统计年鉴2024》，对2011—2022年的固定资产投资数据进行了下修。

经过三次下修后，2024年年鉴中固定资产投资数据仅为2020年年鉴中的六成多。而GDP中资本形成总额的数据并没有修订，导致固定资本形成总额占固定资产投资的比例越来越高，在2011年、2021—2023年已经超过100%（见表6）。

表6 固定资产投资数据的修订情况

单位：亿元，%

年份	2020年年鉴	2021年年鉴	2023年年鉴	2024年年鉴	2024年占2020年比例	固定资本形成总额/原始固定资产投资	固定资本形成总额/最新固定资产投资
2011	311 485	238 782	223 646	205 036	65.8	68.7	104.4
2012	374 695	281 684	263 770	241 746	64.5	63.6	98.6
2013	446 294	329 318	308 312	282 486	63.3	59.1	93.4
2014	512 021	373 637	349 732	320 331	62.6	55.1	88.1
2015	562 000	405 928	379 873	347 827	61.9	51.6	83.4
2016	606 466	434 364	406 406	372 021	61.3	51.1	83.4
2017	641 238	461 284	431 526	394 926	61.6	54.3	88.2
2018	645 675	488 499	456 981	418 215	64.8	61.0	94.2
2019	560 874	513 608	480 393	439 541	78.4	75.3	96.1
2020		527 270	493 208	451 155		81.7	95.4
2021			517 133	473 003		93.2	101.9
2022			542 366	495 966		93.1	101.8
2023				509 708		102.2	102.2

注：数据来自国家统计局。

当然，历史上看，固定资产投资数据和支出法国内生产总值中固定资本形成总额并不对应。在1981—2002年之间的22年里，有10年固定资本形成总额高于固定资产投资额，其中在1981—1984年远高于固定资产投资额；其余12年略低于固定资产投资额。自2003年开始，固定资本形成总额占固定资产投资额的比重开始逐年走低，最低至2016年的51.1%（三次修订年鉴前数据）。

这些差异形成的可能原因：一方面是早期的投资数据统计可能不全面；另一方面是支出法固定资本形成总额和固定资产投资额是两个不同的指标，在口径范围、资料来源上都存在明显的区别，难以直接比较。

五、用国有部门投资支撑投资和 GDP 增速到何时

2015年民间投资增速大幅放缓，多年来首次低于国有部门投资增速。2015年以来的十年中，除了2018年和2021年，国有部门投资始终保持较高的增速，而2018年和2021年也正是民间投资增速有所恢复、高于国有部门投资增速的年份。其余的8年中民间投资增速则明显弱于国有部门投资，在2015—2017年一方面消化"四万亿"刺激之后的产能过剩，另一方面供给侧结构性改革政策下很多行业的民营企业被迫去产能；2019年主要受中美贸易争端影响；2020年主要受疫情影响；2022—2024年则主要受房地产开发投资下降的拖累。

国有部门投资，特别是财政资金支持的基建投资，原本仅在经济低迷的时候发挥逆周期作用，正如在2004—2014年的11年中，国有部门投资仅在2009年增速高于全国固定资产投资增速。最近的10年来民间投资一直增速较弱，为支撑固定资产投资增速和GDP增速，国有部门投资持续发力。

2021年下半年以来的房地产不景气，在新开工面积上体现明显，但施工面积的下滑幅度不大（2022年为–7.3%、2023年为–7.1%、2024年为–12.7%），与房地产开发投资的下滑幅度类似（2022年为–10.0%、2023年为–9.6%、2024年为–10.6%）。2024年房地产开发企业房屋新开工面积73 893万平方米，只有2019年和2020年高峰年份的三分之一；而房屋施工面积733 247万平方米，尚有2021年高峰年份的75%。这也意味着，由于新开工面积大幅下挫，随着在建项目陆续竣工交付，施工面积将逐年下降，房地产开发投资将有较长时间的下降阶段。而如果要撑住固定资产投资规模，需要国有部门持续加大投资，弥补房地产开发投资的缺口。

2015年以来的民间投资增速下滑是结构性的，而不是周期性的。但

10年来宏观调控的方式是在用周期性的措施应对结构性问题，是采用应对短期经济周期波动的短期刺激性政策来解决长期问题，是短期政策长期化。一直采用数量性扩张的财政政策和货币政策，而不深入推进结构性改革，既有推进结构性改革难度大的原因，也有被大规模国有部门投资形成的既得利益绑架的原因。

但是很多经济问题正是因为短期刺激政策长期化导致的。持续多年大规模投资形成庞大的产能，很多行业处于产能过剩状态；国有部门投资中很多是低效投资，只修饰了经济数据，居民和民营企业等微观主体并没有感受到益处；大规模投资依赖债务支持，债务总量不断膨胀，国有部门总负债占 GDP 比重已经非常高；支撑投资的除了债务还有财政收入和国企利润，财政收入和国企利润的持续增长挤占居民收入的增长，优化收入分配结构无从谈起，居民收入和消费占 GDP 比重持续处在很低的水平，居民消费支出占 GDP 的比重不足 40%，因此消费疲弱。由此陷入了消费不足、依赖投资，投资依靠财政收入、国企利润和债务支持，挤占居民收入、压制居民消费，继续依赖投资的恶性循环。

高速增长的国有部门投资、高速增长的贸易顺差、高速增长的民间制造业投资，既是中国经济的亮点，也是中国经济的症结所在。长期的大额贸易顺差和高强度投资都不可持续，前者带来国际贸易争端，后者导致严重的产能过剩与内卷、低投资回报率、债务风险、收入分配结构扭曲，这些问题多年来一直困扰着中国，背后的原因是居民消费低迷下持续依赖投资和净出口拉动经济。降低 GDP 增速目标，削减国有部门支出，大幅减税降费，深入推进结构性改革以释放经济活力、提高居民收入，而非继续大规模负债、大规模投资，才是解开症结之所在。

第四章 民营工业发展
——向好趋势未变，困难压力不小

2024年，我国工业经济运行稳中有进，新型工业化迈出坚实步伐。国家在稳增长、扩需求、增动能、优环境方面出台一系列政策支持工业经济高质量发展，包括深入推进十大重点行业稳增长工作方案实施；深入实施制造业重大技术改造升级和大规模设备更新工程，推进制造业数字化转型；全面实施制造业重点产业链高质量发展行动等。支持中小企业方面，专精特新发展政策力度不断加大，工信部数据显示，截至2024年底，我国累计培育专精特新中小企业超过14万家、专精特新"小巨人"企业1.46万家、制造业单项冠军企业1 557家。同时，为有效激发经营主体活力，国家有关部门还针对不同行业特点和需求，制定差异化政策措施。

随着政策效应不断显现，全国规模以上工业生产总体保持平稳，多数行业、地区和产品实现增长，工业产业结构持续优化，制造业增速回升，装备制造业、高技术制造业支撑明显。2024年，全国规模以上工业增加值同比增长5.8%。营收和利润方面，规模以上工业企业累计营收平稳增长，全年增长2.1%，但利润增速同比下滑，并由正转负，全年同比上年下降3.3%。分企业类型看，私营工业企业累计营收、利润增速均在国有及国有控股、私营、外资三类企业中最高，利润方面是在三类企业中唯一实现正增长的。营收利润率方面，外资、国有及国有控股企业表现相对较好，资产利润率方面外资企业保持最高。

经营数据上看，尽管我国工业企业运行较为平稳，但企业营收、利润增速仍处于历史相对较低水平，当前，外部环境更趋复杂严峻，有效需求仍显不足，我国工业经济进一步恢复提升的压力仍然较大。

一、各类型工业企业数量情况

截至 2024 年 11 月末，全国规模以上工业企业数量为 511 642 家，同比增长 5.9%。其中国有及国有控股工业企业 28 174 家，同比增长 4.9%；私营工业企业 382 603 家，同比增长 6.8%；外商及港澳台商投资企业 41 715 家，同比下降 4.2%。

表1、表2、表3、图1、图2为2015—2024年11月各类型工业企业数量总量、增长率和占比情况。

表1　2015—2024年规模以上工业企业数量

单位：家

年份	全国工业企业	国有及国有控股工业企业	私营工业企业	外商及港澳台商投资企业
2015	383 148	19 273	216 506	52 758
2016	378 599	19 022	214 309	49 554
2017	372 729	19 022	215 138	47 458
2018	374 964	19 250	235 424	44 624
2019	377 815	20 683	243 640	43 588
2020	399 375	22 072	286 430	43 026
2021	441 517	25 180	325 752	43 455
2022	472 009	27 065	349 269	43 260
2023	493 161	28 688	368 946	41 488
2024.11	511 642	28 174	382 603	41 715

注：数据来源于历年《中国统计年鉴》及国家统计局网站。

第四章 民营工业发展——向好趋势未变，困难压力不小

表2 2015—2024年规模以上工业企业数量增长率

单位：%

年份	全国工业企业	国有及国有控股工业企业	私营工业企业	外商及港澳台商投资企业
2015	1.4	2.5	1.3	−4.4
2016	−1.2	−1.3	−1.0	−6.1
2017	−1.6	0.0	0.4	−4.2
2018	0.6	1.2	9.4	−6.0
2019	0.8	7.4	3.5	−2.3
2020	5.7	6.7	17.6	−1.3
2021	10.6	14.1	13.7	1.0
2022	6.9	7.5	7.2	−0.4
2023	2.2	−1.2	2.4	0.6
2024.11	5.9	4.9	6.8	−4.2

表3 2015—2024年规模以上工业企业数量占比情况

单位：%

年份	国有及国有控股工业企业	私营工业企业	外商及港澳台商投资企业
2015	5.0	56.5	13.8
2016	5.0	56.6	13.1
2017	5.1	57.7	12.7
2018	5.1	62.8	11.9
2019	5.5	64.5	11.5
2020	5.5	71.7	10.8
2021	5.7	73.8	9.8
2022	5.7	74.0	9.2
2023	5.8	74.8	8.4
2024.11	5.5	74.8	8.2

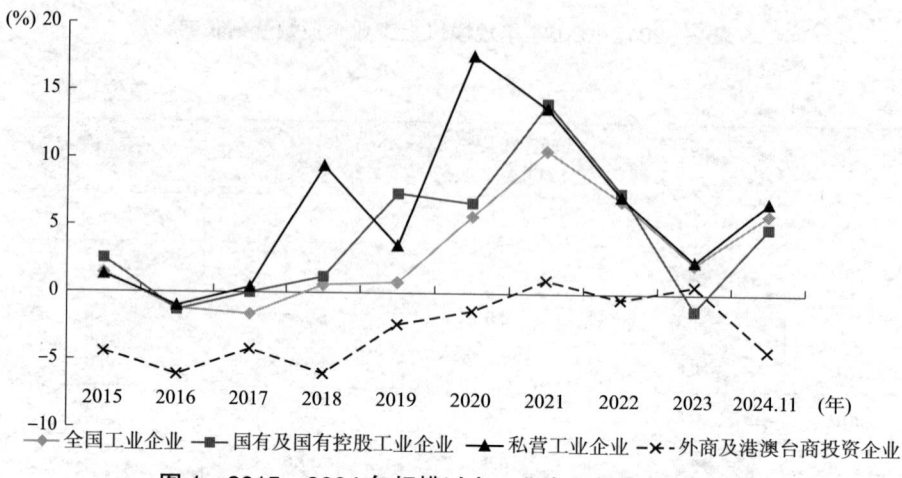

图1　2015—2024年规模以上工业企业数量同比增速

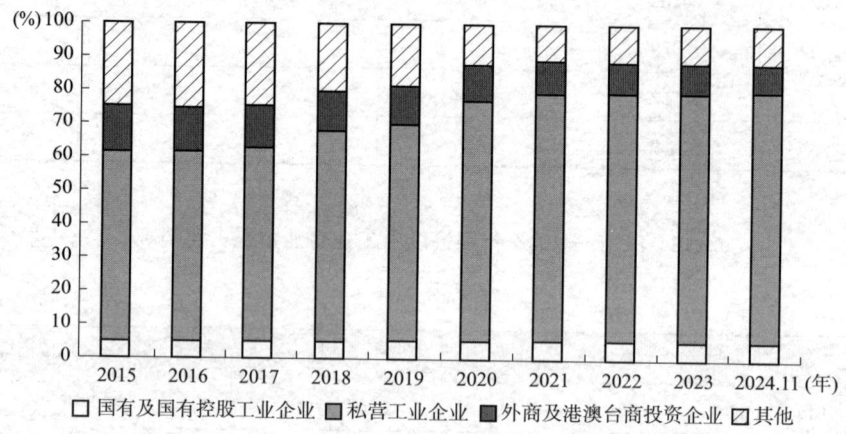

图2　2015—2024年规模以上工业企业数量占比情况

二、各类型工业企业增加值情况

2024年，规模以上工业增加值累计同比增长5.8%。分经济类型看，国有及国有控股工业企业同比增长4.2%；私营工业企业增长5.3%，外商及港澳台商投资企业同比增长4.0%。全年来看，三类企业中私营工业企业月度增加值累计增速一直最高，除1—2月外，国有及国有控股工业企业次之，外商及港澳台商投资企业则一直最低（见表4、图3）。

第四章 民营工业发展——向好趋势未变，困难压力不小

表4 2024年规模以上工业企业增加值累计同比增速

单位：%

	2024年3月	2024年6月	2024年9月	2024年12月
全国工业企业	6.1	6	5.8	5.8
国有及国有控股工业企业	5.2	4.6	4.3	4.2
私营工业企业	5.4	5.7	5.5	5.3
外商及港澳台商投资企业	4.8	4.3	3.9	4.0

注：月度数据源自国家统计局网站月度数据，本章同。

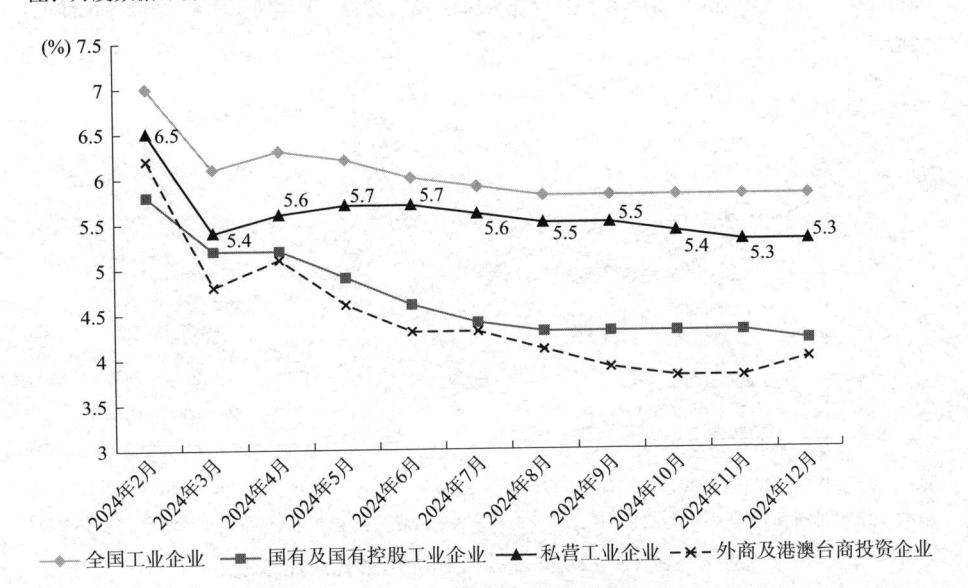

图3 2024年工业增加值累计同比增速

表5、图4为2015—2024年各类型企业增加值增速情况。

表5 2015—2024年规模以上工业企业增加值同比增速

单位：%

年份	全国工业企业	国有及国有控股工业企业	私营工业企业	外商及港澳台商投资企业
2015	6.1	1.4	8.6	3.7
2016	6	2	7.5	4.5
2017	6.6	6.5	5.9	6.9
2018	6.2	6.2	6.2	4.8

续表

年份	全国工业企业	国有及国有控股工业企业	私营工业企业	外商及港澳台商投资企业
2019	5.7	4.8	7.7	2
2020	2.8	2.2	3.7	2.4
2021	9.6	8.0	10.2	8.9
2022	3.6	3.3	2.9	−1.0
2023	4.6	5.0	3.1	1.4
2024	5.8	4.2	5.3	4.0

注：规模以上工业企业增加值年度同比增速为历年12月数据，数据源自国家统计局网站月度数据。

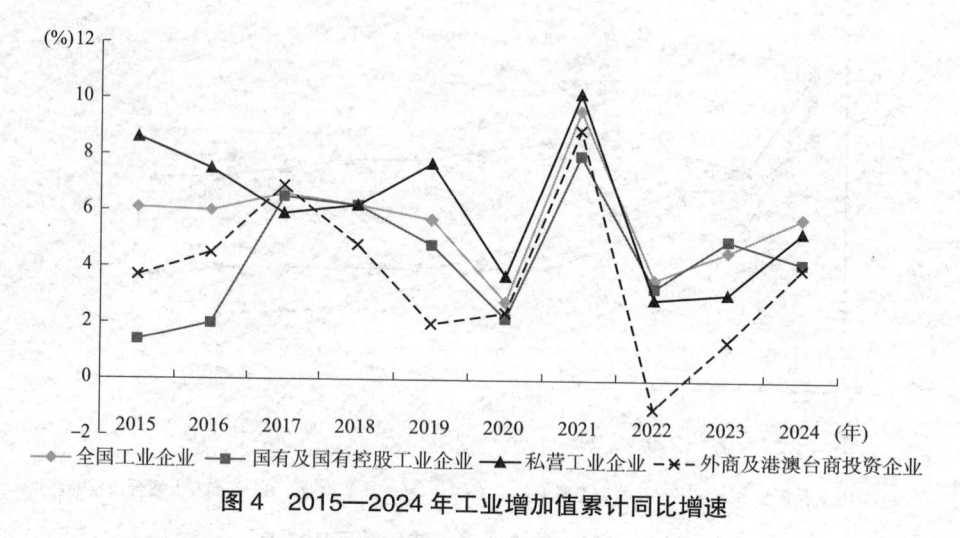

图4　2015—2024年工业增加值累计同比增速

三、各类型工业企业营业收入情况

2024年，规模以上工业企业实现营业收入1 377 661.8亿元，同比增长2.1%。其中国有及国有控股工业企业营业收入370 658.2亿元，同比增长0.1%；私营工业企业实现营业收入512 410.2亿元，同比增长2.4%；外商及港澳台商投资企业实现营业收入267 855.8亿元，同比下降0.5%。从累计增速来看，私营工业企业在三类企业中一直最高（见表6、图5）。

表6 2024年规模以上工业企业营业收入

单位：亿元，%

		2024年3月	2024年6月	2024年9月	2024年12月
全国工业企业	总额	309 640.9	648 642.7	992 035.2	1 377 661.8
	同比增长	2.3	2.9	2.1	2.1
国有及国有控股工业企业	总额	89 640.2	179 803	271 874.1	370 658.2
	同比增长	1.8	1.9	0.9	0.1
私营工业企业	总额	112 289.2	239 751.3	364 408.8	512 410.2
	同比增长	2.8	3.4	2.4	2.4
外商及港澳台商投资企业	总额	61 413	127 493.4	195 751.4	267 855.8
	同比增长	0.6	0.5	−0.4	−0.5

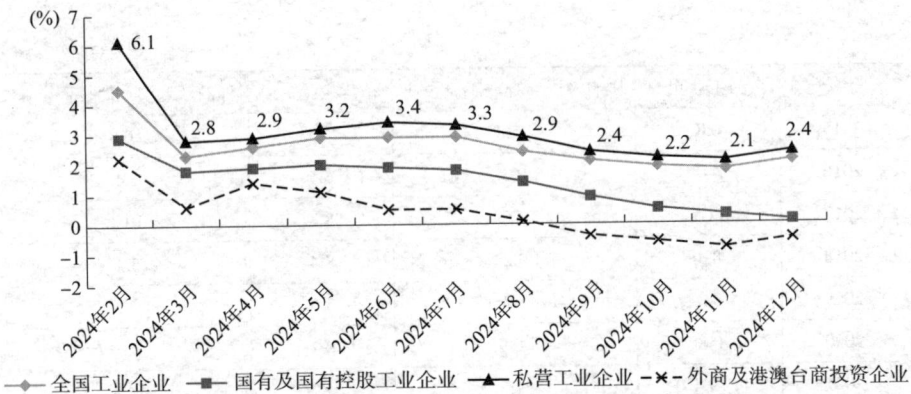

图5 2024年规模以上工业企业营业收入同比增速

表7、表8、表9、图6、图7为2015—2024年各类型工业企业营业收入总量、增速及占比情况。

表7 2015—2024年规模以上工业企业营业收入

单位：亿元

年份	全国工业企业	国有及国有控股工业企业	私营工业企业	外商及港澳台商投资企业
2015	1 109 853	241 669	386 395	245 698
2016	1 158 999	238 990	410 188	250 393
2017	1 133 161	265 393	381 034	247 620

续表

年份	全国工业企业	国有及国有控股工业企业	私营工业企业	外商及港澳台商投资企业
2018	1 057 327	290 754	343 843	236 959
2019	1 067 397	287 708	361 133	234 410
2020	1 083 658	279 607	413 564	243 187
2021	1 314 557	350 558	517 444	282 716
2022	1 333 214	375 590	487 259	277 776
2023	1 360 317	384 564	494 376	268 510
2024	1 377 662	370 658	512 410	267 856

注：1. 年度数据来源为历年《中国统计年鉴》，本章同。

2. 2017年及以前为主营业务收入，2018年及以后为营业收入，本章同。

表8　2015—2024年规模以上工业企业营业收入增长率

单位：%

年份	全国工业企业	国有及国有控股工业企业	私营工业企业	外商及港澳台商投资企业
2015	0.8	−7.8	4.5	−0.8
2016	4.9	0.3	6.5	3.4
2017	11.1	15	8.8	10.3
2018	8.5	9.2	8.4	5.4
2019	3.8	3.7	5.6	0.1
2020	0.8	−0.9	0.7	0.9
2021	19.4	21.2	18.9	14.8
2022	5.9	8.4	3.3	1.3
2023	1.1	0.8	0.6	−2.3
2024	2.1	0.1	2.4	−0.5
按当年公布增长率计算的年均增长率				
2015—2024	6.3	6.2	6.0	3.6
按绝对值计算的年均增长率				
2015—2024	2.4	4.9	3.2	1.0

注：年增长率为统计局网站公布的当年1—12月累计增长率，本章同。

值得注意的是，年均增长率方面，按照国家统计局当年12月公布的1—12月规模以上工业企业营业收入总额增长率计算和按照历年《中国统计年鉴》公布的规模以上工业企业营业收入总额绝对值计算的数据之间存在较为明显的差异。2015—2024年各类型工业企业营业收入年均增长率，按当年公布增长率计算得出的结果均高于按绝对值计算得出的结果（见表8）。

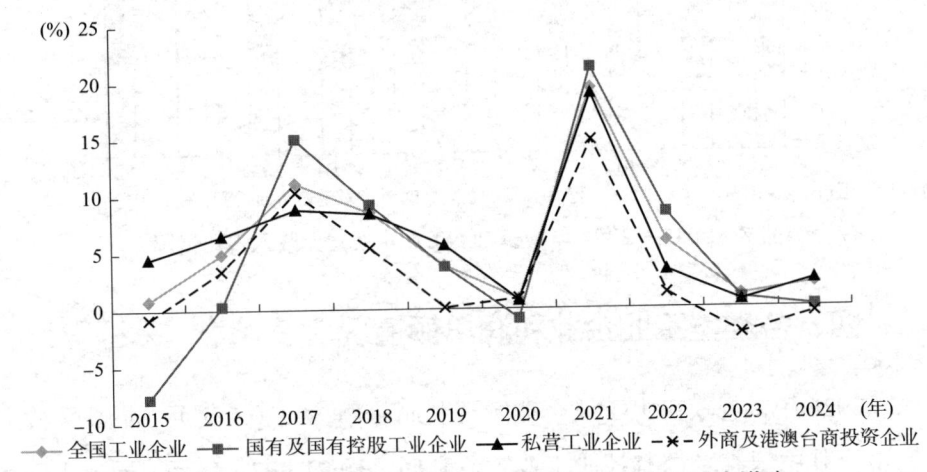

图6　2015—2024年规模以上工业企业营业收入同比增速

表9　2015—2024年规模以上工业企业营业收入占比情况

单位：%

年份	国有及国有控股工业企业	私营工业企业	外商及港澳台商投资企业
2015	21.8	34.8	22.1
2016	20.6	35.4	21.6
2017	23.4	33.6	21.9
2018	27.5	32.5	22.4
2019	27.0	33.8	22.0
2020	25.8	38.2	22.4
2021	26.7	39.4	21.5
2022	28.2	36.5	20.8
2023	28.3	36.3	19.7
2024	26.9	37.2	19.4

注：占比为按照统计局公布的绝对数计算得出，本章同。

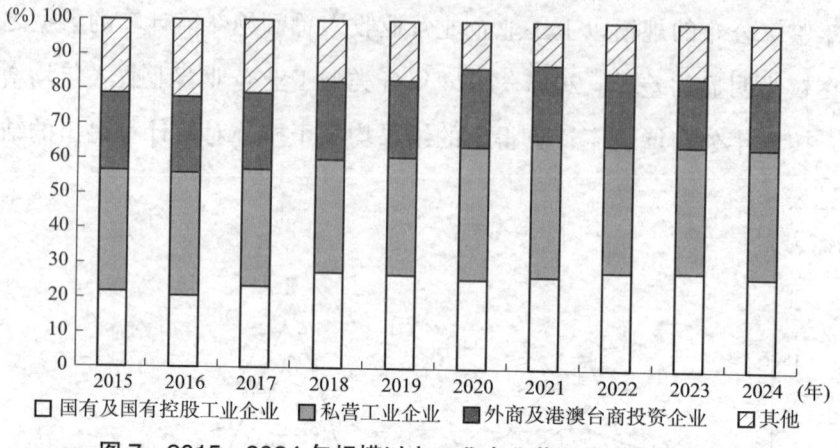

图7 2015—2024年规模以上工业企业营业收入占比情况

四、各类型工业企业利润总额情况

2024年，规模以上工业企业实现利润总额74 310.5亿元，同比下降3.3%。其中国有及国有控股工业企业利润总额21 397.3亿元，同比下降4.6%；私营工业企业利润总额23 245.8亿元，同比增长0.5%，三类企业中唯一实现正增长；外商及港澳台商投资企业利润总额17 637.9亿元，同比下降1.7%。三类企业利润降幅均在逐步收窄（见表10、图8）。

表10 2024年规模以上工业企业利润总额情况

单位：亿元，%

		2024年3月	2024年6月	2024年9月	2024年12月
全国工业企业	总额	15 055.3	35 110.3	52 281.6	74 310.5
	同比增长	4.3	3.5	-3.5	-3.3
国有及国有控股工业企业	总额	5 738.2	12 083.9	17 235.9	21 397.3
	同比增长	-2.6	0.3	-6.5	-4.6
私营工业企业	总额	3 679.7	9 193.6	14 227.2	23 245.8
	同比增长	5.8	6.8	-0.6	0.5
外商及港澳台商投资企业	总额	3 737.5	8 614.9	13 036.4	17 637.9
	同比增长	18.1	11	1.5	-1.7

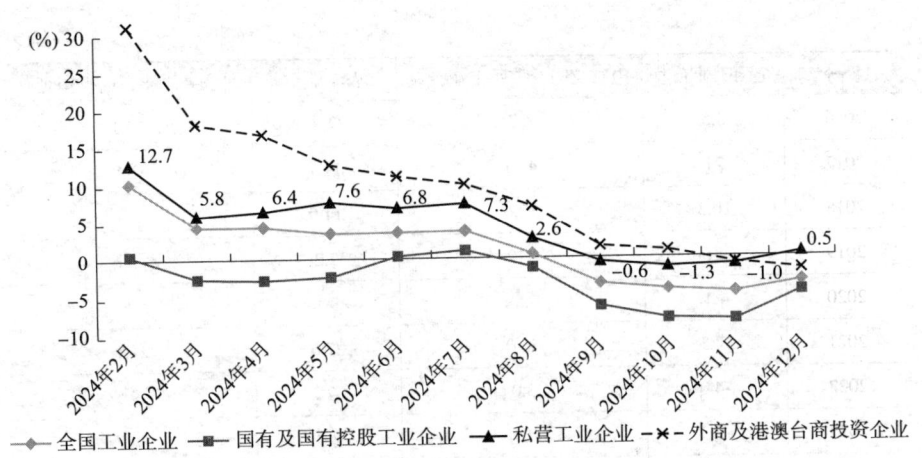

第四章 民营工业发展——向好趋势未变，困难压力不小

图8 2024年规模以上工业企业利润总额同比增速

表11、表12、表13、图9、图10为2015—2024年各类型工业企业利润总额、增速及占比情况。

表11 2015—2024年规模以上工业企业利润总额

单位：亿元

年份	全国工业企业	国有及国有控股工业企业	私营工业企业	外商及港澳台商投资企业
2015	66 187	11 417	24 250	15 906
2016	71 921	12 324	25 495	17 597
2017	74 916	17 216	23 043	18 412
2018	71 609	19 285	21 763	16 944
2019	65 799	16 068	20 651	16 483
2020	68 465	15 346	23 800	18 167
2021	92 933	24 435	31 774	22 796
2022	84 162	24 399	25 946	19 701
2023	82 897	23 856	26 744	18 437
2024	74 311	21 397	23 246	17 638

表12 2015—2024年规模以上工业企业利润总额增长率

单位：%

年份	全国工业企业	国有及国有控股工业企业	私营工业企业	外商及港澳台商投资企业
2015	−2.3	−21.9	3.7	−1.5

81

续表

年份	全国工业企业	国有及国有控股工业企业	私营工业企业	外商及港澳台商投资企业
2016	8.5	6.7	4.8	12.1
2017	21	45.1	11.7	15.8
2018	10.3	12.6	11.9	1.9
2019	-3.3	-12	2.2	-3.6
2020	4.1	-2.9	3.1	7
2021	34.3	56.0	27.6	21.1
2022	-4.0	3.0	-7.2	-9.5
2023	-2.3	-3.4	2.0	-6.7
2024	-3.3	-4.6	0.5	-1.7
按当年公布增长率计算的年均增长率				
2015—2024	6.6	9.2	5.9	3.6
绝对值计算的年均增长率				
2015—2024	1.3	7.2	-0.5	1.2

表13　2015—2024年规模以上工业企业利润总额占比情况

单位：%

年份	国有及国有控股工业企业	私营工业企业	外商及港澳台商投资企业
2015	17.2	36.6	24.0
2016	17.1	35.4	24.5
2017	23.0	30.8	24.6
2018	26.9	30.4	23.7
2019	24.4	31.4	25.1
2020	22.4	34.8	26.5
2021	26.3	34.2	24.5
2022	29.0	30.8	23.4
2023	28.8	32.3	22.2
2024	28.8	31.3	23.7

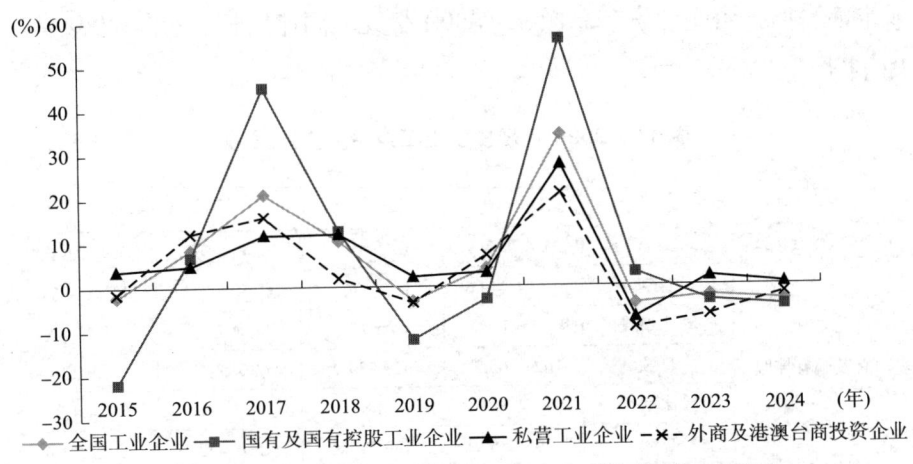

图 9 2015—2024 年规模以上工业企业利润总额同比增速

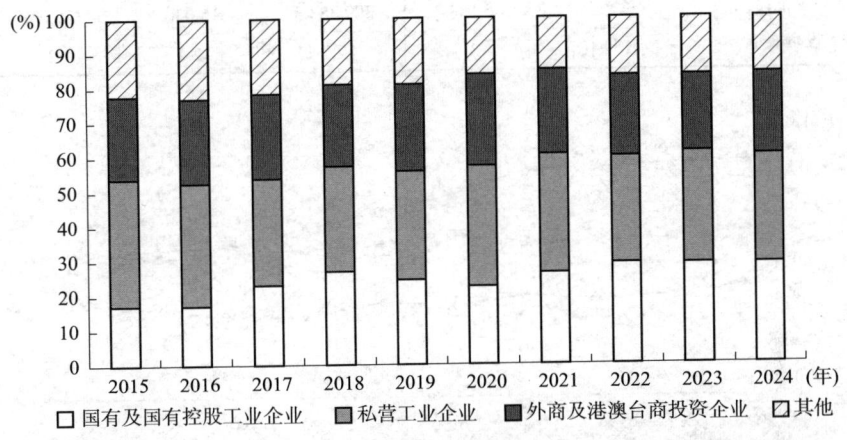

图 10 2015—2024 年规模以上工业企业利润总额占比情况

年均增长率方面，与营收总额的情况类似，2015—2024 年各类型工业企业利润总额的年均增长率，按当年公布增长率计算得出的结果均高于按绝对值计算得出的结果（见表 12）。

五、各类型工业企业资产及资产负债率情况

截至 2024 年 11 月底，规模以上工业企业资产总额 1 788 685.4 亿元，同比增长 4.7%。其中，国有及国有控股工业企业资产总额 649 226 亿元，同比增长 4.4%；私营工业企业资产总额 515 981.4 亿元，增长 4.2%；外商

及港澳台商投资企业资产总额 319 089.1 亿元，同比增长 2.8%（见表 14、图 11）。

表 14 2024 年规模以上工业企业资产总额

单位：亿元，%

		2024 年 3 月	2024 年 6 月	2024 年 9 月	2024 年 11 月
全国工业企业	总额	1 691 449.6	1 720 462	1 750 185.5	1 788 685.4
	同比增长	6.1	5.7	4.7	4.7
国有及国有控股工业企业	总额	621 505.2	629 589.9	636 286.4	649 226
	同比增长	4.7	4.8	4.3	4.4
私营工业企业	总额	493 286.9	499 727.8	504 372	515 981.4
	同比增长	6.9	6	4.5	4.2
外商及港澳台商投资企业	总额	306 148.7	309 383.3	315 036.3	319 089.1
	同比增长	3	2.7	2.4	2.8

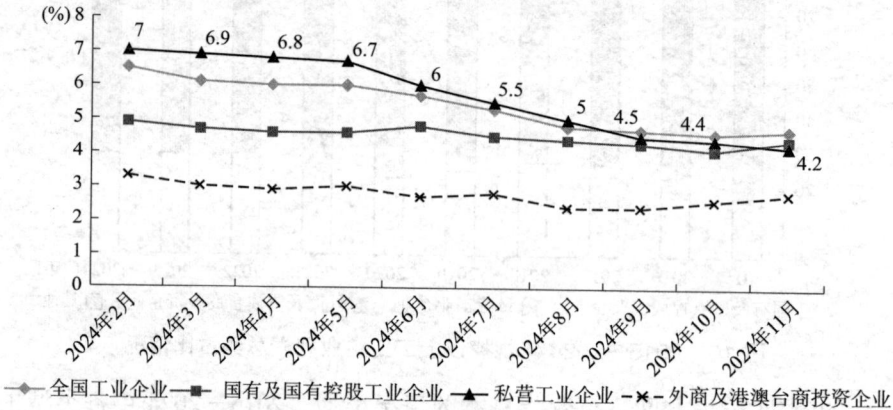

图 11 2024 年规模以上工业企业资产总额累计同比增速

表 15、表 16、表 17、图 12、图 13 为各类型工业企业 2015—2024 年资产总额总量、增速及占比情况。

表 15 2015—2024 年规模以上工业企业资产总额

单位：亿元

年份	全国工业企业	国有及国有控股工业企业	私营工业企业	外商及港澳台商投资企业
2015	1 023 398	397 404	229 007	201 303

续表

年份	全国工业企业	国有及国有控股工业企业	私营工业企业	外商及港澳台商投资企业
2016	1 085 866	417 704	239 543	212 744
2017	1 121 910	439 623	242 637	215 998
2018	1 153 251	456 504	263 451	219 165
2019	1 205 869	469 680	282 830	228 744
2020	1 303 499	500 461	342 023	248 427
2021	1 466 716	565 082	409 303	279 179
2022	1 601 926	604 247	446 757	292 954
2023	1 720 756	650 249	492 856	299 136
2024.11	1 788 685	649 226	515 981	319 089

表16 2015—2024年规模以上工业企业资产总额增长率

单位：%

年份	全国工业企业	国有及国有控股工业企业	私营工业企业	外商及港澳台商投资企业
2015	6.9	6.6	8.2	3.1
2016	7.1	5.9	7.3	6.9
2017	6.9	5.3	7.3	6.8
2018	6.1	3.9	6.6	5.8
2019	5.8	5.3	7.5	3.7
2020	6.9	5.1	8.7	6.7
2021	9.9	6.8	11.9	8.8
2022	8.2	5.2	10.7	4.3
2023	6.0	4.8	6.8	2.3
2024.11	4.7	4.4	4.2	2.8

表17 2015—2024年规模以上工业企业资产总额占比情况

单位：%

年份	国有及国有控股工业企业	私营工业企业	外商及港澳台商投资企业
2015	38.8	22.4	19.7
2016	38.5	22.1	19.6
2017	39.2	21.6	19.3
2018	39.6	22.8	19.0
2019	38.9	23.5	19.0

续表

年份	国有及国有控股工业企业	私营工业企业	外商及港澳台商投资企业
2020	38.4	26.2	19.1
2021	38.5	27.9	19.0
2022	37.7	27.9	18.3
2023	37.8	28.6	17.4
2024.11	36.3	28.8	17.8

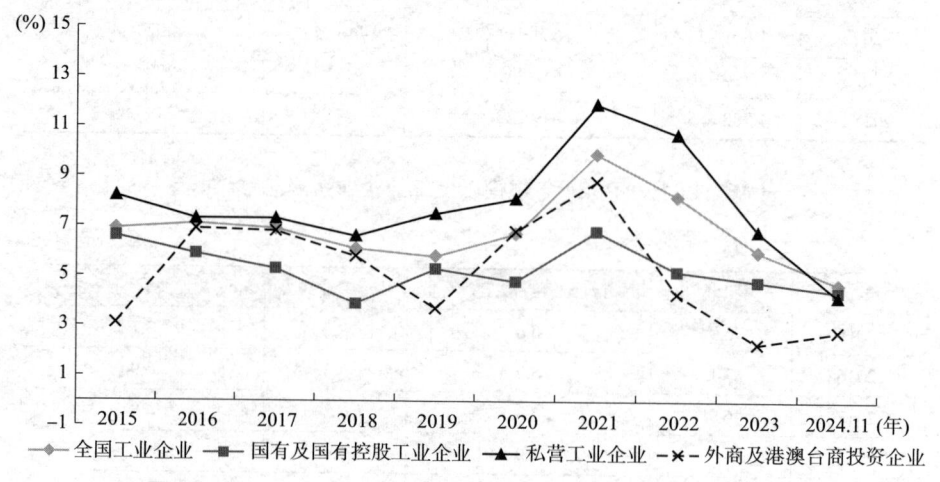

图12　2015—2024年规模以上工业企业资产总额同比增速

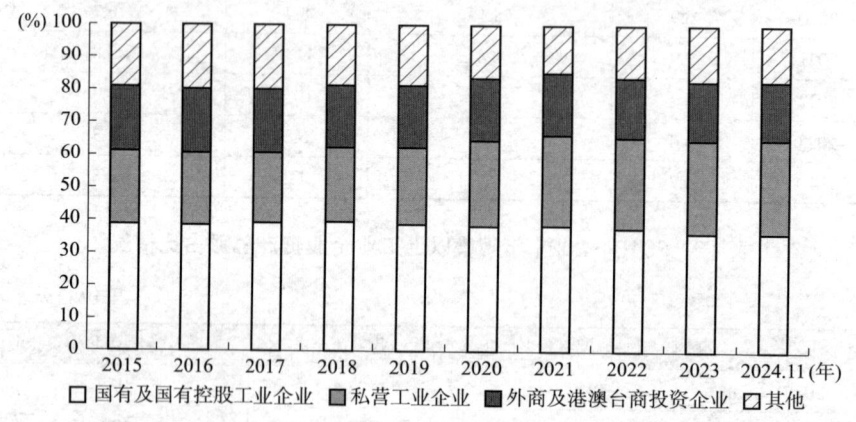

图13　2015—2024年规模以上工业企业资产总额占比情况

资产负债率方面，截至2024年12月末，全国规模以上工业企业资产负债率为57.5%，较2023年底上升了0.1个百分点。其中，国有及国有控股工业企业资产负债率为57.3%，较2023年底下降0.3个百分点；私营工业企业资产负债率为59%，高于全国平均水平，比2023年底升高了0.4个百分点；外商及港澳台商投资企业资产负债率最低，为52.8%，较2023年底提高了0.1个百分点（见表18、图14）。

表18　2024年规模以上工业企业资产负债率

单位：%

	2024年3月	2024年6月	2024年9月	2024年12月
全国工业企业	57.3	57.6	57.7	57.5
国有及国有控股工业企业	56.9	57.2	57.4	57.3
私营工业企业	59.4	59.6	59.3	59.0
外商及港澳台商投资企业	52.6	53.1	53.2	52.8

图14　2024年规模以上工业企业资产负债率

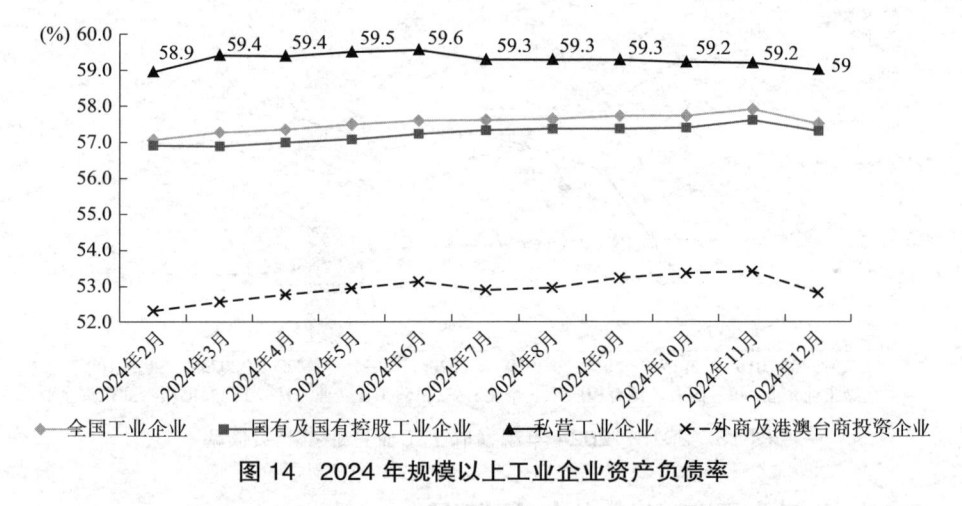

表19、图15为2015—2024年各类型规模以上工业企业资产负债率情况。

表19　2015—2024年规模以上工业企业资产负债率

单位：%

年份	全国工业企业	国有及国有控股工业企业	私营工业企业	外商及港澳台商投资企业
2015	56.6	61.9	51.8	54.5
2016	55.9	61.6	50.7	54.0
2017	56.0	60.5	52.6	54.0

续表

年份	全国工业企业	国有及国有控股工业企业	私营工业企业	外商及港澳台商投资企业
2018	56.7	58.8	56.5	54.1
2019	56.5	57.8	57.4	53.8
2020	56.4	57.8	58.0	53.8
2021	56.1	57.1	57.6	53.6
2022	56.6	57.3	58.4	52.9
2023	57.4	57.6	58.6	52.7
2024	57.5	57.3	59.0	52.8

注：2015—2022年资产负债率为作者根据《中国统计年鉴》各类型工业企业资产总额和负债总额绝对值数据计算得出，2023年及2024年为当年12月统计局网站公布数据。

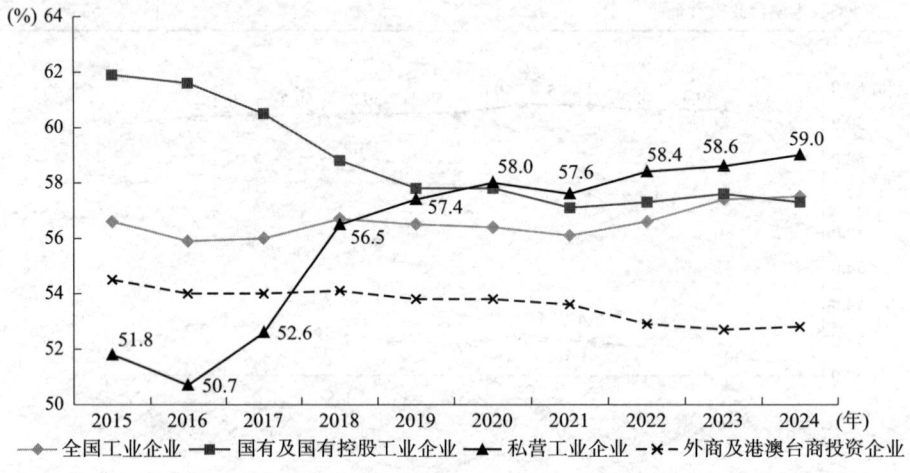

图15 2015—2024年规模以上工业企业资产负债率

六、各类型工业企业效益情况

营业收入利润率方面，2024年，全国规模以上工业企业营业收入利润率为5.4%，较2023年末降低了0.7个百分点。其中，国有及国有控股工业企业营业收入利润率为5.8%，较2023年底降低了0.4个百分点；私营工业企业营业收入利润率为4.5%，较2022年底降低0.9个百分点；外商及港澳台商投资企业为6.6%，较2023年底降低了0.3个百分点（见表20、图16）。

表20 2024年规模以上工业企业营业收入利润率

单位：%

	2024年3月	2024年6月	2024年9月	2024年12月
全国工业企业	4.9	5.4	5.3	5.4
国有及国有控股企业	6.4	6.7	6.3	5.8
私营工业企业	3.3	3.8	3.9	4.5
外商及港澳台商投资企业	6.1	6.8	6.7	6.6

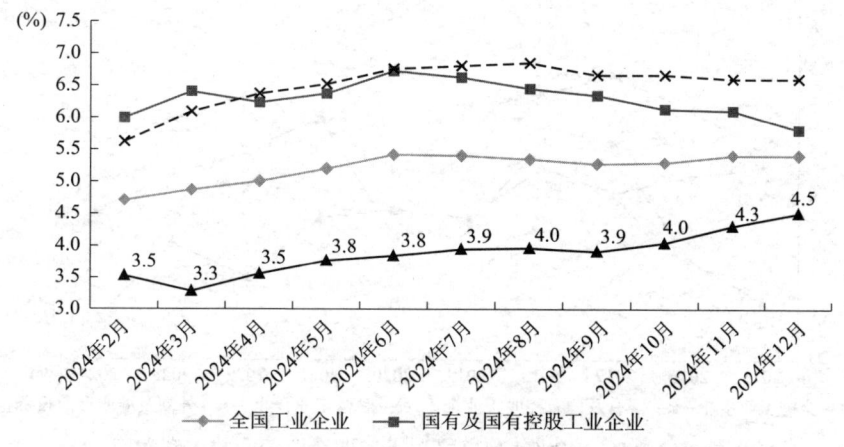

图16 2024年规模以上工业企业营业收入利润率

表21、图17为各类型规模以上工业企业2015—2024年营业收入利润率情况。

表21 2015—2024年规模以上工业企业营业收入利润率

单位：%

年份	全国工业企业	国有及国有控股工业企业	私营工业企业	外商及港澳台商投资企业
2015	6.0	4.7	6.3	6.5
2016	6.2	5.2	6.2	7.0
2017	6.6	6.5	6.0	7.4
2018	6.8	6.6	6.3	7.2
2019	6.2	5.6	5.7	7.0
2020	6.3	5.5	5.8	7.5
2021	6.8	6.9	5.7	7.9

续表

年份	全国工业企业	国有及国有控股工业企业	私营工业企业	外商及港澳台商投资企业
2022	6.1	6.5	5.0	7.0
2023	6.1	6.2	5.4	6.9
2024	5.4	5.8	4.5	6.6

注：2015—2022年营业收入利润率为作者根据历年《中国统计年鉴》公布的各类型工业企业营业收入和利润总额绝对值数据计算得出，2023年、2024年为当年12月统计局网站公布数据。

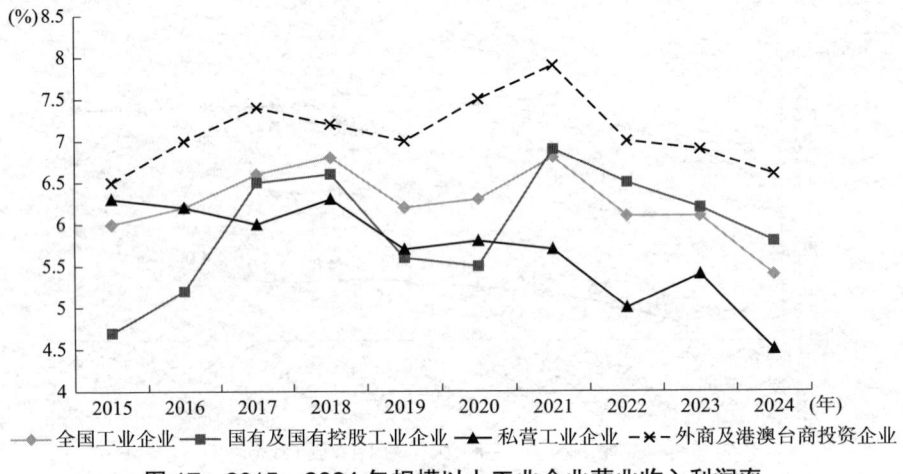

图17 2015—2024年规模以上工业企业营业收入利润率

资产利润率方面，至2024年11月底，全国规模以上工业企业资产利润率为4.1%，较2023年末降低0.5个百分点。其中，国有及国有控股工业企业资产利润率为3.4%，较2023年下降0.3百分点；私营工业企业资产利润率为4.2%，较2023年末降低了0.7个百分点；外商及港澳台商投资企业为5.5%，高于全国平均水平，但仍较上年末下降0.5个百分点（见表22、表23、图18、图19）。

表22 2024年规模以上工业企业资产利润率

单位：%

	2024年3月	2024年6月	2024年9月	2024年11月
全国工业企业	3.6	4.1	4.0	4.1
国有及国有控股工业企业	3.7	3.8	3.6	3.4

续表

	2024年3月	2024年6月	2024年9月	2024年11月
私营工业企业	3.0	3.7	3.8	4.2
外商及港澳台商投资企业	4.9	5.6	5.5	5.5

注：资产利润率为作者根据统计局网站公布的各类型工业企业月度资产总额和利润总额绝对值数据计算得出，月度资产利润率计算公式为：资产利润率＝利润总额/资产总额×12/月份数×100%。

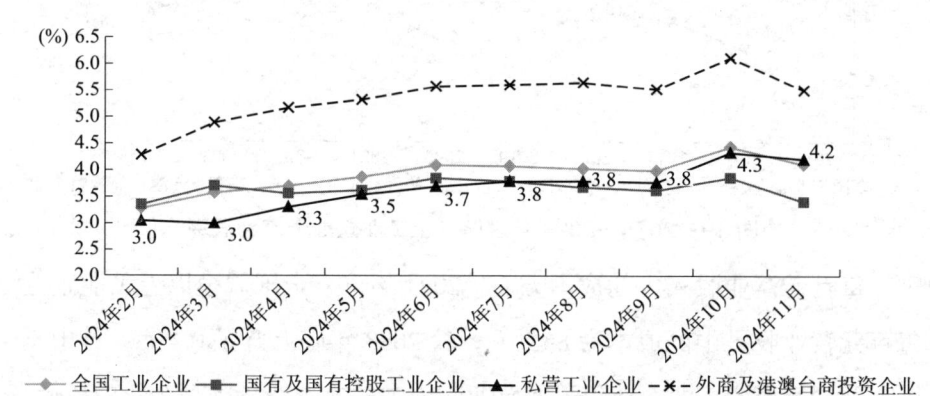

图18 2024年规模以上工业企业资产利润率

表23、图19为各类型规模以上工业企业2015—2024年资产利润率情况。

表23 2015—2024年规模以上工业企业资产利润率

单位：%

年份	全国工业企业	国有及国有控股工业企业	私营工业企业	外商及港澳台商投资企业
2015	6.5	2.9	10.6	7.9
2016	6.6	3	10.6	8.3
2017	6.7	3.9	9.5	8.3
2018	6.2	4.2	8.3	7.7
2019	5.5	3.4	7.3	7.2
2020	5.3	3.1	7.0	7.3
2021	6.2	4.4	7.1	7.9
2022	5.3	4.0	5.8	6.7
2023	4.8	3.7	5.4	6.2
2024.11	4.1	3.4	4.2	5.5

注：历年资产利润率为作者根据《中国统计年鉴》及2024年统计局网站公布的12月各类型工业企业资产总额和利润总额绝对值数据计算得出。

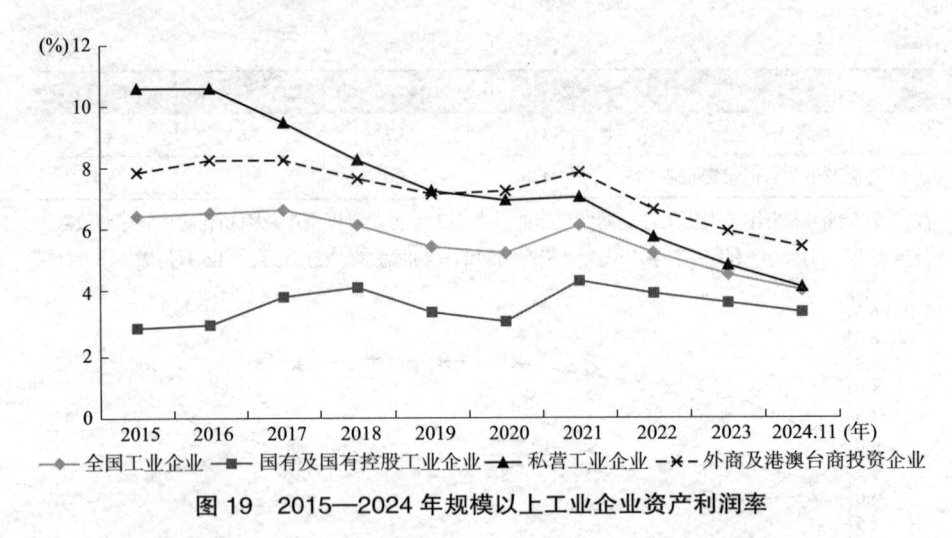

图 19　2015—2024 年规模以上工业企业资产利润率

每百元营业收入中的成本方面，2024 年末，全国规模以上工业企业每百元营业收入中的成本为 85.2 元，较 2023 年底上升了 0.4 元。其中，国有及国有控股工业企业每百元营业收入中的成本在各类型企业中最低，为 84.3 元，比 2023 年底提高 0.7 元；私营工业企业每百元营业收入中的成本为 85.7 元，高于全国平均水平，比 2023 年降低了 0.2 元；外商及港澳台商投资企业每百元营业收入中的成本为 84.4 元，比 2023 年降低了 0.2 元（见表 24、表 25、图 20、图 21）。

表 24　2015—2024 年规模以上工业企业每百元营业收入中的成本

单位：元

年份	全国工业企业	国有及国有控股工业企业	私营工业企业	外商及港澳台商投资企业
2015	85.1	82.7	86.6	84.8
2016	85.0	82.1	86.7	84.3
2017	84.4	81.5	86.5	84.1
2018	83.3	81.3	85.3	83.7
2019	83.5	81.9	85.3	83.5
2020	83.9	82.3	85.9	83.3
2021	83.7	81.7	85.6	83.6
2022	84.7	83.0	86.4	84.6

续表

年份	全国工业企业	国有及国有控股工业企业	私营工业企业	外商及港澳台商投资企业
2023	84.8	83.6	85.9	84.6
2024	85.2	84.3	85.7	84.4

注：2015—2022年每百元营业收入中的成本根据统计局公布的营收总额和营业成本总额绝对数计算得出，2023—2024年为统计局网站公布数据。

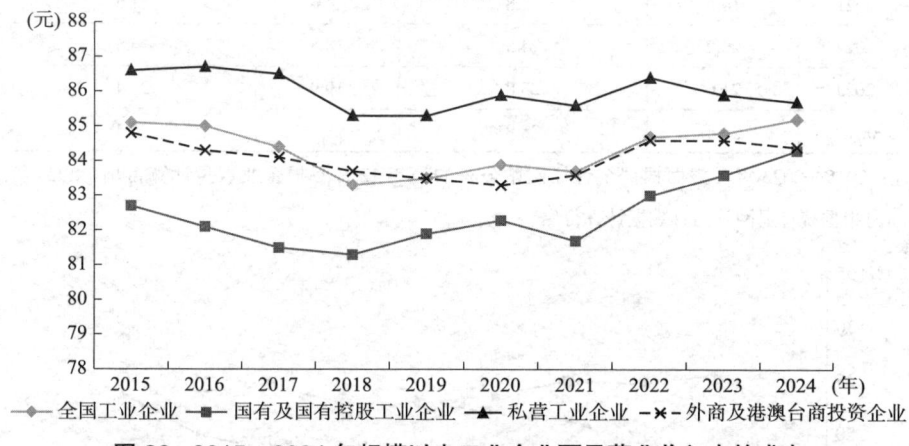

图20 2015—2024年规模以上工业企业百元营业收入中的成本

七、各类型工业企业亏损面

截至2024年11月底，全国规模以上工业企业亏损面为25.4%，较2023年末扩大了3.8个百分点。分经济类型看，国有及国有控股工业企业亏损面为28.8%，较2023年末扩大5个百分点；私营工业企业亏损面为23.7%，较2023年底扩大了3.8个百分点；外商及港澳台商投资企业亏损面为26.5%，较上年底扩大了1.1个百分点（见表25、图21）。

表25 2015—2024年规模以上工业企业亏损面

单位：%

年份	全国工业企业	国有及国有控股工业企业	私营工业企业	外商及港澳台商投资企业
2015	12.6	28.9	9.1	20.8
2016	10.8	25.6	7.8	17.7

续表

年份	全国工业企业	国有及国有控股工业企业	私营工业企业	外商及港澳台商投资企业
2017	11.8	24.7	9	19
2018	15.1	25	12.8	21.3
2019	15.9	23.6	13.6	21.9
2020	17.3	22.9	15.3	23.2
2021	16.5	22.8	14.6	21.6
2022	20.2	24.5	18.5	24.5
2023	21.6	23.8	19.9	25.4
2024.11	25.4	28.8	23.7	26.5

注：2015—2023年亏损面根据统计局网站公布的当年12月亏损企业数量计算得出，2024年11月根据统计局网站当月数据计算得出。

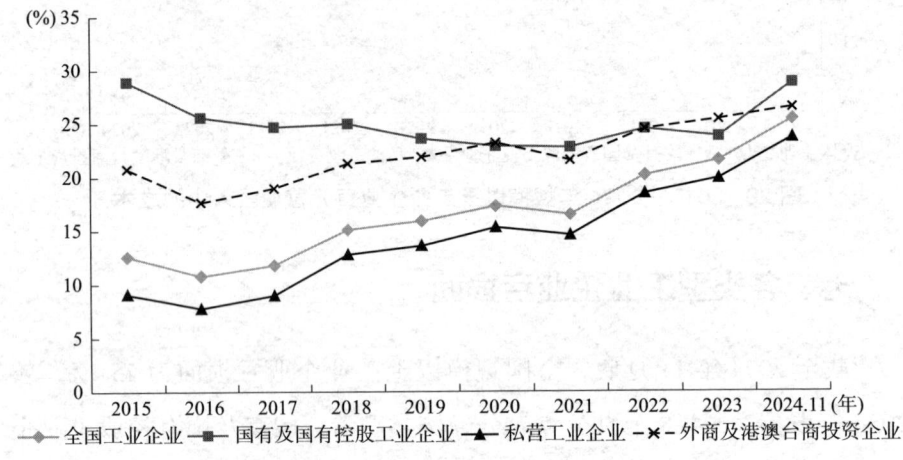

图21　2015—2024年规模以上工业企业亏损面

八、工业企业劳动生产率

人均营业收入方面，2024年末，全国规模以上工业企业人均营业收入为186.1万元，较2023年底提高了10.2万元。其中，国有及国有控股工业企业人均营业收入为308.1万元，较2023年增加了27.7万元；私营工业企业人均营业收入为142.3万元，较2023底增加了9.6万元；外商及港澳台商投资企业人均营业收入为196.8万元，较上年增加9.7万元（见表26、图22）。

第四章 民营工业发展——向好趋势未变，困难压力不小

表26 2015—2024年规模以上工业企业人均营业收入

单位：万元

年份	全国工业企业	国有及国有控股工业企业	私营工业企业	外商及港澳台商投资企业
2015	113.5	135.9	111.5	104.3
2016	122.3	140.9	120.7	114.7
2017	126.5	166.3	118.0	120.7
2018	126.5	190.8	103.6	127.6
2019	134.6	202.8	111.3	134.1
2020	145.0	215.6	120.8	148.1
2021	172.0	264.0	142.2	175.3
2022	182.7	292.1	146.1	182.4
2023	175.9	280.4	132.7	187.1
2024	186.1	308.1	142.3	196.8

注：2015—2019年人均营业收入根据统计局公布的营业收入总额及平均用工人数的绝对数计算得出，2020—2024年数据为统计局网站公布当年12月数据。

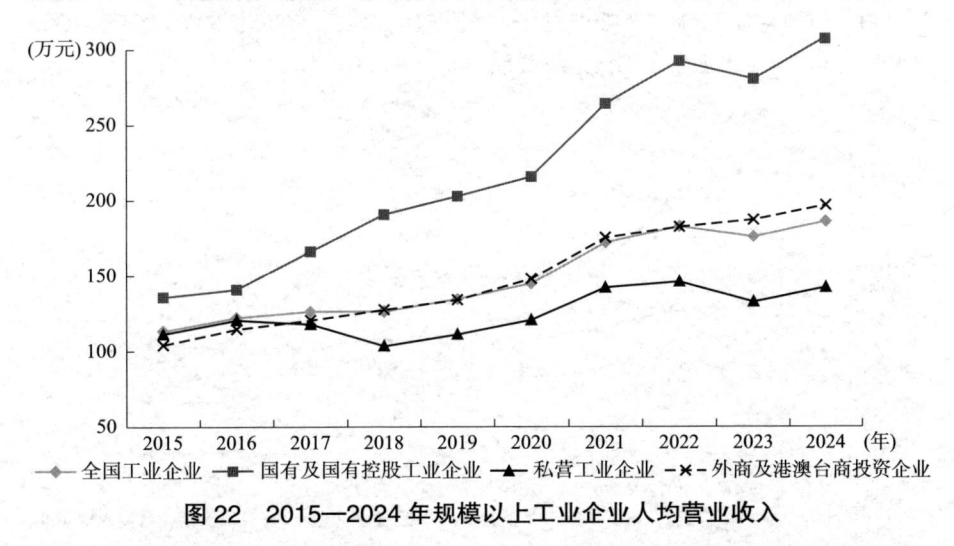

图22 2015—2024年规模以上工业企业人均营业收入

每百元资产实现的营业收入方面，2024年末，全国规模以上工业企业每百元资产实现的营业收入为79.5元，较2023年末增加了0.4元。其中，国有及国有控股工业企业每百元资产实现的营业收入为58.7元，较2023年末降低了0.4元；私营工业企业每百元资产实现的营业收入为101.8元，高于全国平均水平，较2023年提高了1.5元；外商及港澳台商投资企业每百元资产

实现的营业收入为 86.3 元，较 2023 年下降了 3.5 元（见表 27、图 23）。

表 27　2015—2024 年规模以上工业企业每百元资产实现的收入

单位：元

年份	全国工业企业	国有及国有控股工业企业	私营工业企业	外商及港澳台商投资企业
2015	108.4	60.8	168.7	122.1
2016	106.7	57.2	171.2	117.7
2017	101.0	60.4	157.0	114.6
2018	91.7	63.7	130.5	108.1
2019	88.5	61.3	127.7	102.5
2020	87.8	59.4	130.0	102.1
2021	95.4	65.7	133.9	104.2
2022	92.4	66.8	124.4	99.0
2023	79.1	59.1	100.3	89.8
2024	79.5	58.7	101.8	86.3

注：2015—2019 年每百元资产实现的营业收入根据统计局公布的资产总额和营收总额绝对数计算得出，2020—2024 年数据为统计局网站公布的当年 1—12 月数据。

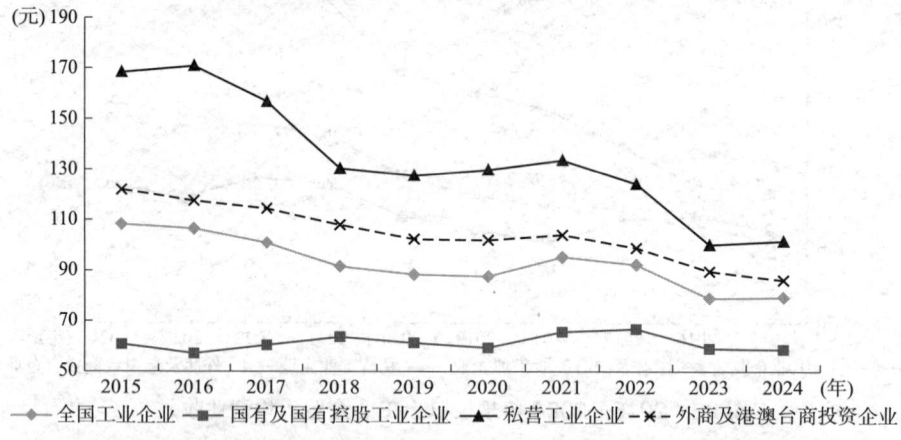

图 23　2015—2024 年规模以上工业企业百元资产实现的收入

九、工业企业平均用工人数

截至 2024 年 11 末，规模以上工业企业平均用工人数为 7 345 万人，同比下降 1.7%。其中，国有及国有控股工业企业平均用工人数 1 238 万人，同比下降3.0%，在各类企业中降幅最大，就业人数占全部工业企业的16.9%；私营工业企业平均用工人数3 630万人，同比下降2.0%，就业人数占全部工业企业的49.4%；外商及港澳台商投资企业平均用工人数1 401万人，同比下降2.9%，就业人数占全部工业企业的19.1%。

表28、表29、表30、图24、图25为2015—2024各类型工业企业平均用工人数总量、增速及占比情况。

表28　2015—2024年规模以上工业企业平均用工人数

单位：万人

年份	全国工业企业	国有及国有控股工业企业	私营工业企业	外商及港澳台商投资企业
2015	9 775	1 778	3 464	2 355
2016	9 476	1 696	3 398	2 182
2017	8 958	1 596	3 230	2 052
2018	8 356	1 524	3 319	1 857
2019	7 929	1 419	3 245	1 748
2020	7 756	1 383	3 574	1 672
2021	7 951	1 390	3 824	1 668
2022	7 764	1 370	3 698	1 581
2023	7 734	1 371	3 725	1 435
2024.11	7 345	1 238	3 630	1 401

注：2015—2023年工业企业平均用工人数数据来源为历年《中国统计年鉴》，2024年为统计局网站公布数据。

表29　2015—2024年规模以上工业企业平均用工人数增长率

单位：%

年份	全国工业企业	国有及国有控股工业企业	私营工业企业	外商及港澳台商投资企业
2015	−2.0	−3.5	−1.2	−4.7
2016	−3.1	−4.6	−1.9	−7.3
2017	−5.5	−5.9	−4.9	−6.0
2018	−6.7	−4.5	2.7	−9.5
2019	−5.1	−6.9	−2.2	−5.8
2020	−2.2	−2.5	10.1	−4.4
2021	2.5	0.5	7.0	−0.2

续表

年份	全国工业企业	国有及国有控股工业企业	私营工业企业	外商及港澳台商投资企业
2022	-2.4	-1.5	-3.3	-5.2
2023	-2.2	-2.6	-1.9	-6.6
2024.11	-1.7	-3.0	-2.0	-2.9

注：2015—2022年增长率根据《中国统计年鉴》中的绝对额计算得出，2023年、2024年11月数据为统计局网站公布的当月数据。

表30　2015—2024年规模以上工业企业平均用工人数占比情况

单位：%

年份	国有及国有控股工业企业	私营工业企业	外商及港澳台商投资企业
2015	18.2	35.4	24.1
2016	17.9	35.9	23.0
2017	17.8	36.1	22.9
2018	18.2	39.7	22.2
2019	17.9	40.9	22.0
2020	17.8	46.1	21.6
2021	17.5	48.1	21.0
2022	17.6	47.6	20.4
2023	17.7	48.2	18.6
2024.11	16.9	49.4	19.1

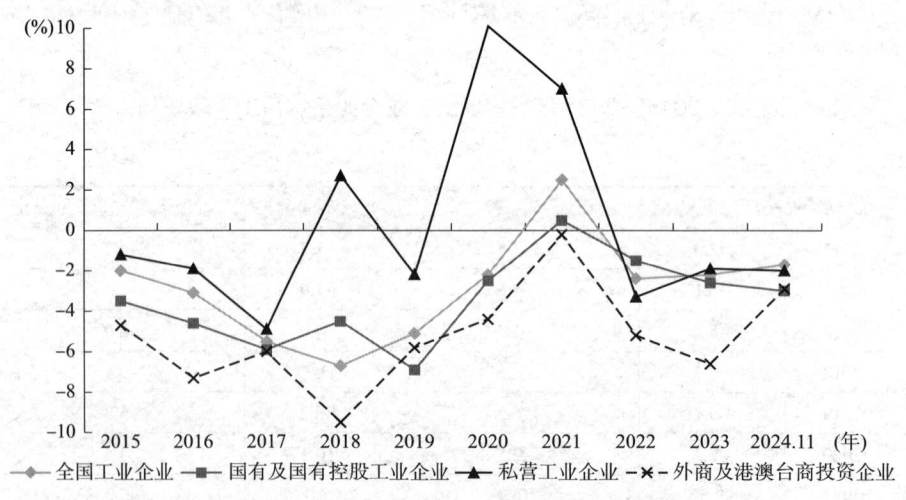

图24　2015—2024年规模以上工业企业平均用工人数增长率

第四章 民营工业发展——向好趋势未变，困难压力不小

□ 国有及国有控股工业企业　■ 私营工业企业　■ 外商及港澳台商投资企业　□ 其他

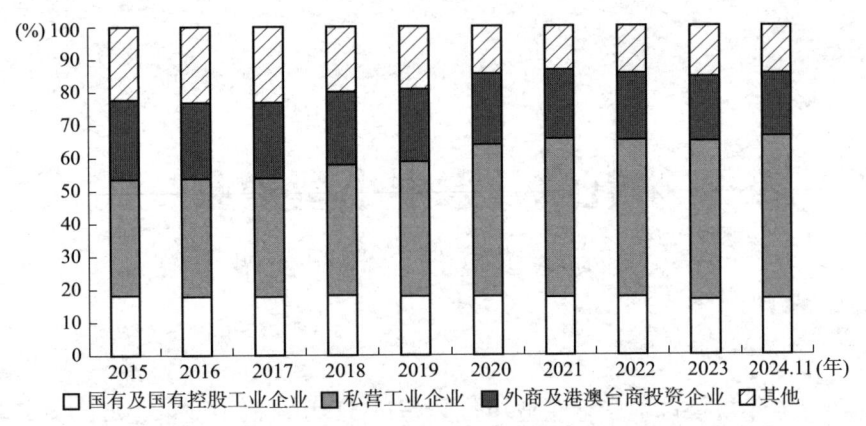

图25　2015—2024年规模以上工业企业平均用工人数占比情况

第五章　大中小型企业

——负债继续扩张，利润大幅下滑

2024年规模以上工业企业单位数超过51万家，小型企业占比稳定在90%以上。小型工业企业负债增速超过资产增速，资产增速超过营收增速，而利润明显下降，用工人数也有所下降。可以说小型工业企业由负债驱动增长，投入（负债、资产）增长超过产出（营收）增长，更超过效益（利润）增长，因此资产利润率、资产营收率、营收利润率等效率效益指标都有所恶化。（见表1）

国家统计局在每年9月出版的《中国统计年鉴》中公布上一年规模以上工业企业按企业规模（即大型、中型、小型）分的企业单位数、资产总计、营业收入、利润总额四项数据。因此本章规模以上大中小型工业企业相关指标的最新数据为2023年数据。

国家统计局每月公布的工业数据只有规模以上工业企业和大中型工业企业数据，因此2024年小型工业企业数据为规模以上工业企业减去大中型工业企业的计算数据。

表1　规模以上大中小型工业企业各项指标2023年与2024年增速

单位：%

年份	各规模企业	负债合计	资产总计	营业收入	利润总额	用工人数	法人单位数
2023	规上工业企业	7.3	7.4	2.0	-1.5	-0.4	4.5
	大型企业	7.3	8.0	3.1	0.6	-1.0	1.3
	中型企业		6.7	-0.4	-2.7		-3.1
	小型企业	7.1	7.1	2.2	-4.0	0.4	5.2

续表

年份	各规模企业	负债合计	资产总计	营业收入	利润总额	用工人数	法人单位数
2024	规上工业企业	4.1	3.8	1.3	-10.4	-4.3	3.8
	大中型企业	1.8	1.8	-1.3	-12.0	-6.1	4.5
	小型企业	8.4	7.7	6.0	-6.1	-2.1	3.7

注：数据来自国家统计局，资产总计、营业收入、利润总额、法人单位数来自《中国统计年鉴2024》，负债合计、用工人数来自《中国统计摘要2024》、统计局网站月度数据、《中国经济景气月报》。

一、企业单位数

2023年全国规模以上工业企业单位数49.3万个，比2022年增长4.5%。其中，大型工业企业单位数8216个，比2022年增长1.3%，占全部工业企业单位数的比例为1.7%；中型工业企业单位数3.6万个，比2022年下降3.1%，占比7.3%；小型工业企业单位数44.9万个，比2022年增长5.2%，占比91.1%（见表2）。

2024年全国规模以上工业企业单位数51.2万个，比2023年增长3.8%。其中，大中型工业企业单位数4.6万个，比2023年增长4.5%；小型工业企业单位数46.6万个，比2023年增长3.7%。2024年小型工业企业单位数占全部工业企业单位数的比例为91.0%，大中型工业企业占比为9.0%（见表2）。

表2 规模以上大中小型工业企业单位数

单位：个，%

年份	工业企业 单位数	增速	大型工业企业 单位数	占比	增速	中型工业企业 单位数	占比	增速	小型工业企业 单位数	占比	增速
2015	383 148	1.4	9 633	2.5	-2.6	54 070	14.1	-2.4	319 445	83.4	2.2
2016	378 599	-1.2	9 631	2.5	0.0	52 681	13.9	-2.6	316 287	83.5	-1.0
2017	372 729	-1.6	9 240	2.5	-4.1	49 614	13.3	-5.8	313 875	84.2	-0.8
2018	374 964	0.6	8 448	2.3	-8.6	42 625	11.4	-14.1	323 891	86.4	3.2
2019	377 815	0.8	8 210	2.2	-2.8	39 974	10.6	-6.2	329 631	87.2	1.8
2020	399 375	5.7	8 020	2.0	-2.3	39 025	9.8	-2.4	352 330	88.2	6.9

续表

年份	工业企业 单位数	增速	大型工业企业 单位数	占比	增速	中型工业企业 单位数	占比	增速	小型工业企业 单位数	占比	增速
2021	441 517	10.6	8 490	1.9	5.9	38 937	8.8	-0.2	394 090	89.3	11.9
2022	472 009	6.9	8 112	1.7	-4.5	36 949	7.8	-5.1	426 948	90.5	8.3
2023	493 161	4.5	8 216	1.7	1.3	35 816	7.3	-3.1	449 129	91.1	5.2
2024	511 655	3.8	绝对数 46 024；占比 9.0；增速 4.5						465 631	91.0	3.7

注：数据来自国家统计局，其中 2023 年及之前数据来自统计局网站年度数据和《中国统计年鉴 2024》，2024 年数据来自统计局网站月度数据和《中国经济景气月报》，占比和增长率为大成课题组根据总量数据计算得出，下同。

二、资产总计

2023 年全国规模以上工业企业资产总计 172.1 万亿元，比 2022 年增长 7.4%。其中，大型工业企业资产总计 79.0 万亿元，比 2022 年增长 8.0%，占全部工业企业资产总计的比例为 45.9%；中型工业企业资产总计 36.8 万亿元，比 2022 年增长 6.7%，占比 21.4%；小型工业企业资产总计 56.3 万亿元，比 2022 年增长 7.1%，占比 32.7%（见表3）。

2024 年全国规模以上工业企业资产总计 178.5 万亿元，比 2023 年增长 3.8%。其中，大中型工业企业资产总计 117.9 万亿元，比 2023 年增长 1.8%；小型工业企业资产总计 60.7 万亿元，比 2023 年增长 7.7%。2024 年小型工业企业资产总计占全部工业企业资产总计的比例为 34.0%，大中型工业企业占比为 66.0%（见表3）。

表3　规模以上大中小型工业企业资产总计

单位：亿元，%

年份	工业企业 资产总计	增速	大型工业企业 资产总计	占比	增速	中型工业企业 资产总计	占比	增速	小型工业企业 资产总计	占比	增速
2015	1 023 398.1	7.0	476 028.4	46.5	5.7	242 810.4	23.7	6.0	304 559.5	29.8	9.8
2016	1 085 865.9	6.1	508 070.4	46.8	6.7	258 989.4	23.9	6.7	318 806.1	29.4	4.7
2017	1 121 909.6	3.3	534 349.3	47.6	5.2	263 386.8	23.5	1.7	324 173.4	28.9	1.7

续表

年份	工业企业 资产总计	增速	大型工业企业 资产总计	占比	增速	中型工业企业 资产总计	占比	增速	小型工业企业 资产总计	占比	增速
2018	1 153 251.2	2.8	559 620.7	48.5	4.7	260 730.5	22.6	-1.0	332 899.9	28.9	2.7
2019	1 205 868.9	4.6	569 249.1	47.2	1.7	271 433.5	22.5	4.1	365 186.4	30.3	9.7
2020	1 303 499.3	8.1	604 454.9	46.4	6.2	293 324.4	22.5	8.1	405 720.1	31.1	11.1
2021	1 466 716.3	12.5	677 739.3	46.2	12.1	318 137.0	21.7	8.5	470 840.1	32.1	16.1
2022	1 601 925.7	9.2	730 971.8	45.6	7.9	344 880.6	21.5	8.4	526 073.3	32.8	11.7
2023	1 720 755.8	7.4	789 559.7	45.9	8.0	367 897.9	21.4	6.7	563 298.1	32.7	7.1
2024	1 785 378.5	3.8	绝对数 1 178 599.9；占比 66.0；增速 1.8			606 778.6	34.0	7.7

三、营业收入

2023年全国规模以上工业企业营业收入136.0万亿元，比2022年增长2.0%。其中，大型工业企业营业收入59.2万亿元，比2022年增长3.1%，占全部工业企业营业收入的比例为43.5%；中型工业企业营业收入29.1万亿元，比2022年下降0.4%，占比21.4%；小型工业企业营业收入47.8万亿元，比2022年增长2.2%，占比35.1%（见表4）。

2024年全国规模以上工业企业营业收入137.8万亿元，比2023年增长1.3%。其中，大中型工业企业营业收入87.1万亿元，比2022年下降1.3%；小型工业企业营业收入50.6万亿元，比2023年增长6.0%。2024年小型工业企业营业收入占全部工业企业营业收入的比例为36.7%，大中型工业企业占比为63.3%（见表4）。

表4 规模以上大中小型工业企业营业收入

单位：亿元，%

年份	工业企业 营业收入	增速	大型工业企业 营业收入	占比	增速	中型工业企业 营业收入	占比	增速	小型工业企业 营业收入	占比	增速
2015	1 109 853.0	0.3	421 567.3	38.0	-3.5	272 360.5	24.5	1.5	415 925.1	37.5	3.5
2016	1 158 999.5	4.4	436 444.5	37.7	3.5	286 489.9	24.7	5.2	436 064.1	37.6	4.8
2017	1 133 161.8	-2.2	452 178.5	39.9	3.6	269 166.2	23.8	-6.0	411 816.1	36.3	-5.6

续表

年份	工业企业 营业收入	增速	大型工业企业 营业收入	占比	增速	中型工业企业 营业收入	占比	增速	小型工业企业 营业收入	占比	增速
2018	1 057 327.3	-6.7	459 178.9	43.8	1.5	238 287.8	22.7	-11.5	354 918.2	33.5	-13.8
2019	1 067 397.2	1.0	451 017.6	42.3	-1.8	240 542.7	22.5	0.9	375 836.6	35.2	5.9
2020	1 083 658.4	1.5	451 853.1	41.7	0.2	243 175.3	22.4	1.1	388 630.1	35.9	3.4
2021	1 314 557.3	21.3	546 639.6	41.6	21.0	292 500.4	22.3	20.3	475 417.2	36.2	22.3
2022	1 333 214.5	1.4	573 992.7	43.1	5.0	291 866.9	21.9	-0.2	467 354.9	35.1	-1.7
2023	1 360 317.1	2.0	592 007.8	43.5	3.1	290 579.2	21.4	-0.4	477 730.2	35.1	2.2
2024	1 377 661.8	1.3	绝对数 871 470.1；占比 63.3；增速 -1.3						506 191.7	36.7	6.0

四、利润总额

2023 年全国规模以上工业企业利润总额 8.3 万亿元，比 2022 年下降 1.5%。其中，大型工业企业利润总额 4.1 万亿元，比 2022 年增长 0.6%，占全部工业企业利润总额的比例为 48.9%；中型工业企业利润总额 1.9 万亿元，比 2022 年下降 2.7%，占比 23.1%；小型工业企业利润总额 2.3 万亿元，比 2022 年下降 4.0%，占比 28.0%（见表 5）。

2024 年全国规模以上工业企业利润总额 7.4 万亿元，比 2023 年下降 10.4%。其中，大中型工业企业利润总额 5.3 万亿元，比 2023 年下降 12.0%；小型工业企业利润总额 2.2 万亿元，比 2023 年下降 6.1%。2024 年小型工业企业利润总额占全部工业企业利润总额的比例为 29.3%，大中型工业企业占比为 70.7%（见表 5）。

表 5　规模以上大中小型工业企业利润总额

单位：亿元，%

年份	工业企业 利润总额	增速	大型工业企业 利润总额	占比	增速	中型工业企业 利润总额	占比	增速	小型工业企业 利润总额	占比	增速
2015	66 187.1	-2.9	23 582.3	35.6	-10.5	17 982.6	27.2	1.0	24 622.2	37.2	2.6
2016	71 921.4	8.7	26 787.8	37.2	13.6	19 405.0	27.0	7.9	25 728.6	35.8	4.5
2017	74 916.3	4.2	32 713.1	43.7	22.1	18 648.5	24.9	-3.9	23 554.7	31.4	-8.4

续表

年份	工业企业 利润总额	增速	大型工业企业 利润总额	占比	增速	中型工业企业 利润总额	占比	增速	小型工业企业 利润总额	占比	增速
2018	71 608.9	-4.4	33 541.3	46.8	2.5	16 829.3	23.5	-9.8	21 238.2	29.7	-9.8
2019	65 799.0	-8.1	29 526.4	44.9	-12.0	16 496.6	25.1	-2.0	19 776.1	30.1	-6.9
2020	68 465.0	4.1	29 085.0	42.5	-1.5	18 113.6	26.5	9.8	21 266.5	31.1	7.5
2021	92 933.0	35.7	44 826.2	48.2	54.1	21 888.8	23.6	20.8	26 218.0	28.2	23.3
2022	84 162.4	-9.4	40 339.2	47.9	-10.0	19 656.7	23.4	-10.2	24 166.5	28.7	-7.8
2023	82 897.0	-1.5	40 568.7	48.9	0.6	19 127.5	23.1	-2.7	23 200.8	28.0	-4.0
2024	74 310.5	-10.4	绝对数 52 519.7；占比 70.7；增速 -12.0							21 790.8	29.3	-6.1

五、负债合计

2024年全国规模以上工业企业负债合计102.7万亿元，比2023年增长4.1%。其中，大中型工业企业负债合计65.8万亿元，比2023年增长1.8%，占全部工业企业负债合计的比例为64.1%；小型工业企业负债合计36.9万亿元，比2023年增长8.4%，占比35.9%（见表6）。

表6 规模以上大中小型工业企业负债合计

单位：亿元，%

年份	工业企业 负债合计	增速	大中型工业企业 负债合计	占比	增速	小型工业企业 负债合计	占比	增速
2015	579 310.5	5.9	416 708.3	71.9	4.8	162 602.1	28.1	9.0
2016	606 641.5	4.7	438 442.2	72.3	5.2	168 199.3	27.7	3.4
2017	628 016.3	3.5	451 584.5	71.9	3.0	176 431.8	28.1	4.9
2018	653 871.3	4.1	463 975.9	71.0	2.7	189 895.5	29.0	7.6
2019	681 085.1	4.2	469 324.8	68.9	1.2	211 760.3	31.1	11.5
2020	735 385.9	8.0	498 299.2	67.8	6.2	237 086.7	32.2	12.0
2021	828 485.4	12.7	550 415.9	66.4	10.5	278 069.5	33.6	17.3
2022	920 053.6	11.1	602 627.4	65.5	9.5	317 426.2	34.5	14.2
2023	986 918.1	7.3	646 808.5	65.5	7.3	340 109.6	34.5	7.1
2024	1 027 094.7	4.1	658 455.8	64.1	1.8	368 638.9	35.9	8.4

注：小型工业企业数据为工业企业减去大中型工业企业。

六、用工人数

2024年全国规模以上工业企业用工人数7 401.9万人，比2023年下降4.3%。其中，大中型工业企业用工人数4 056.2万人，比2023年下降6.1%，占全部工业企业用工人数的比例为54.8%；小型工业企业用工人数3 345.7万人，比2023年下降2.1%，占比45.2%（见表7）。

表7 规模以上大中小型工业企业用工人数

单位：万人，%

年份	工业企业 用工人数	增速	大中型工业企业 用工人数	占比	增速	小型工业企业 用工人数	占比	增速
2015	9 775.0	-2.0	6 245.2	63.9	-3.0	3 529.8	36.1	-0.3
2016	9 475.6	-3.1	6 051.6	63.9	-3.1	3 424.0	36.1	-3.0
2017	8 957.9	-5.5	5 664.9	63.2	-6.4	3 293.0	36.8	-3.8
2018	8 356.4	-6.7	5 138.2	61.5	-9.3	3 218.2	38.5	-2.3
2019	7 929.1	-5.1	4 732.8	59.7	-7.9	3 196.3	40.3	-0.7
2020	7 756.1	-2.2	4 582.6	59.1	-3.2	3 173.5	40.9	-0.7
2021	7 951.0	2.5	4 611.1	58.0	0.6	3 339.9	42.0	5.2
2022	7 764.1	-2.4	4 360.3	56.2	-5.4	3 403.8	43.8	1.9
2023	7 734.1	-0.4	4 318.3	55.8	-1.0	3 415.8	44.2	0.4
2024	7 401.9	-4.3	4 056.2	54.8	-6.1	3 345.7	45.2	-2.1

注：小型工业企业数据为工业企业减去大中型工业企业。

七、资产负债率

2024年，全国规模以上工业企业资产负债率为57.5%，其中大中型工业企业、小型工业企业资产负债率分别为55.9%、60.8%。小型工业企业负债率从2016年的低点持续升高；而大中型工业企业的负债率自2014年一直在缓慢下降，2022年略有回升后近两年基本稳定（见表8）。

表 8 规模以上大中小型工业企业资产负债率

单位：%

年份	工业企业	大中型工业企业	小型工业企业
2015	56.6	58.0	53.4
2016	55.9	57.2	52.8
2017	56.0	56.6	54.4
2018	56.7	56.6	57.0
2019	56.5	55.8	58.0
2020	56.4	55.5	58.4
2021	56.5	55.3	59.1
2022	57.4	56.0	60.3
2023	57.4	55.9	60.4
2024	57.5	55.9	60.8

八、资产利润率

2023 年，全国规模以上工业企业资产利润率为 4.8%，其中大型工业企业、中型工业企业、小型工业企业资产利润率分别为 5.1%、5.2%、4.1%，整体均较上一年有所恶化。2024 年规上工业企业资产利润率为 4.2%，小型工业企业、大中型工业企业资产利润率分别为 3.6%、4.5%，整体均较 2023 年进一步恶化（见表 9）。

表 9 规模以上大中小型工业企业资产利润率

单位：%

年份	工业企业	大型工业企业	中型工业企业	小型工业企业
2015	6.5	5.0	7.4	8.1
2016	6.6	5.3	7.5	8.1
2017	6.7	6.1	7.1	7.3
2018	6.2	6.0	6.5	6.4
2019	5.5	5.2	6.1	5.4
2020	5.3	4.8	6.2	5.2

续表

年份	工业企业	大型工业企业	中型工业企业	小型工业企业
2021	6.3	6.6	6.9	5.6
2022	5.3	5.5	5.7	4.6
2023	4.8	5.1	5.2	4.1
2024	4.2	4.5		3.6

九、资产营收率

2023年，全国规模以上工业企业资产营收率为79.1%，其中大型工业企业、中型工业企业、小型工业企业资产营收率分别为75.0%、79.0%、84.8%，资产营收率下降的主要原因是资产有所增长，而营收增幅小于资产增幅，甚至负增长。2024年规上工业企业资产营收率为77.2%，小型工业企业、大中型工业企业资产营收率分别为83.4%、73.9%（见表10）。

表10 规模以上大中小型工业企业资产营收率

单位：%

年份	工业企业	大型工业企业	中型工业企业	小型工业企业
2015	108.4	88.6	112.2	136.6
2016	106.7	85.9	110.6	136.8
2017	101.0	84.6	102.2	127.0
2018	91.7	82.1	91.4	106.6
2019	88.5	79.2	88.6	102.9
2020	83.1	74.8	82.9	95.8
2021	89.6	80.7	91.9	101.0
2022	83.2	78.5	84.6	88.8
2023	79.1	75.0	79.0	84.8
2024	77.2	73.9		83.4

十、营收利润率

2023年，全国规模以上工业企业营收利润率为6.1%，其中大型工业企业、中型工业企业、小型工业企业营收利润率分别为6.9%、6.6%、4.9%，营收利润率下降的原因是利润下降。2024年，规上工业企业营收利润率为5.4%，小型工业企业、大中型工业企业营收利润率分别为4.3%、6.0%（见表11）。

表11 规模以上大中小型工业企业营收利润率

单位：%

年份	工业企业	大型工业企业	中型工业企业	小型工业企业
2015	6.0	5.6	6.6	5.9
2016	6.2	6.1	6.8	5.9
2017	6.6	7.2	6.9	5.7
2018	6.8	7.3	7.1	6.0
2019	6.2	6.5	6.9	5.3
2020	6.3	6.4	7.4	5.5
2021	7.1	8.2	7.5	5.5
2022	6.3	7.0	6.7	5.2
2023	6.1	6.9	6.6	4.9
2024	5.4	6.0		4.3

十一、劳动生产率

2024年，全国规模以上工业企业劳动生产率为186.1万元/人，其中大中型工业企业、小型工业企业劳动生产率分别为214.8万元/人、151.3万元/人。2019年以来营业收入整体保持增长，而用工人数不断下降，所以劳动生产率持续提高（见表12）。

表12 规模以上大中小型工业企业劳动率

单位：万元/人

年份	工业企业	大中型工业企业	小型工业企业
2015	113.5	111.1	117.8
2016	122.3	119.5	127.4
2017	126.5	127.3	125.1
2018	126.5	135.7	110.3
2019	134.6	146.1	117.6
2020	139.7	151.7	122.5
2021	165.2	182.0	142.0
2022	171.7	198.6	137.3
2023	175.9	204.4	139.9
2024	186.1	214.8	151.3

第六章　民营建筑发展

——去地产化继续，建筑产值低增

由于继续受到房地产行业的拖累，2024年全国建筑业总产值增长3.9%，增加值增长3.8%，低于GDP增速1.2个百分点。民营企业占比近99%的非国有建筑业企业受到更大的影响，总产值增长2.2%，低于全国建筑业1.7个百分点，低于国有建筑业2.8个百分点；新签合同额占比从超60%下降至不足50%，总产值、施工面积占比从超70%一路下滑至不足60%。在未来较长时间经济的"去房地产化"阶段，预计建筑业增速将维持在低位，而非国有建筑企业占比将持续下降。

一、增加值和总产值

国家统计局每季度公布全国建筑业和国有及国有控股建筑业企业主要数据，包括总产值、签订合同情况、施工面积、企业个数、从业人员、竣工面积等。

国家统计局每年9月出版的统计年鉴公布按登记注册类型分的建筑业企业主要数据，包括企业单位数、从业人员数、总产值等。

建筑业中港澳台商投资企业和外商投资企业总产值占比不足1%，集体企业占比不足2%，所以除了国有及国有控股企业之外，基本上是民营企业，而民营企业中则基本上是私营企业。基于全国和国有控股建筑业企业数据可以得出非国有建筑业企业数据，能够基本反映民营建筑业企业的情况。因此，本章数据以能够获得国有控股建筑业企业数据的季度数据为主，辅以部分从统计年鉴和统计公报获得的年度数据。

本章非国有建筑业企业数据为全国建筑业数据减去国有及国有控股建筑业企业数据，民营建筑业企业数据为全国建筑业数据减去国有及国有控股、港澳台商投资、外商投资建筑业企业数据。

2024年，全年建筑业增加值9.0万亿元，占国内生产总值的比例为6.7%，同比增长3.8%，比国内生产总值增速低1.2个百分点（见表1）。

表1 2015年以来建筑业总产值与增加值

单位：亿元，%

年份	全国建筑业 总产值	增速	建筑业增加值 绝对数	增速	增加值率
2015	180 757	2.3	47 761	7.3	26.4
2016	193 567	7.1	51 499	7.7	26.6
2017	213 944	10.5	57 906	3.9	27.1
2018	225 817	5.5	65 493	4.8	29.0
2019	244 817	10.0	70 648	5.2	28.9
2020	256 553	6.2	72 445	2.7	28.2
2021	281 239	9.6	78 741	2.1	28.0
2022	298 675	6.4	80 766	2.9	27.0
2023	314 394	2.6	85 691	7.1	27.3
2024	326 501	3.9	89 949	3.8	27.5

注：数据源自国家统计局，其中2024年来自季度数据，2023年及之前来自年度数据。总产值增速按绝对数计算，增加值增速为公布数据；建筑业增加值率等于增加值/总产值。

2024年全国建筑业总产值32.7万亿元，同比增长3.9%，增加值率为27.5%。其中，国有及国有控股建筑业企业总产值14.1万亿元，同比增长5.0%；非国有建筑业企业总产值18.6万亿元，同比增长2.2%，占全国建筑业总产值的比例为56.9%，已降至2003年以来的最低（见表2）。

表2　2015年以来建筑业总产值

单位：亿元，%

年份	全国建筑业 总产值	增速	国有及国有控股建筑业企业 总产值	增速	占比	非国有建筑业企业 总产值	增速	占比	港澳台商与外商投资企业总产值	民营建筑业企业 总产值	增速	占比
2015	180 757	2.3	54 875	4.0	30.4	125 883	1.6	69.6	1 300	124 583	1.6	68.9
2016	193 567	7.1	59 518	8.5	30.7	134 049	6.5	69.3	1 209	132 840	6.6	68.6
2017	213 944	10.5	67 756	13.8	31.7	146 188	9.1	68.3	1 347	144 841	9.0	67.7
2018	225 817	5.5	75 950	12.1	33.6	149 867	2.5	66.4	1 383	148 484	2.5	65.8
2019	244 817	8.4	85 367	12.4	34.9	159 450	6.4	65.1	1 345	158 105	6.5	64.6
2020	256 553	4.8	95 907	12.3	37.4	160 646	0.8	62.6	2 174	158 472	0.2	61.8
2021	281 239	9.6	112 923	17.7	40.2	168 316	4.8	59.8	2 255	166 061	4.8	59.0
2022	298 675	6.2	125 382	11.0	42.0	173 293	3.0	58.0	2 338	170 955	2.9	57.2
2023	314 394	5.3	134 075	6.9	42.6	180 318	4.1	57.4	2 177	178 141	4.2	56.7
2024	326 501	3.9	140 739	5.0	43.1	185 762	2.2	56.9	—	—	—	—

注：数据源自国家统计局，其中国有及国有控股、2024年来自季度数据，2023年及之前来自年度数据。非国有建筑业企业数据为全国减去国有及国有控股企业，民营建筑业数据为全国减去国有及国有控股企业、港澳台商和外商投资企业。

二、新签合同金额

2024年全国建筑业企业新签合同金额33.8万亿元，同比下降5.2%，新订单保障系数为1.03倍。其中，国有及国有控股建筑业企业新签合同金额17.5万亿元，同比下降7.6%，占全国建筑业企业新签合同金额的比例为51.7%，新订单保障系数为1.24倍。非国有建筑业企业新签合同金额16.3万亿元，同比下降2.5%，占全国建筑业企业新签合同金额的比例为48.3%，新订单保障系数仅为0.88倍（见表3）。

表3 2015年以来建筑业企业新签合同金额

单位：亿元，%

年份	全国建筑业企业 本年新签合同金额	增速	新订单保障系数	国有及国有控股建筑业企业 本年新签合同金额	增速	占比	新订单保障系数	非国有建筑业企业 本年新签合同金额	增速	占比	新订单保障系数
2015	184 402	-0.2	1.02	70 014	5.7	38.0	1.28	114 388	-3.4	62.0	0.91
2016	212 768	15.4	1.10	84 890	21.2	39.9	1.43	127 878	11.8	60.1	0.95
2017	254 666	19.7	1.19	106 054	24.9	41.6	1.57	148 612	16.2	58.4	1.02
2018	272 854	7.1	1.21	111 253	4.9	40.8	1.46	161 601	8.7	59.2	1.08
2019	289 235	6.0	1.16	127 557	14.7	44.1	1.49	161 678	0.0	55.9	0.99
2020	325 174	12.4	1.23	152 439	19.5	46.9	1.59	172 735	6.8	53.1	1.03
2021	344 558	6.0	1.18	165 669	8.7	48.1	1.50	178 889	3.6	51.9	0.98
2022	366 481	6.4	1.17	193 075	16.5	52.7	1.54	173 406	-3.1	47.3	0.93
2023	356 040	-2.8	1.13	188 916	-2.2	53.1	1.41	167 124	-3.6	46.9	0.92
2024	337 501	-5.2	1.03	174 531	-7.6	51.7	1.24	162 970	-2.5	48.3	0.88

注：新订单保障系数 = 本年新签合同额 / 本年总产值。

三、利润和产值利润率

据2024年国民经济和社会发展统计公报，全国具有资质等级的总承包和专业承包建筑业企业利润7 513亿元，比上年下降9.8%；其中国有及国有控股企业利润3 669亿元，下降8.7%，占全国建筑业企业利润的比例为48.8%（见表4）。

表4 2015年以来建筑业利润

单位：亿元，%

年份	全国建筑业企业 利润	增速	国有及国有控股建筑业企业 利润	增速	占比	非国有建筑业企业 利润	增速	占比
2015	6 508	1.6	1 676	6.0	25.8	4 832	-8.4	74.2
2016	6 745	4.6	1 879	6.8	27.9	4 866	0.7	72.1
2017	7 661	9.7	2 313	15.1	30.2	5 348	9.9	69.8

续表

年份	全国建筑业企业 利润	全国建筑业企业 增速	国有及国有控股建筑业企业 利润	国有及国有控股建筑业企业 增速	国有及国有控股建筑业企业 占比	非国有建筑业企业 利润	非国有建筑业企业 增速	非国有建筑业企业 占比
2018	8 104	8.2	2 470	8.5	30.5	5 634	5.3	69.5
2019	8 381	5.1	2 585	14.5	30.8	5 796	2.9	69.2
2020	8 303	0.3	2 871	4.7	34.6	5 432	−6.3	65.4
2021	8 554	1.3	3 620	8.0	42.3	4 934	−9.2	57.7
2022	8 369	−1.2	3 922	8.4	46.9	4 447	−9.9	53.1
2023	8 326	0.2	4 019	4.3	48.3	4 307	−3.1	51.7
2024	7 513	−9.8	3 669	−8.7	48.8	3 844	−10.7	51.2

注：全国和国有及国有控股建筑业企业利润和增速源自历年统计公报；非国有数据为全国减去国有及国有控股，增速为根据绝对值计算得出，与公布增速不具可比性。

2024年全国建筑业企业产值利润率为2.3%，国有及国有控股建筑业企业产值利润率为2.6%，是全国的1.13倍；非国有建筑业企业产值利润率为2.1%，为全国的89.9%（见表5）。

表5　2015年以来建筑业企业产值利润率

单位：%

时间	全国建筑业企业	国有及国有控股建筑业企业 产值利润率	国有及国有控股建筑业企业 国有/全国	非国有建筑业企业 产值利润率	非国有建筑业企业 非国有/全国
2015	3.6	3.1	84.8	3.8	106.6
2016	3.5	3.2	90.6	3.6	104.2
2017	3.6	3.4	95.3	3.7	102.2
2018	3.6	3.3	90.6	3.8	104.8
2019	3.4	3.0	89.8	3.6	105.4
2020	3.1	3.0	95.2	3.2	102.8
2021	3.0	3.2	109.8	2.8	95.9
2022	2.7	3.1	116.6	2.4	90.8
2023	2.6	3.0	113.7	2.4	89.9
2024	2.3	2.6	113.3	2.1	89.9

注：产值利润率=利润/总产值。

四、企业单位数和劳动生产率

2024年全国建筑业企业单位数168 011万个，同比增长5.6%。其中，国有及国有控股建筑业企业单位数10 924个，同比增长8.6%，占全国建筑业企业单位数的比例为6.5%；非国有建筑业企业单位数157 087个，同比增长5.4%，占全国建筑业企业单位数的比例为93.5%（见表6）。

表6 2015年以来建筑业企业单位数

单位：个，%

年份	全国建筑业企业 单位数	增速	国有及国有控股建筑业企业 单位数	增速	占比	非国有建筑业企业 单位数	增速	占比
2015	80 911	−0.3	6 789	−1.0	8.4	74 122	−0.2	91.6
2016	83 017	2.6	6 814	0.4	8.2	76 203	2.8	91.8
2017	88 074	6.1	6 800	−0.2	7.7	81 274	6.7	92.3
2018	96 544	9.6	6 880	1.2	7.1	89 664	10.3	92.9
2019	103 805	7.5	6 927	0.7	6.7	96 878	8.0	93.3
2020	116 722	12.4	7 190	3.8	6.2	109 532	13.1	93.8
2021	128 743	10.3	7 826	8.8	6.1	120 917	10.4	93.9
2022	142 906	11.0	8 914	13.9	6.2	133 992	10.8	93.8
2023	159 140	11.4	10 060	12.9	6.4	149 080	11.3	93.7
2024	168 011	5.6	10 924	8.6	6.5	157 087	5.4	93.5

2024年全国建筑业企业人均产值54.8万元。其中，国有及国有控股建筑业企业人均产值78.0万元，是全国建筑业企业人均产值的1.42倍；非国有建筑业企业人均产值44.7万元，是全国建筑业企业人均产值的81.6%（见表7）。

表7 2015年以来建筑业企业按总产值计算的劳动生产率

单位：元/人

年份	全国建筑业企业 人均产值	国有及国有控股建筑业企业 人均产值	国有/全国	非国有建筑业企业 人均产值	非国有/全国
2015	323 733	470 315	145.3	285 015	88.0

续表

年份	全国建筑业企业人均产值	国有及国有控股建筑业企业		非国有建筑业企业	
		人均产值	国有/全国	人均产值	非国有/全国
2016	336 227	484 633	144.1	295 984	88.0
2017	347 462	508 796	146.4	302 943	87.2
2018	373 187	549 950	147.4	323 554	86.7
2019	399 656	596 932	149.4	340 713	85.3
2020	422 906	623 357	147.4	357 326	84.5
2021	473 191	681 110	143.9	398 193	84.2
2022	493 526	727 905	147.5	405 741	82.2
2023	464 899	681 670	146.6	376 597	81.0
2024	547 630	779 899	142.4	446 814	81.6

五、房屋施工和竣工面积

2024年全国建筑业企业房屋施工面积136.8亿平方米，同比下降9.6%。其中，国有及国有控股建筑业企业房屋施工面积57.9亿平方米，同比下降8.3%，占全国建筑业企业房屋施工面积的比例为42.3%；非国有建筑业企业房屋施工面积78.9亿平方米，同比下降10.5%，占全国建筑业企业房屋施工面积的比例为57.7%（见表8）。

表8 2015年以来建筑业企业房屋施工面积

单位：万平方米，%

年份	全国建筑业企业		国有及国有控股建筑业企业			非国有建筑业企业		
	房屋施工面积	增速	房屋施工面积	增速	占比	房屋施工面积	增速	占比
2015	1 242 570	−0.6	325 275	6.0	26.2	917 295	−2.8	73.8
2016	1 264 220	1.7	344 119	5.8	27.2	920 101	0.3	72.8
2017	1 317 195	4.2	369 461	7.4	28.0	947 734	3.0	72.0
2018	1 408 920	7.0	408 186	10.5	29.0	1 000 734	5.6	71.0
2019	1 441 645	2.3	454 942	11.5	31.6	986 703	−1.4	68.4
2020	1 494 743	3.7	505 522	11.1	33.8	989 221	0.3	66.2

续表

年份	全国建筑业企业 房屋施工面积	增速	国有及国有控股建筑业企业 房屋施工面积	增速	占比	非国有建筑业企业 房屋施工面积	增速	占比
2021	1 575 464	5.4	576 254	14.0	36.6	999 210	1.0	63.4
2022	1 564 518	−0.7	596 499	3.5	38.1	968 019	−3.1	61.9
2023	1 513 426	−3.3	631 756	5.9	41.7	881 670	−8.9	58.3
2024	1 368 297	−9.6	579 088	−8.3	42.3	789 209	−10.5	57.7

2024年全国建筑业企业房屋竣工面积34.4亿平方米，同比下降10.9%。其中，国有及国有控股建筑业企业房屋竣工面积9.6亿平方米，同比下降7.9%，占全国建筑业企业房屋竣工面积的比例为28.0%；非国有建筑业企业房屋竣工面积24.7亿平方米，同比下降12.0%，占全国建筑业企业房屋竣工面积的比例为72.0%（见表9）。

表9　2015年以来建筑业企业房屋竣工面积

单位：万平方米，%

年份	全国建筑业企业 房屋竣工面积	增速	国有及国有控股建筑业企业 房屋竣工面积	增速	占比	非国有建筑业企业 房屋竣工面积	增速	占比
2015	420 803	−0.5	63 571	8.6	15.1	357 232	−2.0	84.9
2016	422 376	0.4	66 584	4.7	15.8	355 792	−0.4	84.2
2017	419 074	−0.8	66 886	0.5	16.0	352 188	−1.0	84.0
2018	413 509	−1.3	68 150	1.9	16.5	345 359	−1.9	83.5
2019	402 411	−2.7	74 951	10.0	18.6	327 460	−5.2	81.4
2020	384 820	−4.4	73 664	−1.7	19.1	311 156	−5.0	80.9
2021	408 028	6.0	100 304	36.2	24.6	307 724	−1.1	75.4
2022	405 477	−0.6	103 034	2.7	25.4	302 443	−1.7	74.6
2023	385 588	−4.9	104 521	1.4	27.1	281 067	−7.1	72.9
2024	343 725	−10.9	96 283	−7.9	28.0	247 442	−12.0	72.0

第七章　民企外经外贸

——政企合力默契，出口增长回暖

"十三五"以来，中国对外开放水平持续提高，作为外向型经济体在全球市场中有着举足轻重的地位，对外直接投资流量、存量快速增长，长期稳居全球前三，存量增长尤其巨大，侧面反映出我国对外投资策略成功、资产增值较多。2015—2024年，我国对外直接投资流量从1 456.7亿美元，增长到1 627.8亿美元，增长11.8%，2015—2023年，对外直接投资存量从10 978.6亿美元，增长到29 554亿美元，增长169.2%。2015—2024年，全国进出口、出口、进口年均增长约5%。全国进出口额从3.95万亿美元增长到6.16万亿美元，最高达到6.3万亿美元（2021年），年均增长5.1%。这些成绩，都表明中国的崛起并非昙花一现，而是坚持长期主义的国家战略的具体体现。

近十年来，虽然国际政治局势波谲云诡，逆全球化的声浪不断兴起，但中国的全球化热度依然不减，主要是依靠韧性强大的民营企业。民营企业在货物贸易进出口、对外直接投资方面表现亮眼，到2024年已达到出口占65%，进出口占比接近六成的规模，非公有控股投资者对外直接投资连续数年占据中国对外投资存量的半壁江山，是中国经济"三驾马车"之外贸的坚实支撑。

2024年，政策作用显化，政企合力默契，为外贸企业保驾护航。各地海关、地方政府不断加强稳外贸、促外贸的施政力度，帮助出口企业赢得更多市场空间，提升了效率，降低了成本。企业主动寻求美国欧洲以外的新市场，积极开拓非洲、拉美、东盟、"一带一路"沿线等新兴市场，取得了较好进展，这些现象都是积极信号。海关总署数据显示，2024年1—12月，我国跨境电商进出口额2.63万亿元，同比增长10.8%，高于同期我国外贸整体增速7.2个百分点。

总体而言，基本面不断向好是大趋势，保障民营企业健康发展是外贸持续支撑中国经济增长的关键。未来，中央推出的新政策为外贸企业带来了新的发展机遇，也对各地政府的施政能力提出了更高的要求，政策能为企业释放多少红利，关键要看如何落实。

一、2024年1—12月全国货物外贸成绩可喜可贺

2024年，全球经济复苏，市场需求回暖，中国货物进出口恢复增长，尤其是扭转了出口颓势，总体而言可喜可贺。1—12月全国货物进出口总额约6.16万亿美元，同比增长3.8%，其中民营企业进出口额3.43万亿美元，同比增长7.5%，占比扩大到55.7%，外资企业进出口额1.799万亿美元，占29.2%，国有企业进出口额9 297亿美元，下降2.1%，占15.1%。全国出口总额3.58万亿美元，同比增长5.9%，民营企业出口额2.32万亿美元，占64.6%，民营企业继续起到支撑中国外贸的中流砥柱作用，据我院计算，1—12月为国家创造外贸顺差约1.2万亿美元，顺差贡献率达121.6%。

在全球市场复苏的同时，国家间贸易冲突加剧，俄乌战争导致各类经济制裁复杂且多变。美国不断加强针对高科技产品和技术领域中国企业和产品的限制措施，给中国企业带来较大的挑战和压力。2024年5月14日，美国政府将在三年内，分阶段对从中国进口的180亿美元的商品提高关税，包括钢铁和铝、半导体、电动汽车、电池、关键矿物、太阳能电池、船岸起重机和医疗产品等。其中，对半导体、电动汽车、锂电池的关税，从原来的25%、25%、7.5%，提高到了50%、100%、25%。

中国企业必须尽快增强自主创新能力、升级产业链，以对冲和弱化制裁的负面影响。

2024年上半年，外贸出口增长动力不足，第三季度有所好转，第四季度叠加许多企业在年底交货的周期性特点，出口总量回升。美国总统特朗普11月当选使许多厂商提前囤积中国商品，以避开征税带来的加价，一定程度上增加了年末的出口量。部分商品受中美贸易摩擦影响下降较多，1—12月我国稀土出口额同比下降36%。

亮点一：以美元计的全国进出口先抑后扬，全年贸易顺差增长20.5%。

2024年上半年全国进出口增长乏力，下半年受到美国大选导致订单激增、促外贸政策落实情况较好等有利因素影响，外贸订单回稳，进出口双增，全年恢复增长，尤其外贸顺差较去年增长了20.5%，总体可喜可贺。从季度看进出口，一季度进出口总额1.43万亿美元，增长1.5%（同比，下同），二季度末进出口总额2.98亿万美元，增长3%，三季度末进出口总额4.55万亿美元，增长3.5%，1—12月进出口总额6.16万亿美元，增长3.8%，1—12月，共达成贸易顺差9 922亿美元，同比大增20.5%（见表1）。出口方面，全国一季度出口增长1.5%，二季度出口增长3.6%，三季度出口增长4.3%，全年出口增长5.9%（见表2）。进口方面，全国一季度进口增长1.5%，二季度进口增长2%，三季度进口增长2.2%，全年进口增长1.1%，增速不及出口（见表3）。

亮点二：民营企业出口增长的背后隐含较大的压力挑战。

民营外贸的占比进一步扩大，占出口额比重接近65%。2024年1—12月，民营企业出口额2.32万亿美元，同比增长8.1%，占比扩大到64.9%，进口额约1.1万亿美元，同比增长6.2%，占比扩大到43.1%（见表1、表2、表3）。

表1　2023年1—12月进出口总额情况（商品贸易方式企业性质）

单位：亿美元，%

		2023年12月	2024年3月	2024年6月	2024年9月	2024年12月
全国企业	进出口金额	59 368	14 318	29 812	45 471	61 623
	进出口增长额	-3 728	189	630	1 369	2 255
	进出口增长率	-5	1.5	3.0	3.5	3.8
国有企业	进出口金额	9 500	2 308	4 654	6 955	9 297
	进出口增长率	2.3	-3.7	-2.7	-2.0	-2.1
	进出口比重	16	16.1	15.6	15.3	15.1
	进出口增长额	-658	-89	-131	-145	-203
	进出口贡献率	17.7	—	—	—	—
港澳台资及外资企业	进出口金额	17 932	4 188	8 684	13 395	17 990
	进出口增长率	-6.5	-5.2	-2.9	-0.7	0.3
	进出口比重	30.2	29.3	29.1	29.5	29.2
	进出口增长额	-2 832	-229	-261	-96	58
	进出口贡献率	76	—	—	—	2.6
民营企业	进出口金额	31 937	7 817	16 464	25 108	34 336
	进出口增长率	-0.7	3.2	6.6	6.8	7.5
	进出口比重	53.8	54.6	55.2	55.2	55.7
	进出口增长额	-237	242	1 013	1 597	2 399
	进出口贡献率	6.4	128.6	160.8	116.7	106.4
贸易差额	全国	8 232	1 837	4 350	6 895	9 922
	民营企业	10 973	2 632	5 741	8 659	12 068
	民企顺差贡献率	133.3	143.3	132.0	125.6	121.6

注：1. 本章表1-表3的贸易额、增长率、贸易差额数据来自中国海关总署披露的数据，其中民营企业为私营企业+其他企业数据之和（本章同）。

2. 比重、增长额、贡献率及民营企业增长率为本院计算（本章同）。

表2　2024年1—12月出口总额情况（商品贸易方式企业性质）

单位：亿美元，%

		2023年6月	2023年12月	2024年3月	2024年6月	2024年9月	2024年12月
全国企业	出口金额	16 634	33 800	8 075	17 076	26 177	35 772
	出口增长率	-3.2	-4.6	1.5	3.6	4.3	5.9
	出口占比	100	100	100	100	100	100
	出口增长额	-689	-2 136	-143	442	974	1 972
国有企业	出口金额	1 334	2 689	616	1 311	2 045	2 782
	出口增长率	-2.2	-5.2	-5.8	-1.1	1.6	3.5
	出口比重	8.0	8.0	7.6	7.7	7.8	7.8
	出口增长额	-32	-152	-42	-2 645	29	-5 471
	出口贡献率	4.6	7.1	—	—	3	—
港澳台资及外资企业	出口金额	4 816	9 656	2 234	4 662	7 248	9 789
	出口增长率	-14.4	-14	-6.0	-3.1	-0.5	1.4
	出口比重	29.0	28.6	27.7	27.3	27.7	27.4
	出口增长额	-815	-1 577	-148	-154	-44	133
	出口贡献率	118.3	73.8	—	—	—	6.7
民营企业	出口金额	10 484	21 455	5 225	11 102	16 883	23 202
	出口增长率	1.5	-1.9	0.9	5.9	6.2	8.1
	出口比重	63.0	63.5	64.7	65.0	64.5	64.9
	出口增长额	158	-407	46	618	988	1 747
	出口贡献率	-22.9	19.1	—	140	102	89

表3　2024年1—12月进口总额情况（商品贸易方式企业性质）

单位：亿美元，%

		2023年6月	2023年12月	2024年3月	2024年6月	2024年9月	2024年12月
全国企业	进口金额	12 547	25 568	6 238	12 726	19 282	25 851
	进口增长率	-6.7	-5.5	1.5	2	2.2	1.1
	进口占比	100	100	100	100	100	100
	进口增长额	-921	-1 592	67	179	383	283

续表

		2023年6月	2023年12月	2024年3月	2024年6月	2024年9月	2024年12月
国有企业	进口金额	3 451	6 811	1 692	3 343	4 910	6 516
	进口增长率	−4.7	−6.6	−2.4	−2.1	−3.1	−4.3
	进口比重	27.5	26.6	27.1	26.3	25.5	25.2
	进口增长额	−165	−506	−48	−108	−174	−295
	进口贡献率	17.9	31.8	—	—	—	—
港澳台资及外资企业	进口金额	4 129	8 275	1 954	4 021	6 147	8 201
	进口增长率	−15.1	−13.1	−3.9	−2.5	−0.8	−0.9
	进口比重	32.9	32.4	31.3	31.6	31.9	31.7
	进口增长额	−736	−1 255	−81	−108	−52	−74
	进口贡献率	79.9	78.8	—	—	—	—
民营企业	进口金额	4 968	10 482	2 593	5 361	8 225	11 134
	进口增长率	−0.4	1.6	8.2	7.9	8.0	6.2
	进口比重	39.6	41.0	41.6	42.1	42.7	43.1
	进口增长额	−20	170	197	393	609	652
	进口贡献率	2.2	−10.6	291.7	220.1	159.1	230.6

民营外贸企业承受的压力和波动较大，在部分月份的出口环比增速不及全国和国有企业，也应当引起关注。2024年2月民营企业出口下降31.3%，下降幅度大于全国和其他类型企业。3月，民营企业出口增长25.5%，未能完全覆盖上月的下跌，同期国有企业、外资企业出口额回正数据明显好于民营企业。4月，民营企业出口环比增长8.3%。5月，民营企业、外资企业出口都增长2.8%，国有企业出口增长6.7%。6月，民营企业出口环比增长1.5%，增速低于外资企业2.1个百分点。7月，民营企业出口环比下降4.4%，降幅高于全国和国有企业，外资企业7月出口环比增长1.6%。8月、9月，民营企业出口环比增速都慢于全国，9月，民企出口下降3.1%，外资企业出口增长0.6%，国有企业出口增长1.6%。10月、11月、12月民营企业出口稳步增长，环比分别增长3.7%、5.8%、

8.5%，表现好于全国（见表4）。

表4 全国各类型企业月度出口额及环比增长率

单位：亿美元，%

指标	全国企业 出口额	全国企业 增长率	国有企业 出口额	国有企业 增长率	国有企业 占比	外资企业 出口额	外资企业 增长率	外资企业 占比	民营企业 出口额	民营企业 增长率	民营企业 占比
2022/12	3 054	3.2	244	5.2	8	869	2.4	28.5	1 941	3.4	63.6
2023/11	2 854	5	226	6.1	7.9	779	−3	27.3	1 850	8.8	64.8
2023/12	3 026	6	234	3.5	7.7	782	0.4	25.8	2 010	8.6	66.4
2024/01	3 077	1.7	226	−3.4	7.3	802	2.6	26.1	2 050	2	66.6
2024/02	2 203	−28.4	172	−23.9	7.8	622	−22.4	28.2	1 408	−31.3	63.9
2024/03	2 795	26.9	218	26.7	7.8	810	30.2	29	1 767	25.5	63.2
2024/04	2 921	4.5	223	2.3	7.6	785	−3.1	26.9	1 913	8.3	65.5
2024/05	3 012	3.1	238	6.7	7.9	807	2.8	26.8	1 967	2.8	65.3
2024/06	3 068	1.9	234	−1.7	7.6	836	3.6	27.2	1 997	1.5	65.1
2024/07	2 989	−2.6	232	−0.9	7.8	849	1.6	28.4	1 910	−4.4	63.9
2024/08	3 083	3.1	249	7.3	8.1	866	2	28.1	1 966	2.9	63.8
2024/09	3 029	−1.8	253	1.6	8.4	871	0.6	28.8	1 905	−3.1	62.9
2024/10	3 088	1.9	240	−5.1	7.8	873	0.2	28.3	1 975	3.7	64
2024/11	3 142	1.7	233	−2.9	7.4	820	−6.1	26.1	2 090	5.8	66.5
2024/12	5 656	6.9	806	2.3	14.3	1575	6	27.8	3 274	8.5	57.9

究其原因，从2024年以来，民营企业出口受到海运费用大幅度上涨、汇率波动、人工成本上升等不利因素影响，且外需虽有恢复，但没有恢复到高水平，市场订单不足。

民营企业为主的一些传统制造业、优势商品出口增长乏力。2024年1—12月，以美元计，全国箱包及类似容器出口额同比下降3.2%，服装及衣着附件出口额增长0.3%，鞋靴出口额下降4.9%，陶瓷产品出口额下降15.6%，玩具出口额下降1.7%，手机出口额下降3.1%，灯具照明装置出口额下降0.1%。

尽管如此，依然可以从该数据中直观看出民营经济对外贸的强支撑性。以外贸第二大省份浙江省为例，浙江民营企业占进出口总额比重超过八成，机电产品出口大幅增长。据海关总署数据，浙江省民营企业在2024年前三季度的进出口额达到3.17万亿元，同比增长7.3%，占全省进出口总值的80.7%，对全省进出口增长贡献率达87.8%。另据宁波海关，今年1—11月宁波市民营企业实现进出口额9 867亿元，同比增长11.5%，占76.4%。其中，家用电器、通用机械设备、汽车零配件出口额分别为674亿元、340亿元、287亿元，同比分别增长15.8%、25.3%、14.2%；集装箱出口额超104亿元，同比增长436.2%；锂离子蓄电池出口额达93.4亿元，同比增长32.5%。以民营外贸企业为主的跨境电商为例，海关数据显示，2024年前11个月上海浦东机场口岸共监管跨境电商直购出口商品716.62亿元人民币，跨境电商直购出口单量同比增长20.2%。

亮点三：高附加值和高科技产品出口大增。

机电产品出口占比接近六成。1—12月，机电产品出口额约2.13万亿美元，约占出口总额的59.4%，同比增长7.5%。高新技术产品出口稳步增长，集成电路出口破历史新高。1—12月，高新技术产品出口额约8 823.6亿美元，同比增长4.8%，集成电路出口额约1 594.99亿美元，同比增长17.4%，创造历史新高。

出口汽车量大幅度增长。得益于对新兴市场的大力开拓，2024年我国汽车出口增长迅速。中国汽车工业协会统计数据显示，2024年1—12月，我国汽车出口585.9万辆，同比增长19.3%，其中新能源汽车出口128.4万辆，同比增长6.7%。海关总署数据显示，1—12月汽车出口额1 173.5亿美元，同比增长15.5%。

亮点四：政企合力促外贸回暖。

从2024年1—12月进出口总体数据看，2023年以来的下行态势得以逆转，证明了中国制造业在全球市场中难以替代的竞争实力，这份成绩是来之不易的。一方面，企业积极开拓拉美、非洲等新兴市场，家电、新能源汽车、体育用品、果蔬农产品等商品受到新兴市场欢迎。海关总署数据显示，2024年1—12月，中国与"一带一路"共建国家进出口额占全国进出口总额的50.3%，出口值同比增长9.6%。另一方面，各地海关运用政策工具助力企业扩大农产品、汽车、高新技术等重点商品出口，引导外贸企业严格对标国际标准，打造中国品牌知名度，也为提振出口起到了重要作用。海关总署数据显示，2024年1—11月我国农产品出口额约924.7亿美元，同比增长3.3%。部分省份农产品实现两位数增长，其中甘肃农产品出口额31.1亿元，同比增长24.3%。

2024年4月，海关总署发布《海关总署关于增加高级认证企业便利措施促进外贸质升量稳的通知》，要求为高级认证企业采取便利化措施，降低出口商品检验检疫监管频次、降低进出口成本、提升便利措施智能化水平、提升精准服务企业水平等。全国各地迅速跟进，如广东海关发文推进粤东区域通关改革，完善关区内"多点报关，口岸验放"和开展铁路和空运区域通关改革，四川海关成立专家团队培育经核准出口商，宁波海关在2024年底启动跨境电商特殊区域零售出口等。

亮点五：深化外贸便利化改革、扩大重点商品出口、推进西部大开发，2025年外贸发展大有可为。

展望2025年，企业练好内功方能积极应对国际形势变化，政企合力促外贸发展大有可为。2024年12月，海关总署发布《进一步优化口岸营商环境 促进企业通关便利十六条措施》，要求重点支持跨境电商、网购保税等外贸新业态新模式；进一步便利汽车出口，助推地方特色农食产品扩大出口；促进守法企业更快通关，帮助企业用好用足税收优惠措施，助力企业降低运营成本；优化跨境贸易通关作业流程、提升跨境物流效率等。2025年1月5日，海关总署出台15项措施进一步推动西部大开发，支持确有需要且符合条件的地区按规定程序申请口岸开放或扩大开放；探索创新江海联运、铁海联运等海关监管便利化措施；支持成都、重庆、昆明、西安、乌鲁木齐等建设国际航空枢纽；加大特色农食产品品牌培育力度，推动蔬菜、水果、茶叶、中药材、酒类等优势特色产品扩大出口；支持保税研发、保税维修、保税再制造、保税展示交易、融资租赁等新业态在西部地区落地等。

二、"十三五"以来外贸进出口变化有喜有忧

特点一：全国外贸稳步增长，港澳台资及外资企业进出口份额不断减少。

"十三五"以来，我国外贸总体稳步增长，主要是由于民营企业在全球市场上的强大竞争实力，而港澳台资及外商投资企业进出口份额逐渐萎缩，也是近十年来的明显趋势。

2015—2024年，全国进出口、出口、进口年均增长约5%。全国进出口额从3.95万亿美元增长到6.16万亿美元，最高达到6.31万亿美元（2021年），年均增长5.1%；全国出口额从2.28万亿美元增长到3.58万亿美元，年均增长5.2%；全国进口额从1.68万亿美元增长到2.59万亿美元，最高达到2.72万亿美元（2022年），年均增长4.9%（见表5、表6、表7）。

港澳台资及外资企业在全国外贸中的占比下降近半。2015—2024年，港澳台资及外资企业进出口占比从46.4%下降至29.2%，出口占比从44.2%下降到27.4%，进口占比从49.3%下降到31.7%。

特点二：民营企业外贸从不到"半壁江山"到超过六成，年均增长约10%。

2015—2024年，民营企业进出口、出口、进口的速度大约为全国的一倍，叠加港澳台资及外资份额缩小的因素，民营企业占比迅速提升。民营企业进出口额年均增长9.9%，从1.47万亿美元、占全国37.2%，提升到3.43万亿美元，占全国55.7%；民营企业出口额年均增长9.5%，从

1.03万亿美元、占全国45.2%,提升到2.32万亿美元、占全国64.9%;民营企业进口额年均增长10.7%,从4 442亿美元、占全国26.4%,提升到1.1万亿美元、占全国43.1%。十年间,原不到"半壁江山",现在出口已经接近65%,进出口总量接近六成(见表5—表7)。

表5 2015—2024年各类企业进出口情况

单位:亿美元,%

年份	全国企业 金额	全国企业 增长率	国有企业 金额	国有企业 比重	国有企业 增长率	外资企业 金额	外资企业 比重	外资企业 增长率	民营企业 金额	民营企业 比重	民营企业 增长率
2015	39 530	-8.1	6 502	16.4	-13.0	18 346	46.4	-7.5	14 721	37.2	-6.3
2016	36 849	-6.8	5 764	15.6	-11.4	16 874	45.8	-8.0	14 206	38.6	-3.5
2017	41 045	11.4	6 687	16.3	16.0	18 391	44.8	9.0	15 967	38.9	12.4
2018	46 230	12.6	8 046	17.4	20.3	19 681	42.6	7.0	18 504	40.2	15.9
2019	45 761	-1.0	7 725	16.9	-4.0	18 239	39.9	-7.3	19 796	43.3	7.0
2020	46 463	1.5	6 657	14.3	-13.8	17 976	38.7	-1.4	21 830	47.0	10.3
2021	60 515	30.0	9 190	15.2	38.0	21 717	35.9	20.8	29 608	48.9	5.6
2022	63 096	4.3	10 158	16.1	10.5	20 764	32.9	-4.4	32 174	51.0	8.7
2023	59 368	-5.0	9 500	16.0	-6.5	17 932	30.2	-6.5	31 937	53.8	-0.7
2024	61 623	3.8	9 297	15.1	-2.1	17 990	29.2	0.3	34 336	55.7	7.5
进出口额年均增长率											
2015—2024		5.1		4.1			-0.2			9.9	

注:绝对数和年度增长率来自中国海关总署、海关信息网;比重、年均增长率为大成企业研究院根据绝对数计算得出,下同。民营企业数据根据海关总署披露的私营企业和其他企业数据相加得出,本章同。

表6 2015—2024年各类企业出口走势情况

单位:亿美元,%

年份	全国企业 金额	全国企业 增长率	国有企业 金额	国有企业 比重	国有企业 增长率	外资企业 金额	外资企业 比重	外资企业 增长率	民营企业 金额	民营企业 比重	民营企业 增长率
2015	22 750	-2.9	2 424	10.7	-5.5	10 047	44.2	-6.5	10 278	45.2	1.6
2016	20 982	-7.7	2 156	10.3	-11.0	9 170	43.7	-8.7	9 651	46.0	-6.1

续表

年份	全国企业 金额	全国企业 增长率	国有企业 金额	国有企业 比重	国有企业 增长率	外资企业 金额	外资企业 比重	外资企业 增长率	民营企业 金额	民营企业 比重	民营企业 增长率
2017	22 635	7.9	2 312	10.2	7.3	9 776	43.2	6.6	10 547	46.6	9.3
2018	24 874	9.9	2 573	10.3	11.1	10 360	41.7	6.0	11 941	48.0	13.2
2019	24 990	0.5	2 356	9.4	−8.3	9 661	38.7	−6.7	12 974	51.9	8.6
2020	25 906	3.6	2 075	8.0	−12.0	9 323	36.0	−3.5	14 509	56.0	11.8
2021	33 640	29.9	2 689	8.0	29.5	11 530	34.3	23.7	19 420	57.7	33.9
2022	35 936	7.0	2 841	7.9	5.6	11 233	31.3	−2.5	21 862	60.8	12.6
2023	33 800	−4.6	2 689	8.0	−5.2	9 656	28.6	−14.0	21 455	63.5	−1.9
2024	35 772	5.9	2 782	7.8	3.5	9 789	27.4	1.4	23 202	64.9	8.1
出口额年均增长率											
2015—2024	5.2		1.5			−0.3			9.5		

表7 2015—2024年各类企业进口走势情况

单位：亿美元，%

年份	全国企业 金额	全国企业 增长率	国有企业 金额	国有企业 比重	国有企业 增长率	外资企业 金额	外资企业 比重	外资企业 增长率	民营企业 金额	民营企业 比重	民营企业 增长率
2015	16 820	−14.2	4 078	24.2	−16.9	8 299	49.3	−8.7	4 442	26.4	−21.0
2016	15 874	−5.5	3 608	22.8	−11.4	7 705	48.6	−7.0	4 555	28.8	3.0
2017	18 410	15.9	4 374	23.8	21.1	8 616	46.8	11.8	5 420	29.4	19.0
2018	21 356	15.8	5 474	25.6	24.9	9 321	43.6	8.1	6 561	30.8	21.1
2019	20 771	−2.7	5 369	25.8	−1.9	8 578	41.3	−7.9	6 824	32.9	4.0
2020	20 556	−1.1	4 582	22.3	−14.7	8 653	42.1	0.9	7 321	35.6	7.3
2021	26 875	30.1	6 500	24.2	40.2	10 187	37.9	17.5	10 188	37.9	39.2
2022	27 160	1.1	7 317	26.9	12.5	9 530	35.1	−6.3	10 312	38.0	1.2
2023	25 568	−5.5	6 811	26.6	−6.6	8 275	32.4	−13.1	10 482	41.0	1.6
2024	25 851	1.1	6 516	25.2	−4.3	8 201	31.7	−0.9	11 134	43.1	6.2
进口额年均增长率											
2015—2024	4.9		5.3			−0.1			10.7		

三、2015—2024 年中国对外直接投资情况

"十三五"以来，我国对外直接投资流量、存量快速增长，长期稳居全球第一、第二，存量增长尤其巨大，侧面反映出我国对外投资策略成功、资产增值较多。2015—2024 年，我国对外直接投资流量从 1 456.7 亿美元，增长到 1 627.8 亿美元，增长 11.8%；2015—2023 年，对外直接投资存量从 10 978.6 亿美元，增长到 29 554 亿美元，增长 169.2%（见表 8、图 2）。2023 年，中国对外直接投资存量位居世界第三。

表 8　中国颁布《对外直接投资统计制度》以来历年统计结果

年份	流量 金额/亿美元	流量 全球位次	比上年增长/%	存量 金额/亿美元	存量 全球位次
2002	27.0	26	—	299.0	25
2003	28.5	21	5.6	332.0	25
2004	55.0	20	93.0	448.0	27
2005	122.6	17	122.9	572.0	24
2006	211.6	13	43.8	906.3	23
2007	265.1	17	25.3	1 179.1	22
2008	559.1	12	110.9	1 839.7	18
2009	565.3	5	1.1	2 457.5	16
2010	688.1	5	21.7	3 172.1	17
2011	746.5	6	8.5	4 247.8	13
2012	878.0	3	17.6	5 319.4	13
2013	1 078.4	3	22.8	6 604.8	11
2014	1 231.2	3	14.2	8 826.4	8
2015	1 456.7	2	18.3	10 978.6	8
2016	1 961.5	2	34.7	13 573.9	6
2017	1 582.9	3	-19.3	18 090.4	2
2018	1 430.4	2	-9.6	19 822.7	3
2019	1 369.1	2	-4.3	21 988.8	3
2020	1 537.1	1	12.3	25 806.6	3
2021	1 788.2	2	16.3	27 851.5	3
2022	1 631.2	2	-8.8	27 548.1	3

续表

年份	流量			存量	
	金额/亿美元	全球位次	比上年增长/%	金额/亿美元	全球位次
2023	1 772.9	3	8.7	29 554.0	3

注：数据源自商务部《2023年中国对外直接投资统计公报》，本节同。

中国对外直接投资流量始终保持全球前三、存量长期位列世界第三。2015—2023年，对外直接投资流量占全球份额从9.9%，最高升至20.2%（2020年），2021—2023年投资热度减退，但依然保持10%以上的全球份额（见图1），2020年流量位居世界第一，2016年中国对外直接投资存量位列世界第二，2017—2023年，存量保持世界第三。

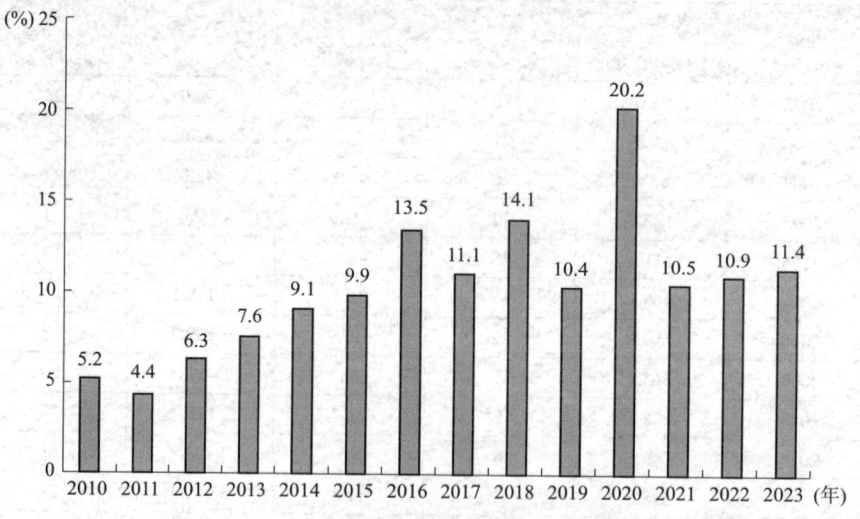

图1 2010—2023年中国对外直接投资流量占全球份额情况

非公有经济控股的对外投资者占据半壁江山，与公有经济投资流量大致相当，但总体呈现平稳下降趋势，民营企业作为中国对外投资的重要主体，对外投资热度逐渐放缓。2016—2023年，非公有经济控股投资者占流量比重从68%下降到46.1%。从2023年境外投资存量按境内投资者注册类型的情况来看，国有企业投资存量占比52.2%，非国有企业（包括广义的民营企业，以及有限责任公司、股份有限公司中的国有控股企业）占比47.8%（见图3、图4）。

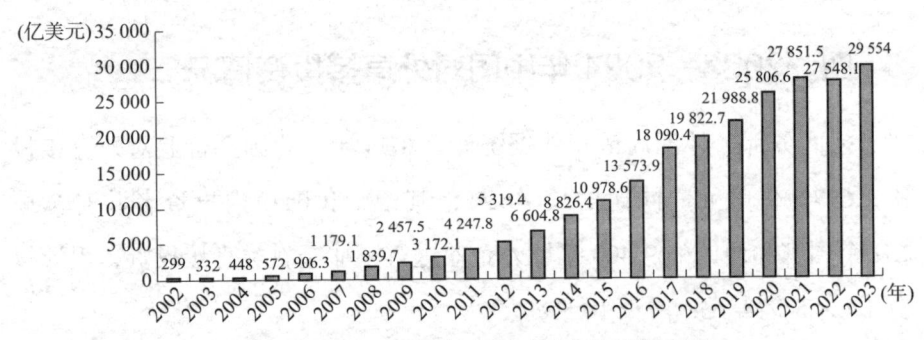

图 2　2002—2023 年中国对外直接投资存量

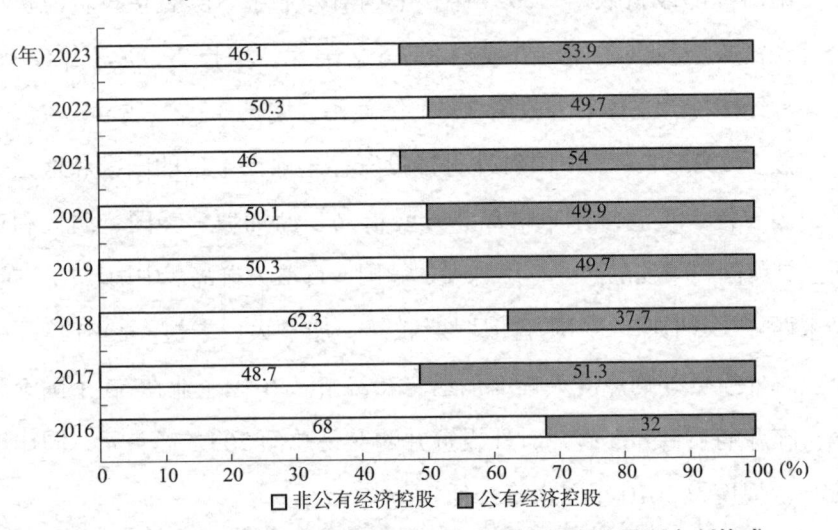

图 3　2016—2023 年中国对外非金融类直接投资流量所有制构成

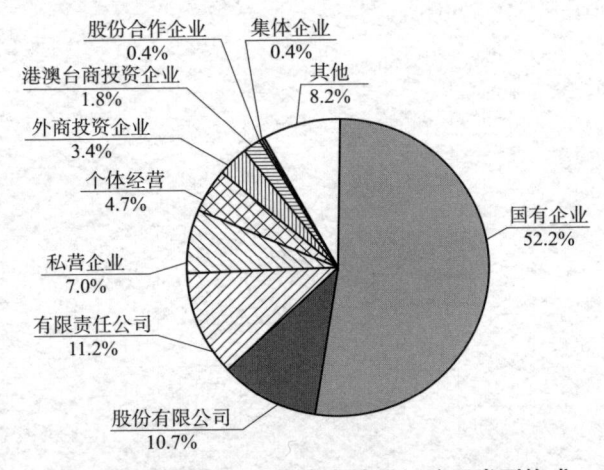

图 4　2023 年末境内投资者按登记注册类型构成

四、2023—2024 年中国对外直接投资情况

据商务部、外汇局最新数据统计，2024 年，我国全行业对外直接投资 1 627.8 亿美元，同比增长 10.1%，其中，我国境内投资者共对全球 151 个国家和地区的 9 400 家境外企业进行了非金融类直接投资，累计投资 1 438.5 亿美元，增长 10.5%。

据商务部最新数据，2023 年，中国对外非金融类直接投资流量中，公有经济控股投资主体对外投资 857.6 亿美元，增长 20.9%，占 53.9%，非共有经济控股主体对外投资 733.1 亿美元，增长 3.3%，占 46.1%。

截至 2023 年末，中国对外直接投资存量前二十位的国家和地区分别是中国香港、英属维尔京群岛、开曼群岛、新加坡、美国、澳大利亚、荷兰、英国、印度尼西亚、卢森堡、德国、百慕大群岛、中国澳门、越南、马来西亚、瑞典、泰国、俄罗斯联邦、加拿大、老挝。2023 年，中国企业海外投资并购热度大幅度消退。2023 年，中国企业在 53 个国家和地区实施并购项目 383 起，对外投资并购交易总额 205.7 亿美元，同比增长 2.5%，规模为 2010 年以来第二低。

第八章　民企上市公司

——数量稳中有降，营收净利承压

上市公司是中国企业的优秀代表，是推动经济增长的重要力量。2024年，与我国经济增长情况一致，上市公司经济效益总体仍然保持降中趋稳的态势。截至2024年三季度，上市公司中民营企业数量微增，占全部上市公司数量的63.32%；营业收入实现增长，表现好于平均水平；净利润同比下降，降幅高于全国水平。从总量数据上看，尽管民营企业占上市公司数量的比重接近三分之二，但在资产、营收、净利润等方面，国有企业均占全部上市公司的三分之二以上甚至更高，表明国有企业仍然在上市公司群体中占据主体地位。

本章简要分析2023年各类经济类型上市公司的生产经营情况，相关数据主要由证券公司有关专家收集整理并提供。[①]

一、上市公司数量保持稳定，民营企业微增

截至2024年9月，全国上市公司5 354家，同比2023年9月的5 287家增加67家，同比增长1.27%；比2023年底的5 335家增长19家。其中，民营企业3 390家，比2023年同期的3 365家增长25家，增长了0.74%，比2023年全年减少6家。民营企业上市公司占比为63.32%，相

---

① 证券部门对企业类型的划分不同于市场监管总局和国家统计局。市场监管总局和国家统计局的企业类型划分中，没有公众类企业。如果按照国家统计局的企业类型划分，公众类、集体类上市公司，基本可以归类为民营上市公司。从数据分析的方便出发，本章仍按证券部门的划分标准，主要分析全国、民营和国有上市公司相关数据。

比2023年底略有降低（见表1）。

表1 历年各类型上市公司数量变化情况（全部）

单位：家，%

	2015年	2016年	2017年	2018年	2019年	2020年	2021年	2022年	2023年	2024年9月
全部公司	2 819	3 044	3 477	3 576	3 767	4 184	4 685	5 067	5 335	5 354
民营企业	1 575	1 752	2 123	2 178	2 251	2 545	2 924	3 197	3 396	3 390
公众企业	115	132	144	154	200	232	252	295	301	304
集体企业	17	19	19	19	21	23	24	24	22	24
国有企业	996	1 016	1 040	1 064	1 122	1 194	1 286	1 352	1 403	1 424
外资企业	87	93	115	124	136	153	161	172	187	187
民营企业占比（%）	55.87	57.56	61.06	60.91	59.76	60.83	62.41	63.09	63.66	63.32

注：由于历年统计口径不同，会出现相关指标增速与绝对值计算得出数据不同的情况，下同。

非金融类上市公司方面，截至2024年9月，全国非金融类上市公司5 230家，较2023年底增加21家。其中，非金融类民营上市公司3 375家，较2023年底减少4家，民营公司占比为64.53%，较上年略微下降（见表2）。

表2 历年各类型上市公司数量变化（非金融业）

单位：家，%

	2015年	2016年	2017年	2018年	2019年	2020年	2021年	2022年	2023年	2024年9月
全部公司	2 769	2 979	3 400	3 485	3 659	4 062	4 558	4 939	5 209	5 230
民营企业	1 571	1 744	2 113	2 164	2 234	2 522	2 902	3 178	3 379	3 375
公众企业	104	116	127	138	181	210	228	267	273	276
集体企业	17	19	18	18	20	22	23	23	21	23
国有企业	961	976	992	1 005	1 053	1 120	1 208	1 273	1 324	1 345
外资企业	87	92	114	123	135	152	160	172	187	187
民营企业占比（%）	56.74	58.54	62.15	62.09	61.05	62.09	63.67	64.35	64.87	64.53

二、上市公司营收同比下降，民营企业实现增长

截至2024年9月底，全国上市公司实现营业收入525 362亿元，同比2023年9月下降了1.74%。作为对比，2023年9月底上市公司的营业收入同比增长2.42%，全年增长1.53%。分所有制看，截至2024年9月底，民营上市公司营收增长1.95%，高于全国水平，营收占比为24.44%；国有上市公司营收同比下降3.33%，低于全国增长水平，营收占比64.44%（见表3）。

表3 历年各类型上市公司营业收入和增速情况（全部）

单位：亿元，%

	2015年	2016年	2017年	2018年	2019年	2020年	2021年	2022年	2023年	2024年9月
全部公司	293 571	322 786	390 050	451 041	502 443	530 322	649 178	713 844	724 783	525 362
增速（%）		9.9	20.84	15.64	11.40	5.55	22.41	9.96	1.53	-1.74
民营企业	47 266	61 162	82 203	93 4780	101 813	113 609	141 531	163 919	173 575	128 398
增速（%）		29.40	34.40	13.72	8.91	11.59	24.58	15.82	5.89	1.95
占比（%）	16.1	18.95	21.07	20.73	20.26	21.42	21.8	22.96	23.95	24.44
公众企业	24 393	27 137	32 171	40 488	46 768	56 114	64 514	69 443	65 714	48 544
增速（%）		11.25	18.55	25.85	15.51	19.98	14.97	7.64	-5.37	0.81
占比（%）	8.31	8.41	8.25	8.98	9.31	10.58	9.94	9.73	9.07	9.24
集体企业	1 451	1 813	2 427	2 793	3 022	3 416	3 892	4 420	4 206	3 304
增速（%）		24.98	33.89	15.06	8.20	13.06	13.92	13.59	-4.85	4.07
占比（%）	0.49	0.56	0.62	0.62	0.6	0.64	0.6	0.62	0.58	0.63
国有企业	216 809	227 442	263 962	303 634	340 202	345 914	428 247	467 125	472 005	338 552
增速（%）		4.90	16.06	15.03	12.04	1.68	23.80	9.08	1.04	-3.33
占比（%）	73.85	70.46	67.67	67.32	67.71	65.23	65.97	65.44	65.12	64.44
外资企业	2 799	3 501	4 393	5 238	5 552	6 229	7 352	7 604	8 219	5 953
增速（%）		25.11	25.46	19.23	5.99	12.20	18.04	3.42	8.09	-4.56
占比（%）	0.95	1.08	1.13	1.16	1.1	1.17	1.13	1.07	1.13	1.13

非金融类上市公司方面，截至2024年9月底，全国非金融类上市公

司营业收入456 841亿元，同比2023年9月下降1.73%。其中，民营上市公司营收增长2.05%，高于全国水平，营收占比为28%；国有上市公司营收下降3.10%，低于全国增长水平，营收占比63.56%（见表4）。

表4 历年各类型上市公司营业收入和增速（非金融业）

单位：亿元，%

	2015年	2016年	2017年	2018年	2019年	2020年	2021年	2022年	2023年	2024年9月
全部公司	237 691	265 310	327 318	378 889	416 504	437 599	549 694	616 100	634 656	456 841
增速（%）		11.62	23.37	15.76	9.93	5.06	25.62	12.08	3.01	-1.73
民营企业	47 161	60 587	81 224	92 814	100 977	112 708	140 651	163 086	172 814	127 892
增速（%）		28.47	34.06	14.27	8.79	11.62	24.79	15.95	5.96	2.05
占比（%）	19.84	22.84	24.81	24.5	24.24	25.76	25.59	26.47	27	28
公众企业	10 632	11 920	14 610	21 234	23 686	31 504	39 240	42 124	41 445	28 747
增速（%）		12.12	22.57	45.34	11.55	33.01	24.56	7.35	-1.61	-2.70
占比（%）	4.47	4.49	4.46	5.6	5.69	7.2	7.14	6.84	6.53	6.29
集体企业	1 450	1 813	2 421	2 787	3 016	3 411	3 888	4 425.56	4 203	3 302
增速（%）		24.98	33.53	15.15	8.22	13.09	13.97	13.83	-5.03	4.07
占比（%）	0.61	0.68	0.74	0.74	0.72	0.78	0.71	0.72	0.66	0.72
国有企业	174 797	185 752	219 758	251 441	278 256	278 835	355 042	397 685	406 973	290 382
增速（%）		6.27	18.31	14.42	10.66	0.21	27.33	12.01	2.34	-3.10
占比（%）	73.54	70.01	67.14	66.36	66.81	63.72	64.59	64.55	64.13	63.56
外资企业	2 799	3 501	4 392	5 237	5 551	6 227	7 351	7 604	8 219	5 953
增速（%）		25.08	25.48	19.24	5.99	12.18	18.05	3.44	8.09	-4.56
占比（%）	1.18	1.32	1.34	1.38	1.33	1.42	1.34	1.23	1.30	1.30

三、上市公司利润增速同比为负，民企降幅高于全国水平

截至2024年9月，全国上市公司净利润47 466亿元，同比2023年9月下降0.02%。其中，民营上市公司净利润7 332亿元，同比下降

8.04%，降幅高于全国水平，净利润占比为15.45%；国有上市公司净利润33374亿元，同比增长2.68%，净利润占比70.31%（见表5）。

表5 历年各类型上市公司净利润和增速情况（全部）

单位：亿元，%

	2015年	2016年	2017年	2018年	2019年	2020年	2021年	2022年	2023年	2024年9月
全部公司	26 414	29 466	35 848	36 618	40 797	43 053	53 054	56 310	56 801	47 466
增速（%）		3.29	6.48	-0.71	5.79	-5.01	23.23	6.14	0.87	-0.02
民营企业	3 166	4 590	5 796	4 116	4 299	6 744	7 950	8 745	8 830	7 332
增速（%）		30.26	4.22	-30.74	1.15	38.25	17.88	10.00	0.97	-8.04
占比（%）	11.99	15.58	16.17	11.24	10.54	15.66	14.98	15.53	15.54	15.45
公众企业	2 968	3 157	3 969	4 166	5 646	6 132	5 832	7 060	7 107	6 002
增速（%）		-7.32	15.24	-1.85	4.33	-6.36	-4.90	21.06	0.67	-3.04
占比（%）	11.24	10.72	11.07	11.38	13.84	14.24	10.99	12.54	12.51	12.64
集体企业	100	126	152	172	192	186	149	251	256	248
增速（%）		13.30	20.26	13.21	0.73	-11.39	-20.08	68.77	1.96	27.47
占比（%）	0.38	0.43	0.42	0.47	0.47	0.43	0.28	0.45	0.45	0.52
国有企业	19 860	21 173	25 314	27 611	30 204	29 695	38 378	39 723	40 181	33 374
增速（%）		4.52	16.80	6.59	3.73	-7.61	29.24	3.50	1.15	2.68
占比（%）	75.19	71.86	70.61	75.4	74.04	68.97	72.34	70.54	70.74	70.31
外资企业	268	345	469	449	409	635	682	485	393	482
增速（%）		20.29	10.03	-11.18	-17.01	37.96	7.42	-28.87	-18.98	-13.04
占比（%）	1.01	1.17	1.31	1.23	1	1.47	1.29	0.86	0.69	1.02

非金融类上市公司方面，截至2024年9月，全国非金融类上市公司净利润25 700亿元，同比2023年9月下降6.95%。其中，民营非金融类上市公司净利润7 253亿元，同比下降8.81%，降幅高于全国水平，净利润占比为28.22%；国有非金融类上市公司净利润16 875亿元，同比下降2.77%，净利润占比65.66%（见表6）。

表6 历年各类型上市公司净利润和增速情况一览（非金融业）

单位：亿元，%

	2015年	2016年	2017年	2018年	2019年	2020年	2021年	2022年	2023年	2024年9月
全部公司	10 549.89	13 852.35	18 904.00	18 923.55	19 429.29	21 569.22	28 760.05	31 742.55	32 045	25 700
增速（%）		3.29	6.48	−0.71	5.79	−5.01	33.34	10.37	0.95	−6.95
民营企业	3 110.58	4 516.96	5 683.97	4 089.96	4 311.62	7 137.26	7 938.82	8 755.74	8 912	7 253
增速（%）		30.26	4.22	−30.74	1.15	38.25	11.23	10.29	1.78	−8.81
占比（%）	29.48	32.61	30.07	21.61	22.19	33.09	27.6	27.58	27.81	28.22
公众企业	633.36	722.68	1 115.06	1 029.48	1 446.19	2 085.30	1 687.55	1 742.00	1 523	819
增速（%）		−7.32	15.24	−1.85	4.33	−6.36	−19.07	3.23	−12.56	−45.62
占比（%）	6	5.22	5.9	5.44	7.44	9.67	5.87	5.49	4.75	3.19
集体企业	99.79	126.35	153.72	170.46	190.20	185.02	150.96	252.11	255	247
增速（%）		13.30	20.26	13.21	0.73	−11.39	−18.41	67.00	1.00	27.66
占比（%）	0.95	0.91	0.81	0.9	0.98	0.86	0.52	0.79	0.79	0.96
国有企业	6 371.43	8 071.52	11 348.48	13 125.30	13 057.20	11 883.20	18 239.82	20 483.85	20 932	16 875
增速（%）		4.52	16.80	6.59	3.73	−7.61	53.49	12.30	2.19	−2.77
占比（%）	60.39	58.27	60.03	69.36	67.2	55.09	63.42	64.53	65.32	65.66
外资企业	267.96	344.08	468.54	448.95	409.05	635.36	681.83	485.11	393	482
增速（%）		20.29	10.03	−11.18	−17.01	37.96	7.31	−28.85	−18.98	−13.04
占比（%）	2.54	2.48	2.48	2.37	2.11	2.95	2.37	1.53	1.23	1.88

四、上市公司资产保持较快增长，民企增速低于平均水平

上市公司资产的增速明显高于其营业收入和利润的增速。截至2024年9月，全国上市公司资产达到了445.01万亿元，同比2023年9月增长7.04%，相比2023年底增长5.56%（见表7）。

表7 历年各类型上市公司总资产及增速情况（全部）

单位：万亿元，%

	2015年	2016年	2017年	2018年	2019年	2020年	2021年	2022年	2023年	2024年9月
全部公司	172.45	201.93	220.580	241.28	280.82	313.78	347.12	385.92	421.58	445.01

续表

	2015年	2016年	2017年	2018年	2019年	2020年	2021年	2022年	2023年	2024年9月
增速（%）		17.10	9.23	9.38	16.39	11.73	10.63	11.18	9.24	7.04
民营企业	8.56	11.60	14.74	16.78	18.41	21.1	24.4	27.3	28.07	28.51
增速（%）		35.55	27.07	13.90	9.64	14.62	15.50	12.16	2.75	1.83
占比（%）	4.96	5.74	6.68	6.96	6.55	6.72	7.02	7.08	6.66	6.41
公众企业	21.2	26.2	28.97	31.62	38.41	44.5	49.23	64.78	73.26	76.67
增速（%）		23.52	10.53	9.17	21.46	15.86	10.63	31.61	13.08	11.44
占比（%）	12.3	12.98	13.13	13.11	13.68	14.18	14.18	16.79	17.38	17.23
集体企业	2.06	2.92	3.31	3.57	3.86	4.22	4.42	4.78	0.48	0.55
增速（%）		26.48	13.34	8.09	−2.34	−0.13	4.80	8.00	−0.28	16.27
占比（%）	0.12	0.14	0.15	0.15	0.14	0.13	0.13	0.12	0.11	0.12
国有企业	141.62	162.7	174.96	190.75	221.75	245.8	270.9	291.44	318.05	337.75
增速（%）		12.63	5.05	6.56	10.24	4.15	10.23	7.57	9.13	6.67
占比（%）	82.12	80.57	79.32	79.06	78.96	78.32	78.04	75.51	75.44	75.90
外资企业	0.56	0.6	0.83	0.95	1.004	1.17	1.34	1.43	1.50	1.33
增速（%）		14.64	−2.59	6.46	−3.61	3.74	14.18	6.87	4.95	−15.98
占比（%）	0.32	0.34	0.38	0.39	0.36	0.37	0.39	0.37	0.37	0.30

非金融类上市公司方面，截至2024年9月，资产总额为104.95万亿元（户均资产196.03亿元），同比增长2.66%。其中，民营企业资产27.62万亿元（户均资产81.47亿元），同比增长1.86%，占比为26.31%；国有企业资产67.35万亿元（户均资产492亿元），同比增长4.47%，占比为64.17%（见表8）。

表8 历年各类型上市公司总资产及增速情况（非金融业）

单位：万亿元，%

	2015年	2016年	2017年	2018年	2019年	2020年	2021年	2022年	2023年	2024年9月
全部公司	39.68	47.27	54.23	60.86	68.03	76.16	86.69	97.0	102.09	104.95
增速（%）		10.74	0.51	9.48	6.47	0.84	13.83	11.90	5.24	2.66

续表

	2015年	2016年	2017年	2018年	2019年	2020年	2021年	2022年	2023年	2024年9月
民营企业	8.47	11.05	14.2	16.22	17.79	20.29	23.51	26.46	27.19	27.62
增速（%）		17.51	6.08	11.58	6.21	1.02	15.87	12.56	2.77	1.86
占比（%）	21.34	23.37	26.18	26.66	26.15	26.64	27.12	27.28	26.64	26.31
公众企业	2.3	2.9	3.69	4.67	5.26	6.77	7.78	8.38	8.22	7.95
增速（%）		12.29	15.07	16.81	-14.14	10.88	14.83	7.73	-1.85	-5.10
占比（%）	5.88	6.18	6.79	7.68	7.74	8.89	8.97	8.64	8.05	7.58
集体企业	0.21	0.29	0.32	0.35	0.3，8	0.42	0.44	0.48	0.47	0.54
增速（%）		26.48	17.34	8.46	-2.72	-0.39	5.13	8.31	-0.45	16.40
占比（%）	0.52	0.62	0.6	0.58	0.56	0.55	0.51	0.49	0.46	0.52
国有企业	27.82	31.72	34.43	37.88	42.84	46.82	53.08	60.05	64.52	67.35
增速（%）		12.27	6.81	8.60	7.92	2.76	13.38	13.12	7.45	4.47
占比（%）	70.11	67.09	63.5	62.25	62.97	61.48	61.24	61.9	63.20	64.17
外资企业	0.56	0.69	0.83	0.95	1.015	1.17	1.34	1.43	1.50	1.33
增速（%）		15.66	-2.75	6.44	-3.67	3.65	14.21	6.94	4.95	-15.98
占比（%）	1.41	1.45	1.52	1.56	1.47	1.54	1.54	1.47	1.47	1.26

资产负债率方面，截至 2024 年 9 月，全部上市公司平均资产负债率为 41.43%，相比 2023 年底微增 0.08 个百分点，其中民营企业为37.30%，国有企业为 50.78%（见表 9）。

表 9　历年各类型上市公司平均资产负债率情况（全部）

单位：%

	2015年	2016年	2017年	2018年	2019年	2020年	2021年	2022年	2023年	2024年9月
全部公司	43.83	42.3	42.07	45.05	46.04	48.09	43.30	42.10	41.35	41.43
民营企业	38	36.61	37.45	41.08	42.93	46.83	39.13	37.94	37.19	37.30
公众企业	45.99	46.25	47.02	61.11	54.2	50.27	49.59	47.92	46.69	46.14
集体企业	42.25	42.64	45.89	47.13	45.52	46.43	49.99	44.50	46.32	45.86
国有企业	53.36	52.02	51.13	51.3	51.31	51.40	51.78	51.16	50.85	50.78
外资企业	37.17	37.48	36.63	40.13	39.56	36.01	36.82	36.13	34.89	35.64

非金融类上市企业方面，截至2024年9月，非金融类上市企业平均资产负债率为40.56%，相比2023年底微增0.09个百分点，其中民营企业为37.20%，相比2023年底微增，国有企业为49.07%，相比2023年底微降（见表10）。

表10　历年各类型上市公司平均资产负债率情况一览（非金融）

单位：%

	2015年	2016年	2017年	2018年	2019年	2020年	2021年	2022年	2023年	2024年9月
全部公司	43.17	41.51	41.27	44.24	45.15	47.29	42.34	41.12	40.47	40.56
民营企业	37.96	36.53	37.36	40.97	42.83	46.75	38.93	37.71	37.08	37.20
公众企业	42.18	41.11	42.09	58.29	50.8	46.63	45.80	43.96	42.90	42.34
集体企业	42.25	42.64	44.91	46.43	45.11	46.14	49.95	44.28	46.20	45.71
国有企业	52.27	50.77	49.73	49.65	49.46	49.62	50.00	49.44	49.14	49.07
外资企业	37.17	37.42	36.57	40.22	39.73	36.05	36.92	36.13	34.89	35.64

五、上市公司效率效益情况

盈利企业数量方面，截至2024年9月，盈利企业数量占全部上市公司的76.17%，民营企业中76.93%的企业盈利，国有企业中75.56%的企业盈利（见表11）。

表11　历年各类型上市公司企业盈利企业数量占比情况（全部）

单位：%

	2015年	2016年	2017年	2018年	2019年	2020年	2021年	2022年	2023年	2024年9月
全部公司	86.84	91.59	92.75	86.35	86.73	84.85	83.93	79.24	78.35	76.17
民营企业	89.52	92.69	93.41	84.39	85.03	83.89	83.82	79.32	77.68	76.93
公众企业	86.96	89.39	89.58	79.87	82.50	81.03	80.16	72.88	74.75	70.07
集体企业	94.12	89.47	78.95	100.00	85.71	91.30	87.50	83.33	90.91	87.50
国有企业	81.83	89.76	91.73	90.41	90.91	87.77	84.76	80.25	80.40	75.56
外资企业	90.80	93.55	94.78	88.71	87.50	86.93	85.09	79.65	78.61	74.87

资产净利率方面，截至 2024 年 9 月，全部上市公司平均资产净利率为 1.14%，其中民营企业为 2.85%，高于平均水平，国有企业为 1.03%，略低于平均水平（见表 12）。

表 12　历年各类型上市公司平均资产净利率情况一览（全部）

单位：%

	2015 年	2016 年	2017 年	2018 年	2019 年	2020 年	2021 年	2022 年	2023 年	2024 年 9 月
全部公司	1.53	1.46	1.63	1.52	1.45	1.37	1.53	1.46	1.35	1.14
民营企业	3.70	3.96	3.93	2.45	2.34	3.20	3.26	3.20	3.15	2.85
公众企业	1.40	1.20	1.37	1.32	1.47	1.38	1.18	1.09	0.97	0.90
集体企业	4.83	4.33	4.60	4.82	4.96	4.40	3.36	5.25	5.37	4.14
国有企业	1.40	1.30	1.45	1.45	1.36	1.21	1.42	1.36	1.26	1.03
外资企业	4.78	5.02	5.67	4.73	4.08	5.42	5.10	3.39	2.62	3.51

非金融类上市企业方面，截至 2024 年 9 月，非金融类上市企业平均资产净利率为 2.70%，其中民营企业为 2.93%，国有企业为 2.69%（见表 13）。

表 13　历年各类型上市公司平均资产净利率情况一览（非金融）

单位：%

	2015 年	2016 年	2017 年	2018 年	2019 年	2020 年	2021 年	2022 年	2023 年	2024 年 9 月
全部公司	2.66	2.93	3.49	3.11	2.86	2.83	3.32	3.27	3.14	2.70
民营企业	3.67	4.09	4.00	2.52	2.42	3.52	3.38	3.31	3.28	2.93
公众企业	2.71	2.47	3.03	2.20	2.75	3.08	2.17	2.08	1.85	1.80
集体企业	4.83	4.33	4.74	4.85	5.00	4.44	3.45	5.31	5.39	4.16
国有企业	2.29	2.54	3.30	3.46	3.05	2.54	3.44	3.41	3.24	2.69
外资企业	4.78	5.02	5.67	4.73	4.08	5.43	5.10	3.39	2.62	3.51

营收净利率方面，截至 2024 年 9 月，全部上市公司平均营收净利率为 8.88%，其中民营企业为 6.33%，低于平均水平，国有企业为 9.28%，

高于平均水平（见表14）。

表14 历年各类型上市公司平均营收净利率情况一览（全部）

单位：%

	2015年	2016年	2017年	2018年	2019年	2020年	2021年	2022年	2023年	2024年9月
全部公司	9.00	9.13	9.19	8.12	8.12	8.12	8.17	7.89	7.84	8.88
民营企业	6.70	7.51	7.05	4.40	4.22	5.94	5.62	5.33	5.09	6.33
公众企业	12.17	11.64	12.34	10.29	12.07	10.93	9.04	10.17	10.82	12.86
集体企业	6.88	6.97	6.26	6.16	6.34	5.44	3.82	5.67	6.08	6.12
国有企业	9.16	9.31	9.59	9.09	8.88	8.58	8.96	8.50	8.51	9.28
外资企业	9.57	9.85	10.68	8.57	7.37	10.19	9.28	6.38	4.78	8.89

非金融类上市企业方面，截至2024年9月，非金融类上市企业平均营收净利率为5.94%，其中民营企业为6.35%，国有企业为5.79%（见表15）。

表15 历年各类型上市公司平均营收净利率情况一览（非金融）

单位：%

	2015年	2016年	2017年	2018年	2019年	2020年	2021年	2022年	2023年	2024年9月
全部公司	4.44	5.22	5.78	4.99	4.66	4.93	5.23	5.15	5.05	5.94
民营企业	6.60	7.46	7.00	4.41	4.27	6.33	5.64	5.37	5.16	6.35
公众企业	5.96	6.06	7.63	4.85	6.11	6.62	4.30	4.14	3.68	5.10
集体企业	6.88	6.97	6.35	6.12	6.31	5.42	3.88	5.70	6.06	6.09
国有企业	3.65	4.35	5.16	5.22	4.69	4.26	5.14	5.15	5.14	5.79
外资企业	9.57	9.83	10.67	8.57	7.37	10.20	9.28	6.38	4.78	8.89

资产营收率方面，截至2024年9月，全部上市公司平均资产营收率为12.86%，其中民营企业为44.99%，国有企业为11.06%，国有企业低于平均水平（见表16）。

表16 历年各类型上市公司平均资产营收率情况一览（全部）

单位：%

	2015年	2016年	2017年	2018年	2019年	2020年	2021年	2022年	2023年	2024年9月
全部公司	17.02	15.98	17.68	18.69	17.89	16.90	18.70	18.50	17.19	12.86
民营企业	55.25	52.74	55.78	55.70	55.33	53.86	58.09	59.99	61.83	44.99
公众企业	11.50	10.36	11.11	12.80	12.18	12.61	13.11	10.72	8.97	7.00
集体企业	70.27	62.13	73.40	78.13	78.32	80.95	87.99	92.54	88.30	67.70
国有企业	15.31	13.98	15.09	15.92	15.34	14.07	15.81	16.03	14.84	11.06
外资企业	49.95	50.99	53.11	55.17	55.30	53.17	54.97	53.20	54.79	39.49

非金融类上市企业方面，截至2024年9月，非金融类上市企业平均资产营收率为45.47%，其中民营企业为46.22%，国有企业为46.49%（见表17）。

表17 历年各类型上市公司平均资产营收率情况一览（非金融）

单位：%

	2015年	2016年	2017年	2018年	2019年	2020年	2021年	2022年	2023年	2024年9月
全部公司	59.90	56.12	60.36	62.26	61.23	57.46	63.41	63.51	62.17	45.47
民营企业	55.70	54.85	57.21	57.21	56.76	55.56	59.83	61.64	63.55	46.22
公众企业	45.55	40.78	39.67	45.42	44.99	46.52	50.46	50.28	50.41	35.26
集体企业	70.27	62.13	74.63	79.24	79.33	81.88	88.77	93.29	89.00	68.25
国有企业	62.84	58.56	63.82	66.37	64.95	59.55	66.88	66.23	63.08	46.49
外资企业	49.95	51.07	53.18	55.21	55.35	53.21	55.00	53.20	54.79	39.49

第九章　民企最强五百
——规模稳步增长，效益仍然承压

2024年，各大企业"500强"榜单显示，上榜民营企业总体规模有所提升，产业结构不断优化，创新能力不断增强，积极履行社会责任，整体上呈现稳中有进、质效同升的良好发展态势。

"2024年中国民营企业500强"上榜民企资产、营收、净利润等指标均较上年稳中有升。"2024中国企业500强"上榜民营企业数量为244家，国有企业256家，均与上年持平。"《财富》世界500强"中国大陆上榜企业125家，其中国有企业91家，比上年减少6家，民营企业34家，比上年减少1家。

一、2024年中国民营企业500强

2024年10月12日，全国工商联发布了"2024年中国民营企业500强"榜单。"2024年中国民营企业500强"榜单排名及数据分析依据的均为参加排名的企业2023年的经营数据。

榜单数据显示，2023年，民营企业500强的规模稳步增长、总体效益实现提升、产业结构调整优化、创新能力不断增强，资产、营收、净利润等指标均较上年稳中有升。

（一）民营企业500强入围门槛

2023年民营企业500强营收的入围门槛为263.13亿元，较2022年降低了12.65亿元，降幅为4.59%（见图1）。

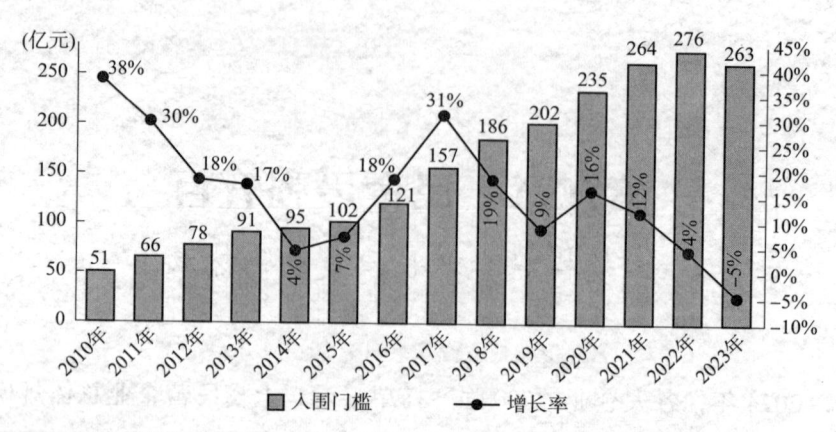

图 1　2010—2023 年民企 500 强入围门槛变化情况

说明：2010—2022 年民企 500 强数据源自 2011—2023 年全国工商联经济部发布的《中国民营企业 500 强调研分析报告》，2023 年数据源于全国工商联网站[1][2]，其中部分 2023 年数据为作者根据工商联网站公布总量数据计算，本章同。

（二）民营企业 500 强营收情况

2023 年，民营企业 500 强的营业收入总额为 41.91 万亿元，较上年增长 5.22%，500 强企业户均营收 838.22 亿元（见图 2）。

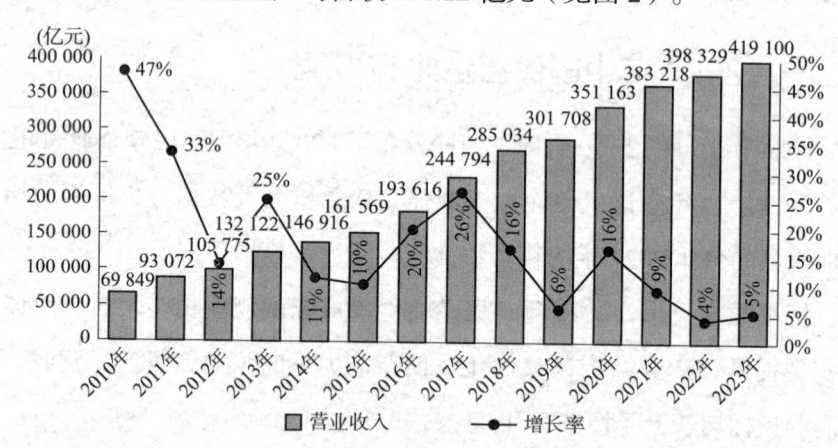

图 2　2010—2023 年民营企业 500 强营业收入变化情况

---

[1] 中华工商时报.2024 中国民营企业 500 强发布报告［EB/OL］.（2024-10-12）［2024-12-31］. http://oldweb.acfic.org.cn/qlyw/202410/t20241012_205075.html.
[2] 经济服务部.2024 中国民营企业 500 强榜单［EB/OL］.（2024-10-12）［2024-12-31］. http://aws.acfic.org.cn/qlyw/202410/t20241012_205055.html.

第九章 民企最强五百——规模稳步增长，效益仍然承压

2023年，有97家企业营业收入总额超过1 000亿元（含），较上年增加2家；150家企业营业收入总额在500亿元至1 000亿元之间；253家企业的营业收入总额在100亿元至500亿元之间（见表1）。

表1　2015—2023年民营企业500强营业收入结构表

单位：亿元，家

营业收入总额标准	企业数量								
	2023年	2022年	2021年	2020年	2019年	2018年	2017年	2016年	2015年
≥1 000	97	95	87	78	57	56	42	27	22
≥500<1 000	150	141	118	116	106	85	91	64	45
≥100<500	253	264	295	306	337	359	367	409	433

京东集团排名第1，2023年营收总额为10 846.62亿元。榜单前20名的情况如表2所示。

表2　2023年民营企业500强营业收入前20家

单位：亿元

2023年排名	2022年排名	企业名称	2023年营业收入	2022年营业收入
1	1	京东集团	10 846.62	10 462.36
2	2	阿里巴巴	9 274.94	8 645.39
3	3	恒力集团	8 117.37	6 117.57
4	—	华为控股	7 041.74	—
5	5	浙江荣盛	6 126.06	5 796.18
6	6	腾讯控股	6 090.15	5 545.52
7	10	比亚迪股份	6 023.15	4 240.61
8	11	盛虹控股	5 288.25	4 120.23
9	7	山东魏桥	5 202.14	5 039.88
10	12	浙江吉利	4 980.72	4 062.69
11	8	万科企业	4 657.39	5 038.38
12	9	联想控股	4 360.12	4 836.63
13	13	浙江恒逸	4 068.30	3 856.62
14	14	青山控股	4 009.17	3 680.28
15	15	美的集团	3 821.37	3 457.09
16	17	敬业集团	3 737.10	3 074.46

续表

2023 年排名	2022 年排名	企业名称	2023 年营业收入	2022 年营业收入
17	21	信发集团	3 406.53	2 680.88
18	20	新希望控股	2 907.54	2 786.64
19	16	宁德时代	2 830.85	3 285.94
20	24	泰康保险	2 790.04	2 343.40

（三）民营企业 500 强资产总额情况

2023 年，民营企业 500 强企业的资产总额合计为 49.85 万亿元，较上年增长 7.64%，户均资产总额 996.94 亿元（见图 3）。2023 年，民营企业 500 强中资产超过 1 000 亿元的企业有 89 家，较上年增加 3 家；超过 5 000 亿元的有 15 家，较上年增加 4 家。

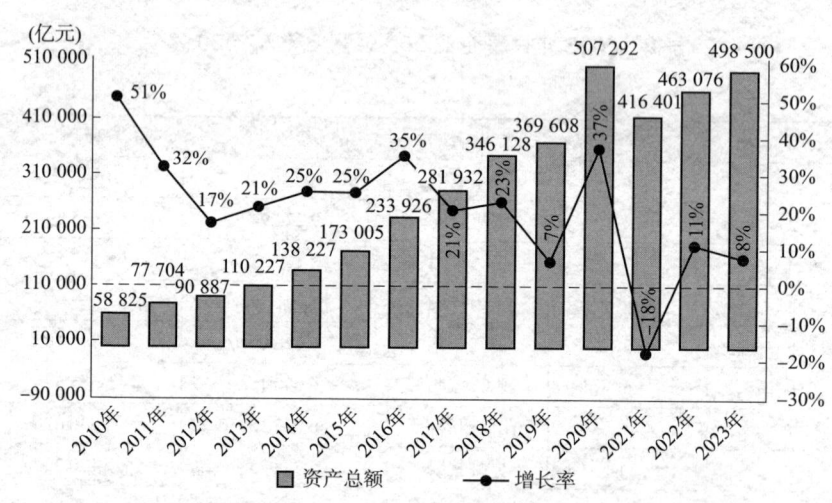

图 3　2010—2023 年民营企业 500 强资产总额变化情况

（四）民营企业 500 强税后净利润情况

2023 年，民营企业 500 强税后净利润总额 1.69 万亿元，较 2022 年增长 2.97%（见图 4）。税后净利润超过 50 亿元的企业有 74 家，超过 100 亿元的企业有 34 家，超过 200 亿元的企业有 15 家。民营企业 500 强中，税后净利润同比实现增长的企业有268家，其中增幅高于平均水平的企业有241家。

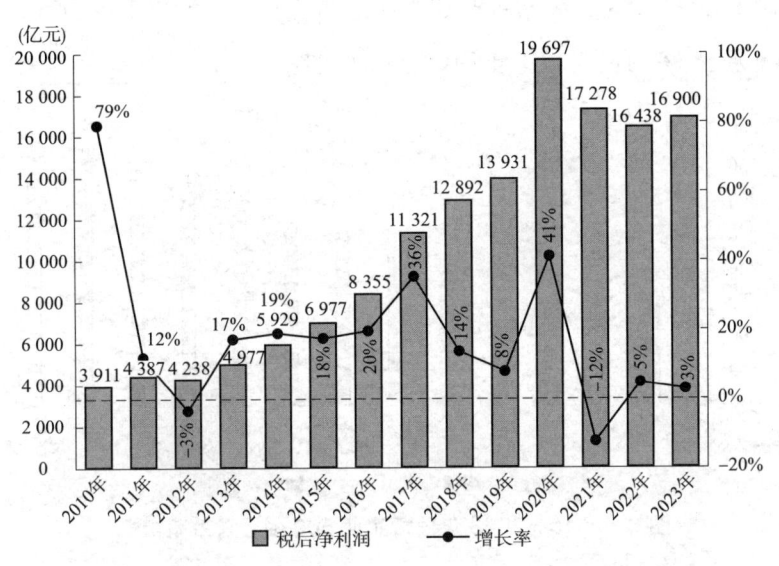

图4 2010—2023年民营企业500强税后净利润增长情况

（五）民营企业500强经营效益情况

从盈利能力看，民营企业500强平均销售净利率4.04%，平均净资产收益率10.09%，资产净利率为3.39%，较上年都有不同程度下降（见图5）。

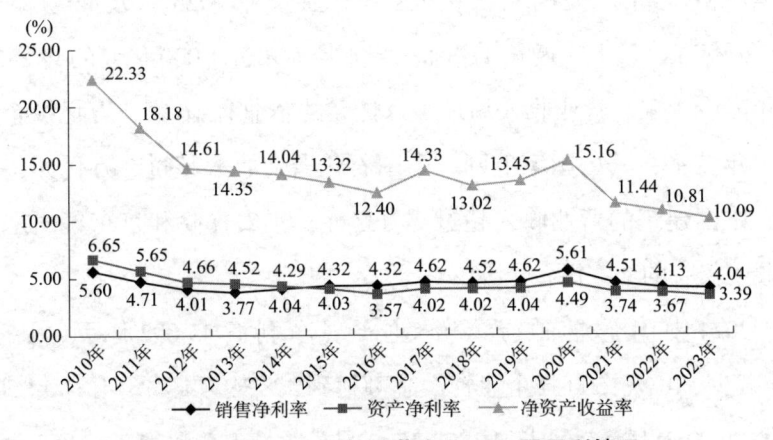

图5 2010—2023年民营企业500强盈利情况

（六）民营企业 500 强经营效率情况

截至 2023 年底，民营企业 500 强人均营业收入为 393.24 万元，人均净利润为 15.86 万元，较上年均有提高（见图 6）。

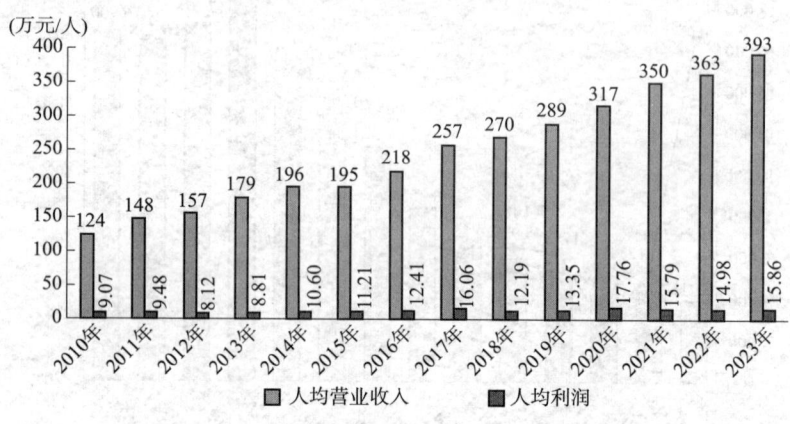

年份	人均营业收入（万元/人）	人均利润（万元/人）
2010年	124	9.07
2011年	148	9.48
2012年	157	8.12
2013年	179	8.81
2014年	196	10.60
2015年	195	11.21
2016年	218	12.41
2017年	257	16.06
2018年	270	12.19
2019年	289	13.35
2020年	317	17.76
2021年	350	15.79
2022年	363	14.98
2023年	393	15.86

图 6　2010—2023 年民营企业 500 强经营效率情况

二、"2024 中国企业 500 强"中的民营企业

2024 年 9 月 11 日，中国企业联合会、中国企业家协会以 2023 年企业营业收入为入围标准和排序依据，发布了"2024 中国企业 500 强"榜单。"2024 中国企业 500 强"入围门槛（营业收入）由上年的 469.98 亿元升至 473.81 亿元，提高 3.83 亿元。500 强企业 2023 年营收总额达到 110.07 万亿元，较上年增长 1.58%。营业收入超过 1 000 亿元的共 253 家，较上年减少 1 家。营业收入超过 1 万亿元的企业有 16 家，万亿级企业数量与上年持平，其中国家电网、中国石化营业收入超过 3 万亿元，中国石油、中国建筑的营业收入超过 2 万亿元。平安保险和京东集团是万亿级企业中仅有的 2 家民营企业。

"2024 中国企业 500 强"企业实现净利润 45 092 亿元，比上年 500 强减少 5.01%。500 强企业资产总额达到 428.86 万亿元，比上年 500 强增加了 29.09 万亿元，增长 7.28%。500 强企业员工总数为 3 173.57 万人，较上年500强员工数量减少了107.97万人，减少了3.29%，500强企业对全国城镇就业（47 032万人）的贡献度为6.75%，与上年相比下降了0.39个百分点。

从所有制来看，"2024中国企业500强"上榜企业中民营企业为244家，国有企业为256家，均与上年持平，国有企业和民营企业分别占500强企业数量的51.2%和48.8%（见图7）。

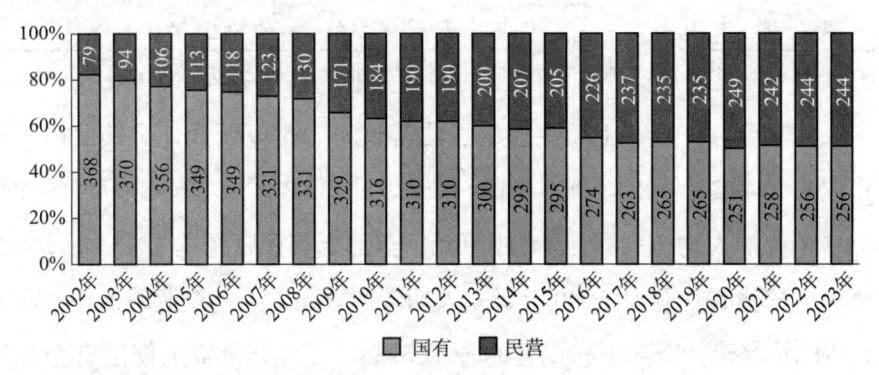

图7 "中国企业500强"所有制分布（2002—2023年）

说明：1.数据来源于中国企业联合会、中国企业家协会联合发布的历年《中国500强企业发展报告》。2. 2002—2008年，"中国企业500强"中还有部分外资企业，这几年民营企业与国有企业数量之和小于500家。

尽管民营企业在上榜数量上几近一半，但是与国有企业的差距仍然较大，"2024中国企业500强"上榜的244家民营企业的营业收入总额约为34.36万亿元，净利润约为1.33万亿元，资产总额约为54.37万亿元，员工总数872万人，分别只占500强企业的31.22%、29.55%、12.68%、27.47%（见表3）。

表3 "2024中国企业500强"企业主要总量指标

单位：亿元，家，万人，%

所有制	企业数	营业收入	净利润	资产总额	员工数
全国	500	1 100 705	45 092	4 288 568	3 174
全国户均		2 201.41	90.18	8 577.14	6.35

续表

所有制	企业数	营业收入	净利润	资产总额	员工数
国有	256	757 100	31 768	3 744 900	2302
国有占比	51.2	68.78	70.45	87.32	72.53
国有户均		2 957.42	124.09	14 628.52	8.99
民营	244	343 605	13 324	543 668	872
民营占比	48.8	31.22	29.55	12.68	27.47
民营户均		1 408.22	54.61	2 228.15	3.57

注：占比、户均数据为作者根据《中国500强企业发展报告2024》公布的数据计算得出。

人均营收方面，上榜企业的人均营收为346.79万元，全部上榜民营企业为394.04万元，全部上榜国有企业为328.89万元。人均净利润方面，上榜企业的人均净利润为14.21万元，全部上榜民营企业为15.28万元，全部上榜国有企业为13.80万元。人均资产方面，上榜企业的人均资产为1 351.16万元，全部上榜民营企业为623.47万元，全部上榜国有企业为1 626.80万元（见表4）。

表4 "2024中国企业500强"企业人均指标

单位：万元

所有制	人均营收	人均净利润	人均资产
全国	346.79	14.21	1 351.16
国有	328.89	13.80	1 626.80
民营	394.04	15.28	623.47

注：人均数据为作者根据《中国500强企业发展报告2024》公布的数据计算得出。

营收净利润率方面，全部上榜企业的营收净利润率为4.10%，全部上榜民营企业为3.88%，全部上榜国有企业为4.20%。资产净利润率方面，上榜企业的资产净利润率为1.05%，全部上榜民营企业为2.45%，全部上榜国有企业为0.85%（见表5）。

表 5 "2024 中国企业 500 强"企业营收净利润率和资产净利润率

单位：亿元，%

	营收总额	净利润总额	资产总额	营收净利润率	资产净利润率
全部	1 100 705	45 092	4 288 568	4.10	1.05
国企	757 100	31 768	3 744 900	4.20	0.85
民企	343 605	13 324	543 668	3.88	2.45

注：营收净利润率和资产净利润为作者根据《中国 500 强企业发展报告 2024》公布的数据计算得出。

三、2024 年《财富》世界 500 强中的中国民营企业

北京时间 2024 年 8 月 5 日，财富中文网公布了 2024 年《财富》世界 500 强排行榜，中国上榜企业 133 家（其中大陆地区 125 家、台湾地区 4 家、香港地区 3 家），相比去年减少 9 家。上榜企业数量最多的国家为美国，今年共计 139 家公司上榜，比 2023 年增加 3 家。这是自 2018 年以来，中国上榜的公司数量首次少于美国。

125 家中国大陆地区上榜企业中，国有企业 91 家，比去年减少 6 家。91 家国有企业中，国务院国资委监管的央企（含招商局集团旗下的招商银行）44 家，地方国资委监管的地方国企 37 家，财政部监管的金融等企业 9 家，另有 1 家为福建的兴业银行。上榜民营企业 34 家，较上年减少 1 家。本书作者根据财富中文网公布的世界 500 强企业的营业收入和利润数据，对上榜的中国大陆企业进行了分类和排序，对相关数据进行了计算和分析。

125 家中国大陆地区企业营业收入总和约为 10.51 万亿美元，约占全部上榜企业 40.99 万亿美元营业收入总和的 25.64%，34 家民营企业营业收入总和约为 2.15 万亿美元，约占全部上榜企业的 5.25%。上榜中国大陆地区企业利润总和约为 4 933 亿美元，约占全部上榜企业 2.97 万亿美元利润总和的 16.61%，上榜中国民营企业利润总和约为 1 107 亿美元，

占全部上榜企业利润之和的3.73%。

500强名单排名前10的企业中，中国企业3家，与上年持平，这3家企业分别为：排名第3的国家电网有限公司、排名第5的中国石油天然气集团有限公司和排名第6的中国石油化工集团有限公司。民营企业中排名最高的为京东集团，排名第47位，较2023年提升5位，2023年民营企业排名第1的中国平安保险（集团）今年排名第53，较上年下降20位。

此次《财富》世界500强排行榜一共有43家"新上榜和重新上榜"公司，其中有4家中国大陆企业，其中国有企业2家，为杭州市实业投资集团有限公司和奇瑞控股集团有限公司；民营企业2家，为海亮集团有限公司和拼多多控股公司。奇瑞和拼多多为首次上榜。奇瑞控股集团始创于1997年，是一家以汽车产业为核心的多元化企业集团，旗下拥有奇瑞汽车、奇瑞商用车、奇瑞汽金、奇瑞科技等300余家成员企业，业务范围主要包括汽车、汽车零部件、金融、地产、现代服务等，业务遍布全球100多个国家和地区。2024年，集团销售汽车超260万辆，其中出口超过114万辆，连续22年位居中国品牌乘用车出口第一，年营业收入达到4800亿元。创立于2015年4月的拼多多专注于C2M拼团购物，是国内移动互联网的主流电子商务应用产品平台。截至2021年6月，平台年度活跃用户数达到8.499亿，商家数达到860万，平均每日在途包裹数逾亿单，是中国大陆地区用户数最多的电商平台，同时也是全世界最大的农副产品线上零售平台。拼多多于2018年7月在美国纳斯达克上市（NASDAQ：PDD）。

上榜民营企业的排名情况，除新上榜和再上榜企业外，17家排名上升，15家排名下降。上升幅度较大的5家企业是美团、比亚迪股份、盛虹控股、泰康保险和恒力集团，它们的排名分别上升了83位、69位、51位、50位和42位。顺丰控股、小米集团、江苏沙钢、万科企业、联想集团5家企业的下降幅度较大，分别下降了38位、37位、35位、33位、31位。

去年上榜的正威国际、碧桂园控股、龙湖集团和新疆广汇则没有进入今年的榜单（见表6）。

表6　2024年《财富》世界500强中的中国民营企业

单位：百万美元，%

今年排名	去年排名	公司名称	营业收入	利润	营收利润率
47	52	京东集团	153 217.40	3 413.80	2.23
53	33	中国平安	145 759.10	12 100.90	8.30
70	68	阿里巴巴	131 337.90	11 165.10	8.50
81	123	恒力集团	114 664.50	980.8	0.86
103	111	华为投资控股	99 470.30	12 274.40	12.34
138	136	浙江荣盛	86 535.60	74.6	0.09
141	147	腾讯控股	86 028.30	16 275.20	18.92
143	212	比亚迪股份	85 082	4 243.50	4.99
161	157	太平洋建设	76 433	5 035.30	6.59
171	222	盛虹控股	74 700.80	548.5	0.73
175	172	山东魏桥	73 484.50	1 192.30	1.62
185	225	浙江吉利	70 356.80	812.6	1.15
206	173	万科企业	65 789.50	1 718.10	2.61
243	244	浙江恒逸	57 468	23.5	0.04
248	217	联想集团	56 863.80	1 010.50	1.78
250	292	宁德时代	56 632.80	6 232.50	11.01
265	257	青山控股	53 980	1 554.20	2.88
277	278	美的集团	52 789.60	4 763.20	9.02
314	320	敬业集团	48 120	248.9	0.52
340	313	苏商建设	45 265.40	1 142	2.52
351	329	中国民生银行	43 553.60	5 060.30	11.62
378	363	新希望控股	39 988	−93	−0.23
381	431	泰康保险	39 411.60	1 786.10	4.53
383	348	江苏沙钢	39 241.30	227.7	0.58
384	467	美团	39 092.50	1 957.30	5.01
397	360	小米集团	38 276.80	2 468.50	6.45
407	419	海尔智家	36 928.50	2 344.80	6.35
415	377	顺丰控股	36 502.40	1 163.20	3.19
429	—	海亮集团	35 701.80	32.2	0.09

续表

今年排名	去年排名	公司名称	营业收入	利润	营收利润率
442	—	拼多多控股	34 981.10	8 479.20	24.24
452	451	上海德龙钢铁	34 399.50	223.3	0.65
458	465	北京建龙重工	34 069.60	138.9	0.41
467	476	通威集团	33 731.30	593.9	1.76
488	497	立讯精密	32 758.50	1 547.20	4.72

注：排名、营收及利润数据为财富中文网网站公布，营收利润率为作者计算。

从上榜企业的营收来看，125家中国大陆地区企业中，91家国有企业营业收入总额约83 585亿美元，占中国大陆地区企业的80%；34家民营企业营业收入总额约为21 526亿美元，占中国大陆地区企业的20%，民企、国企占比与去年基本持平。营收排名第1的国有企业为国家电网，营业收入约为5 459亿美元，民营企业中列第1位的是京东集团，营业收入约为1 532亿美元；国有企业前10位的营业收入之和约为28 442亿美元，民营企业前10位的营业收入之和约为10 532亿美元，民营企业前10的营业收入之和为国有企业前10营业收入之和的37.03%。相关数据如表7所示。

表7　2024年《财富》世界500强中国大陆地区企业有关数据

单位：百万美元，家

	民营企业	国有企业	民企/国企（%）
企业数量	34	91	37.36
营收总额	2 152 616.10	8 358 454.20	25.75
利润总额	110 739.50	382 505.80	28.95
营收第1位	153 217.40	545 947.50	28.06
营收前10位	1 053 228.90	2 844 237.80	37.03
利润第1位	16 275.20	51 417.00	31.65
亏损数量	1	5	20.00
亏损额	−93	−6 331.8	1.47

注：营收第1位、营收第10位、利润第1位的绝对值数据为财富中文网网站公布，其他数据为作者根据网站公布数据进行分类、排序后计算得出。

中国大陆地区进入榜单的金融类企业为15家，其中民营企业3家，为中国平安保险、中国民生银行和泰康保险集团。15家金融企业的利润总额约为2 483亿美元，约占全部上榜中国大陆地区132家企业利润总额的50.35%。

营收利润率方面，上榜中国大陆地区企业的营收利润率为4.69%，其中金融企业的营收利润率为14.86%，除金融业外企业为2.74%；全部上榜民营企业为5.14%，其中金融类民营企业为8.28%，除金融业外民营企业为4.77%；全部上榜国有企业为4.58%，其中金融类企业为15.91%，除金融业外国有企业为2.21%（见表8）。

表8　2024年《财富》世界500强中国大陆地区企业营收利润率

单位：百万美元，%

	营收总额	利润总额	营收利润率
全部上榜企业	10 511 070.30	493 244.90	4.69
其中：金融企业	1 670 848.80	248 333.30	14.86
除金融业外企业	9 463 388.90	259 343.40	2.74
全部上榜民营企业	2 152 616.10	110 739.10	5.14
其中：上榜金融民营企业	228 724.30	18 947.30	8.28
除金融业外民营企业	1 923 891.80	91 791.80	4.77
全部上榜国有企业	8 358 454.20	382 505.80	4.58
其中：上榜金融国有企业	1 442 124.50	229 386.00	15.91
除金融业外国有企业	6 916 329.70	153 119.80	2.21

注：以上数据均为作者根据财富中文网网站公布数据进行分类、排序后计算得出。

第十章 民企富豪榜单
——财富继续缩水，行业分化明显

党的十九大以来，中国富豪榜总体稳步增长，尤其是2020年、2021年富豪财富总量、上榜人数等指标创造历史纪录，而从2022年到2024年，富豪榜单多项指标连续下降，与疫情后欧美地区等国家对中国实行的产业链遏制政策有一定关系，如受到出口受限影响的宁德时代的曾毓群，财富较上一年减少了500亿元。但也要看到，中国经济基本面依然坚挺，创新优势始终保持，人工智能领域催生出许多优秀企业，工业、消费、食品等实体行业依然强劲。此外，必须指出的是，美国、欧洲股市近年来连续上涨，欧美富豪财富增长较快，而中国股市持续下跌，中国在美国纳斯达克、纽交所上市的中概股公司股票也受到美国资本市场围剿而严重下跌。因此，中美两国富豪财富和数量变化也与过去三年来中美股市市值涨跌密不可分，富豪榜的升降不足以表达两国的经济基本面情况。

如何正确看待近年来中国富豪榜数据的连续下跌？我院认为，这也许正说明社会财富流向更为公平、中小企业增长更快、寡头垄断趋势被及时遏制等积极现象，不能仅仅因为富豪榜下降而武断唱衰中国经济。

一、中国富豪榜

（一）《新财富》500富人榜

2017—2024年，《新财富》500人榜单上榜门槛波动较大，2017

年为66.1亿元，2021年提高到89.0亿元，2022年提高到93.7亿元，2024年降至66.3亿元。上榜者财富总额从2017年的7.9亿元，最高上涨到2021年17.7亿元，2022年财富总额为16.5亿元，2024年下降至12.3亿元，人均财富从最高点2021年的353.0亿元回落到2024年247.0亿元。2017年百亿富豪人数276人，2024年百亿富豪人数500人，创历史新高（见表1、图1）。

表1 历年"《新财富》500富人榜"上榜富人情况

年份	上榜门槛	上榜者财富总额	人均财富（亿元）	百亿富豪人数（人）
2017年	66.1	7.9	157.8	276
2018年	64.0	9.6	191.4	297
2019年	45.0	8.1	162.0	240
2020年	63.3	10.7	214.3	315
2021年	89.0	17.7	353.0	450
2022年	93.7	16.5	330.0	464
2023年	77.6	13.5	269.0	384
2024年	66.3	12.3	247.0	500
2017—2024年年均增长率	0.04	6.5	6.6	8.9

注：数据来自《新财富》杂志。增长率为本院计算。

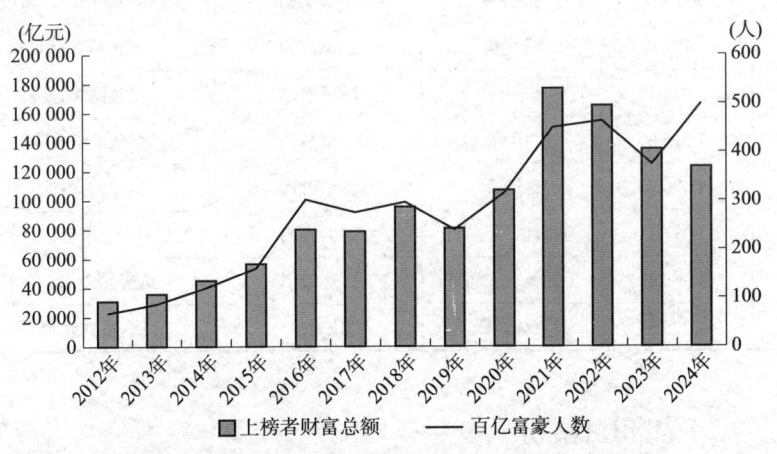

图1 历年《新财富》500富人榜上榜富人情况

注：数据来自《新财富》杂志，下表同。

2024年上榜富人财富总体缩水，上榜人数显著增多，财富流向更分散。2024年6月12日，《新财富》杂志公布"2024年《新财富》500富人榜"，主要通过公开的财务数据，对截至2023年末的中国企业家身家进行统计和估算，榜单财富总额达到12.3万亿元，下降了（同比，下同）8.9%，人均财富247亿元，下降8.2%；与此同时，上榜门槛由去年的77.6亿元下降至66.3亿元，下降了14.6%；500人上榜，较前两年显著增多。2024年，农夫山泉、万泰生物创始人钟睒睒、拼多多创始人黄峥、字节跳动创始人张一鸣分别以4 562.7亿元、4 248.5亿元、3 402.0亿元的财富排在前三位，腾讯控股创始人马化腾位列第四，阿里巴巴创始人马云位列第5，万达集团创始人王健林重回榜单前十，位列第9（见表2）。

表2 2024年"《新财富》500富人榜"前十名富人情况

单位：亿元

排名	财富	姓名	主要公司	主要行业
1	4 562.7	钟睒睒	农夫山泉、万泰生物	矿泉水饮料、医药生物
2	4 248.5	黄峥	拼多多	电商
3	3 402.0	张一鸣	字节跳动	推荐引擎产品、短视频
4	2 121.9	马化腾	腾讯控股	互联网综合服务
5	2 073.1	马云	阿里巴巴	互联网综合服务
6	1 915.0	丁磊	网易	互联网综合服务
7	1 676.2	曾毓群	宁德时代	动力电池
8	1 477.2	何享健、何剑锋	美的集团	家电
9	1 408.4	王健林、王思聪	万达集团	地产、文化、金融
10	1 229.5	秦英林、钱瑛	牧原股份	畜禽养殖

（二）胡润百富榜

2024年胡润百富榜。2024年10月29日，胡润研究院发布《2024胡润百富榜》，对截至 2024 年 8 月 30 日的中国企业家财富进行估算和排名。上榜企业家财富总额 21 万亿元，同比下降 10%（2023 年下降 4%），上榜人数 1 094 人，同比减少 147 人（2023 年下降 64 人），平均财富为 191.96 亿元（本院计算），比去年增长 1.4%。其中，964 位企业家财富比去年缩水或保持不变，占上榜总人数的 88.12%，新上榜人数是胡润百富榜二十年来最少，仅 54 人。201 位今年落榜。

从财富量级来看，2024 年上榜的十亿美金企业家有 895 人，百亿人民币企业家有 628 人，千亿元人民币企业家有 30 人，都较前两年显著减少（见表 5）。

字节跳动张一鸣以 3 500 亿元身家跃居中国首富，农夫山泉创始人钟睒睒以 3 400 亿元位居第二，腾讯马化腾以 3 150 亿元身家位居第三（见表 3、图 2）。

表 3　《2024 胡润百富榜》前十名情况

单位：亿元，%

排名	姓名	财富	涨幅	年龄	公司
↑1	张一鸣	3 500	43	41	字节跳动
↓2	钟睒睒	3 400	−24	70	养生堂
↓3	马化腾	3 150	13	53	腾讯
↓4	黄峥	2 450	−9	44	拼多多
↑5	何享健家族	2 350	18	82	美的
↓6	曾毓群	2 000	−20	56	宁德时代
6	丁磊	2 000	−17	53	网易
↑6	李嘉诚、李泽钜父子	2 000	−5	96、60	长江实业
↑9	李兆基家族	1 750	9	96	恒基兆业
10	马云家族	1 650	−3	60	阿里系

注：↑对比去年排名上升，↓对比去年排名下降。

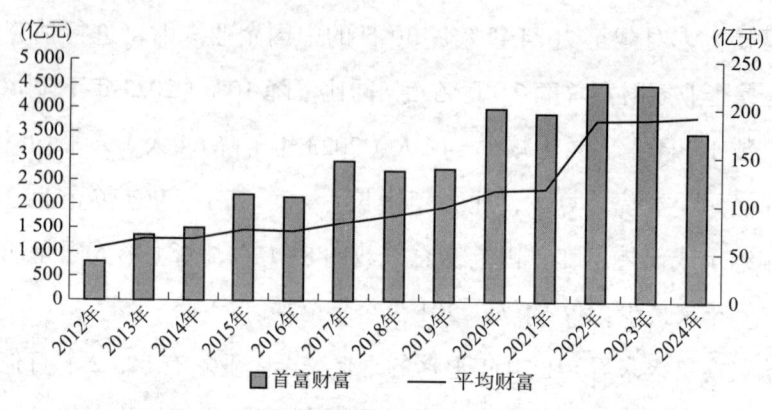

图2 历年《胡润百富榜》入榜财富情况

新晋富豪情况。新增上榜企业家54人，为二十年来最少的一年。新晋富豪中，总部上海的小红书的毛文超持有财富180亿元；货运物流公司拉拉科技的周胜馥持有财富170亿元；星宇航空的张国炜家族持有财富130亿元等。

上榜企业家行业分布情况。从人数看，2024年，工业产品（12.7%）、消费品（11%）、大健康（9.1%）、房地产（9%）和食品饮料（6%）是上榜企业家人数最多的五大行业，值得注意的是，投资业富豪人数占比从去年的第11位降至第13位（3.8%），汽车与汽车零配件业富豪人数占比升至第11位（4%），房地产行业的上榜富豪人数占比大幅下降，2014年占20%，2019年占15%，2024年占9%。此外，字节跳动创始人张一鸣今年取代了腾讯马化腾成为传媒行业首富。从财富看，消费品（9.9%）、房地产（9.4%）、工业产品（8.6%）、传媒娱乐（8.5%）、大健康（8.3%）是上榜财富最集中的五大行业（见表4）。

表4 《2024胡润百富榜》中国企业家行业分布

排名	行业	占总人数（%）	占总财富（%）	行业首富	公司
1	工业产品	12.7	8.6	梁稳根	三一
2	消费品	11	9.9	何享健家族	美的
3	大健康	9.1	8.3	李西廷	迈瑞
4	房地产	9	9.4	李兆基	恒基兆业

续表

排名	行业	占总人数（%）	占总财富（%）	行业首富	公司
5	食品饮料	6	7.6	钟睒睒	养生堂
6	能源	5.5	5.8	曾毓群	宁德时代
7	化工	5.3	3.7	陈建华、范红卫夫妇	恒力
8	软件服务	5.1	3.3	王兴	美团
9	零售	4.5	5.6	黄峥	拼多多
9	传媒娱乐	4.5	8.5	张一鸣	字节跳动
11	汽车及汽车零配件	4	4.5	王传福	比亚迪
12	有色金属与矿产	3.9	4.8	张刚家族	信发铝电
13	投资	3.8	4.8	李嘉诚、李泽钜父子	长江实业
14	半导体	3.3	2.7	杜纪川、孙大卫	金士顿科技
15	物流运输	2.6	2.6	王卫	顺丰

从上榜富豪人数占比和财富占比的落差中可以看到，部分行业财富向头部企业集中，以传媒娱乐为最甚，其行业财富占榜单的8.5%，行业富豪人数只占榜单的4.5%，食品饮料、零售、有色金属与矿产、投资业的比例分布也不同程度地具备这一特征。

上榜企业家大部分居住地分布情况。2024年榜单中，企业家居住人数最多的七大城市分别为北京（115人）、上海（112人）、深圳（108人）、香港（82人）、杭州（68人）、台北（52人）、广州（45人）。

党的十九大以来胡润百富榜单变化。2017—2024年，《胡润百富榜》总财富从17.2万亿元增长至21万亿元，年均增长2.9%，10亿美金富豪人数从664人增加到753人，年均增长1.8%，百亿元人民币富豪人数从400人增至550人，年均增长4.7%，50亿元人民币富豪人数从886人升至1 094人，年均增长3.1%，首富财富从2 900亿元增加到3 500亿元，年均增长2.7%，平均财富从81亿元增长到192亿元，年均增长13.1%（见表5）。2020年以来，胡润百富榜多项数据滑落明显。2021—2024年，总财富年均下降6.5%，十亿美金富豪人数年均下降3.8%，百亿元人民币富豪人数年均下降3%，50亿元人民币富豪人数年均下降

1.6%，平均财富年均增长 13.7%（见表 5）。

表 5 历年《胡润百富榜》数据

单位：人，亿元

年份	上榜人数	总财富	十亿美金人数	百亿元人民币人数	50亿元人民币人数	榜单门槛	首富财富	平均财富
2017	2 130	172 115	664	400	886	20	2 900	81
2018	1 893	169 099	620	393	854	20	2 700	89
2019	1 819	179 157	621	426	874	20	2 750	98
2020	2 398	274 886	878	620	1 169	20	4 000	115
2021	2 918	341 748	1 185	757	1 465	20	3 900	117
2022	1 305	244 769	946	656	1 305	50	4 550	188
2023	1 241	234 644	895	628	1 241	50	4 500	189
2024	1 094	210 211	753	550	1 094	50	3 500	192
2017—2024年年均增长率	—	2.9%	1.8%	4.7%	3.1%	—	2.7%	13.1%
2021—2024年年均增长率	—	-6.5%	-3.8%	-3.0%	-1.6%	—	-3.3%	13.7%

注：1. 数据来自胡润研究院官网。
2. 自 2022 年，胡润百富榜上榜门槛提高到 50 亿元人民币，上榜人数和平均财富与往年不具有可比性。

二、全球富豪榜

（一）2024 福布斯全球亿万富豪榜

2024《福布斯》全球富豪榜。当地时间 2024 年 4 月 3 日，美国《福布斯》杂志发布了《2024 年度全球亿万富豪榜》，对 2023 年全球富豪身家进行估算和排名。该年共有 2 781 人身家超过十亿美元，再创历史新高，较前一年增加 141 位，财富总额 14.2 万亿美元，刷新历史纪录，较前一年增加 1.1 万亿美元。全球财富进一步朝金字塔尖集中。榜单中，前 0.5% 的富豪持有财富 2 万亿美元，占上榜全部富豪财富的 14%，数量和占比都刷新了历史纪录。

伯纳德·阿诺特及家族、埃隆·马斯克、杰夫·贝佐斯分别以

2 330亿美元、1 950亿美元、1 940亿美元财富继续位列全球前三；马克·扎克伯格、拉里·埃里森分别以1 770亿美元、1 410亿美元财富位列第四和第五，中国企业家农夫山泉创始人钟睒睒以680亿美元财富位列第15，较去年上升2位。

中国大陆上榜富豪上榜人数变化。2024年榜单中，美国上榜富豪813人，比去年增加了77人，位列全球第一；中国大陆、中国香港、中国台湾上榜富豪人数共计526人，占全球的18.9%（中国澳门上榜富豪数据未披露），仍位列全球第二。农夫山泉创始人钟睒睒连续四年位列中国首富，福布斯将其财富估值为623亿美元，在全球排名中下降至第24位，字节跳动张一鸣以434亿美元位列中国第二，拼多多黄峥以389亿美元位列中国第三。中国大陆富豪上榜人数406人，占全球的14.6%，自从2021以来，上榜人数下降较多（见表6）。

表6 历年福布斯富豪榜中国大陆富豪榜单

年份	全球富豪人数	中国大陆富豪人数	中国大陆全球占比（%）
2015	1 826	213	11.7
2016	1 810	251	13.9
2017	2 043	334	16.3
2018	2 208	373	16.9
2019	2 153	324	15.1
2020	2 095	389	18.6
2021	2 775	626	22.6
2022	2 668	539	20.2
2023	2 640	495	18.8
2024	2 781	406	14.6
2015—2024年年均增长率（%）	4.8	7.4	2.5

注：数据来自历年福布斯全球亿万富豪榜。

（二）2024年胡润全球富豪榜

2024年3月25日，胡润研究院发布《2024年胡润全球富豪榜》，计算了截至2024年1月15日的全球富豪财富变化情况，共计来自73个国家、2 435家公司的3 279位十亿美金富豪上榜，比去年增加了167人（增长5%），总财富108万亿元人民币，增长9%。

全球十大富豪中，有8人来自美国，1人来自法国，1人来自印度。埃隆·马斯克、杰夫·贝佐斯、伯纳德·阿诺特分别以折合人民币16 700亿元、13 300亿元、12 600亿元的财富位列前三（见表7）。

表7　胡润《2024全球富豪榜》全球十大富豪情况

单位：亿元，%

排名	姓名	财富	财富变化	公司	年龄	居住国
1↑	埃隆·马斯克	16 700	47	特斯拉	53	美国
2↑	杰夫·贝佐斯	13 300	57	亚马逊	61	美国
3↓	伯纳德·阿诺特	12 600	−13	酩悦·轩尼诗·路易威登	75	法国
4*	马克·扎克伯格	11 400	132	Meta	40	美国
5↑	拉里·埃里森	10 400	44	甲骨文	80	美国
5-	沃伦·巴菲特	10 400	24	伯克希尔·哈撒韦	94	美国
7-	史蒂夫·鲍尔默	10 200	41	微软	68	美国
8↓	比尔·盖茨	10 000	25	微软	69	美国
9*	拉里·佩奇	8 900	64	Alphabet	51	美国
10↓	穆克什·安巴尼家族	8 300	40	Reliance Industries	66	印度

注：1.↑对比去年排名上升，↓对比去年排名下降，*对比去年新进入前十名。
2.数据源自胡润研究院《2024胡润全球富豪榜》。

中国十亿美金富豪人数保持全球第一，共814人，连续第二年下降，较上一年减少155人。拼多多创始人黄峥是中国财富增长最多的企业家，他在2023年较2022年个人身家增长了800亿元人民币。美国十亿美金富豪人数位居全球第二，共800人，较去年增加109人，印度十亿美金富豪人数保持全球第三。从富豪居住的城市看，纽约、伦敦和孟买的富豪人数超过了北京，纽约再次成为全球"十亿美金企业家之都"。

中国十亿美金企业家总财富为19万亿元人民币，下降15%。其中，241人的财富比去年增长，新上榜55人，为全球第三多，702人的财富比去年减少，208人落榜。中国上榜的千亿级企业家27位，比去年减少9位。中国富豪中，钟睒睒以4 500亿元财富保持国内第一，全球第21位；拼多多黄峥以3 850亿元财富升至国内第二，全球第24位，马化腾以2 600亿元财富降至国内第三，全球第36位（见表8）。

表8 胡润2024全球富豪榜中国前十名

排名	姓名	财富（亿元人民币）	全球排名	主要财富来源	年龄	居住地
1 -	钟睒睒	4 500	21	养生堂	70	杭州
2 ↑	黄峥	3 850	24	拼多多	44	上海
3 ↓	马化腾	2 500	36	腾讯	53	深圳
4 ↓	张一鸣	2 450	40	字节跳动	41	新加坡
5	丁磊	2 100	43	网易	53	杭州
6 ↑	何享健家族	2 000	46	美的	82	佛山
6 ↓	李嘉诚、李泽钜父子	2 000	46	长江实业	96、60	香港
8	李兆基	1 650	65	恒基兆业	96	香港
8 ↓	曾毓群	1 650	65	宁德时代	56	宁德
10 ↑	李书福家族	1 600	74	吉利	61	杭州

注：↑对比去年排名上升，↓对比去年排名下降，-排名保持不变，*对比去年新进入前十名。

全球富豪行业分布。金融服务、消费品、食品饮料是全球十亿美金企业家人数最多的前三大行业，其中食品饮料行业和房地产行业首富依然来自中国，分别是钟睒睒和李兆基（见表9）。

表9 胡润《2024全球富豪榜》全球富豪行业分布

单位：%

排名	行业	占总人数比例	比例变化	首富	公司
1 ↑	金融服务	10.1	15.4	迈克尔·布隆伯格	彭博
2 ↓	消费品	8.0	-8.7	伯纳德·阿诺特	酩悦·轩尼诗·路易威登
3 ↑	食品饮料	7.3	1.7	钟睒睒	养生堂
3 ↑	房地产	7.5	1.7	李兆基	恒基兆业
5 ↓	零售	7.1	-0.4	杰夫·贝佐斯	亚马逊
6 ↑	传媒与娱乐	7.0	5.0	马克·扎克伯格	Meta

169

续表

排名	行业	占总人数比例	比例变化	首富	公司
7↓	医疗健康	6.9	-14.1	Thomas Frist Jr 家族	HCA Healthcare
8↑	投资	6.4	30.4	沃伦·巴菲特	伯克希尔·哈撒韦
9↓	软件与服务	5.9	5.5	拉里·埃里森	甲骨文
10↓	工业产品	4.9	-7.5	滝崎武光家族	基恩士

注：↑对比去年排名上升，↓对比去年排名下降，*对比去年新进入前十名。

三、2024年瑞银亿万富豪报告

2024年12月5日，瑞银发布了《2024年亿万富豪报告》，对过去十年来全球亿万富豪财富的增长情况做了回顾。报告指出，2015—2024年，全球亿万富豪的财富总额从6.3万亿美元增至14万亿美元，增长121%，亿万富豪人数从1 757人增至2 628人，上榜门槛保持在10亿美元。

按区域分，2024年亚太区亿万富豪的数量为981名，位列世界第一多，较上一年（1 019人）有所减少，占全球亿万富豪总数的37%。美洲地区富豪数量973名，位列第二。2015—2020年，中国亿万富豪财富从8 873亿美元增至2.1万亿美元，2021年下降至1.8万亿美元。

从行业看，2015—2024年，金融服务业财富增长最快，其次是科技企业。科技企业的大批量崛起催生出新的顶级富豪阶层，该行业亿万富豪的财富从2015年的7 889亿美元增加到2024年的2.4万亿美元。财富增速第三的行业是工业，工业亿万富豪财富从2015年的4 804美元增加到2024年的1.3万亿美元。

中美富豪财富总量对比。2024年，中国大陆和中国香港亿万富豪的财富下跌16.8%至1.8万亿美元。美国亿万富豪财富增至5.8万亿美元，占全球财富总量的40%。

第十一章　民企公益慈善

——矢志不渝投入，社会责任提升

党的十九大以来，许多民营企业家都以一己之力，持续担纲起社会责任，为公益慈善事业挺身而出，投入教育、医疗、扶贫、抢险救灾等各类社会公益领域，他们的精神值得称许。2017—2024 年，胡润中国慈善榜上榜门槛由 1 500 万元提高到 1 亿元，平均捐赠额从 2 亿元提高到 4.4 亿元，年均增长 15.7%，第 1 名捐赠额年均增长 8.5%。2024 年公益时报统计的榜单中，民营企业慈善捐款企业数量达到 920 家，占上榜企业总数的 67.2%；合计捐赠约 163 亿元，占上榜企业捐赠总额的 65%。而在 2023 年榜单中，民营企业共有 892 家，占上榜企业总数的 65.4%；合计捐赠超 101 亿元，占上榜企业捐赠总额的 50.6%。

慈善事业是衡量社会文明程度的关键因素之一，而慈善捐赠则是评估一个国家慈善事业发展水平的重要标准。自改革开放以来，随着我国市场经济的蓬勃发展，民间财富不断积累，越来越多的人的慈善意识被唤醒，纷纷投身于慈善事业。通过慈善捐赠来支持慈善事业，已成为高净值人群和有责任感企业的共同选择，也是充分发挥公益慈善在第三次分配中作用的关键路径。

一、胡润慈善榜

党的十九大以来，民营企业慈善捐赠起伏变化。2017—2024 年，上榜门槛由 1 500 万元提高到 1 亿元，平均捐赠额从 1.6 亿元提高到 4.4 亿元，年均增长15.7%，第1名捐赠额年均增长8.5%，最高纪录为京东刘强东在2022年捐赠的149亿元。2023年、2024年慈善捐赠热度有所回落，平均捐赠额、第一名捐赠额、捐赠总额连续下降（见表1）。

表1　2017—2024年《胡润慈善榜》上榜人数及捐款情况

单位：人，万元

年份	上榜人数	上榜门槛	平均捐赠额	第1名捐赠额	第1名捐赠人
2017	100	1 500	15 963	300 000	徐冠巨家族
2018	100	1 600	21 793	746 000	何享健
2019	114	2 000	20 000	496 000	鲁伟鼎
2020	15	10 000	84 900	280 000	许家印
2021	39	10 000	83 000	1 200 000	黄峥
2022	49	10 000	148 571	1 490 000	刘强东
2023	34	10 000	56 176	590 000	杨国强、杨惠妍父女
2024	23	10 000	44 300	530 000	虞仁荣
2017—2024年年均增长率（%）	—	—	15.7	8.5	

注：1.数据出自胡润研究院（本章同）；2.2023年、2024年平均捐赠额为本院根据胡润研究院披露数据估算，2019年起包括港澳台慈善家，2005—2008年捐赠额为2003年起的累计捐赠额。

胡润慈善榜开榜以来，部分慈善企业家的累计捐赠额不完全统计。据胡润研究院披露，截至2024年，在世慈善企业家中，历年捐赠超过5亿元的有88人。其中，长江实业李嘉诚历年捐赠额超过200亿元；世纪金源黄如论、黄涛家族连续21次登上胡润慈善榜，历年捐赠额超过100亿元；邵逸夫历年捐赠超过100亿元；小米集团雷军历年捐赠额超过150亿元；福耀玻璃曹德旺的河仁基金会出资100亿元创办的福耀科技大学已建设完成；何享健投入100亿元捐建的非营利性和祐国际医院已正式运营；2024年首善韦尔股份虞仁荣历年捐赠额累计超过60亿元；碧桂园杨国强累计为扶贫捐款超过40亿元；宝丰能源党彦宝历年捐赠额超过30亿元；段永平历年经核实的累计捐赠近10亿元。

2024年胡润慈善榜，捐赠规模和人数继续下降。2024年11月12日，胡润研究院发布《2024胡润慈善榜》，统计范围是2023年9月1日至2024年8月31日期间的现金和股权捐赠、有法律效力的承诺捐赠，以及2024年8月31日至发布日期间的1亿元以上的大额捐赠。捐赠总额为102亿元，较去年减少89亿元，上榜人数从去年的34人下降至23人，上榜门槛连续四年保持在1亿元。

2024年韦尔股份虞仁荣捐赠53亿元位列第一，用于教育，他是胡润慈善榜上的第一位来自AI相关领域的首善企业家，他计划投资300亿元在宁波成立理工类的新型研究型大学"东方理工大学"。榜单第二名的雷军以个人名义向母校武汉大学捐赠现金13亿元，聚焦支持六大学科基础研究和计算机领域科技创新等。党彦宝以个人名义向宁夏燕宝慈善基金会捐赠现金6亿元，主要捐赠方向为教育，位列第三。邵根伙捐赠1.9亿元，位列第八，包括以大北农集团名义与西北农林科技大学合作设立西北农林科技大学大北农教育基金，他个人向教育基金捐赠6 000万元，邵根伙历年捐赠额超过10亿元。关杰初、吴绮兰夫妇捐赠1.8亿元，位列第九，他们以夫妻名义在广东省鹤山市2024年"6·30"助力乡村振兴活动上认捐近1.7亿元，夫妇俩的历年捐赠额超过7亿元（见表2）。

表2　2024胡润慈善榜前十名慈善家

单位：亿元

排名	姓名	捐赠额	主要捐赠方向	公司	年龄	主要行业
1↑	虞仁荣	53	教育	韦尔股份	58	半导体
2*	雷军	13	教育	小米	55	智能硬件与技术、投资
3↑	党彦宝	6	教育	宝丰	51	煤化工
4*	倪永培	5.3	社会公益	迎驾集团	72	白酒
5*	叶澄海家族	2.2	教育、社会公益	信立泰	81	医药
6*	杨元庆	2	教育	联想	60	计算机服务、投资

续表

排名	姓名	捐赠额	主要捐赠方向	公司	年龄	主要行业
6↑	张一鸣、梁汝波	2	教育	字节跳动	41，41	社交媒体
8*	邵根伙	1.9	教育	大北农	59	饲料、种业
9↑	关杰初、吴绮兰夫妇	1.8	教育、乡村振兴	源林投资	56	投资
10*	李嘉诚	1.6	教育、医疗	长江实业	96	投资

注：* 表示对比去年新上榜，↑表示对比去年排名上升，↓表示对比去年排名下降，－表示对比去年排名不变。

前三大捐赠领域。教育领域继续保持第一大捐赠领域，捐赠人数占比上升至70%，社会公益领域跃居第二，占19%，医疗领域位居第三，占7%（见表3）。教育领域，首善虞仁荣2024年内三次向宁波东方理工大学教育基金会合计捐赠韦尔股份共5 000万股股票，折合人民币53亿元；雷军向母校武汉大学捐赠13亿元；杨元庆向母校中国科大教育基金会捐赠2亿元；张一鸣、梁汝波向母校南开大学联合捐赠2亿元等。社会公益领域，倪永培的迎驾集团向安徽省六安市迎驾慈善基金会捐赠1 950万股迎驾贡酒股票，折合人民币12.6亿元，换算至个人捐赠金额为5.3亿元。医疗领域，蔡磊捐赠1亿元用于支持渐冻症的基础研究。

表3　历年《胡润慈善榜》主要捐赠方向所占比例（人数）

	2024年	2023年	2022年	2021年	2020年	2019年	2018年	2017年	2016年	2015年
教育	70%	58%	66%	39%	31%	35%	41%	44%	46%	44%
医疗	7%	—	—	—	27%	17%	—	—	—	—
社会公益	19%	19%	—	—	—	16%	18%	20%	20%	26%
扶贫	—	—	—	24%	11%	29%	18%	17%	11%	9%
赈灾	—	—	28%	—	—	—	4%	3%	3%	5%
乡村振兴	—	12%	21%	—	—	—	—	—	—	—
其他	—	—	—	—	—	—	19%	16%	19%	17%

二、福布斯 2024 年《亚洲慈善英雄榜》

2024年12月7日,《福布斯》公布第十八届《亚洲慈善英雄榜》,共有15位(对)来自亚洲及大洋洲的慈善企业家上榜,其中4人来自中国,比去年增加1位(见表4)。

表4　福布斯 2024 年《亚洲慈善英雄榜》

国家/地区	姓名	职务	年龄
印度	阿比舍克·洛达 Abhishek Lodha	Macrotech Developers 首席执行官兼董事总经理	45
中国大陆	雷军 Lei Jun	小米集团 联合创始人、董事长兼首席执行官	54
澳大利亚	梅兰妮·珀金斯 Melanie Perkins	Canva 首席执行官	37
澳大利亚	克利夫·奥布雷希特 Cliff Obrecht	Canva 首席运营官	38
日本	柳井正 Tadashi Yanai	迅销公司 董事长、总裁兼首席执行官	75
澳大利亚	安德鲁·弗雷斯特 Andrew Forrest	FMG集团 创始人兼执行主席	63
澳大利亚	妮可拉·弗雷斯特 Nicola Forrest	Minderoo基金会 联合创始人	63
中国香港	李嘉诚 Li Ka-shing	长江实业集团有限公司、长江和记实业有限公司高级顾问	96
印度	萨米尔·梅塔 Samir Mehta	Torrent Group 董事长	61
印度	苏迪尔·梅塔 Sudhir Mehta	Torrent Group 名誉董事长	70
新加坡	爱德华多·萨维林 Eduardo Saverin	Meta Platforms 联合创始人、B Capital 联合创始人兼联席首席执行官	42
新加坡	伊莱恩·萨维林 Elaine Saverin	伊莱恩及爱德华多·萨维林基金会 联合创始人兼董事	40
新西兰	马克·杜纳伊奇克 Mark Dunajtschik	房地产开发商兼投资人	89
中国香港	周凯旋 Solina Chau	维港投资联合创始人	63
中国台湾	蔡明忠 Daniel Tsai	富邦金控董事	68
韩国	金秉奏 Michael Kim	安博凯投资联合创始人	61
菲律宾	曼努埃尔·维拉 Manuel Villar	Vista Land & Lifescapes 董事长	74

国家/地区	姓名	职务	年龄
新西兰	利兹·格里夫 Liz Greive	Share My Super 创始人	72
印度	拉姆迪奥·阿格拉瓦 Raamdeo Agrawal	Motilal Oswal Financial Services 董事长兼联合创始人	68
印度	莫蒂拉尔·奥斯瓦尔 Motilal Oswal	Motilal Oswal Financial Services 董事总经理兼首席执行官	62

来源：福布斯中国官方网站。

中国的上榜企业家包括：小米集团联合创始人雷军（位列第2），他为庆祝母校武汉大学建校130周年捐赠13亿元，用于数学、物理和计算机科学领域的研究和大学生培养；长江实业集团创始人李嘉诚（位列第6），李嘉诚在去年也上榜，持续投入医疗方向，2024年，李嘉诚基金会向美国斯坦福大学的一个项目捐赠1 500万美元，旨在培养健康科学及技术领域的创业者，以及支持免疫相关疾病和神经遗传性疾病的治疗方法研究；捐赠1 100万英镑重建剑桥大学早期癌症研究所的大楼和配备设施，以及向香港大学和香港中文大学各捐赠一台治疗肝癌的设备，为这些设备以及20名患者的治疗费用和医护人员培训投入600万美元等。维港投资联合创始人周凯旋（位列第10），1996年创立周凯旋基金会，累计捐赠超过15亿港元，主要支持女性教育和医疗事业。2024年，周凯旋基金会向超过1.8万名高中女生发放了每人3 300港元（424美元）的现金补助，帮助她们支付明年的大学入学考试费用，并承诺再投入6 000万港元。富邦金控董事蔡明忠（位列第11），为其母校美国乔治城大学法学院捐赠3 000万美元，成为该校有史以来收到的最大一笔捐款，将用于建造一座以蔡明忠的名字命名的耗资1亿美元的法律中心。

三、《公益时报》2024中国慈善榜

2024年7月16日，《公益时报》社发布第二十一届（2024）中国慈善榜。对2023年年度实际到账捐赠额100万元以上的个人和企业为数据采

集样本，主要对政府部门发布的捐赠数据、捐赠方提供的数据、公益机构接受捐赠数据、上市公司年报公布数据、媒体公开报道的捐赠数据以及《公益时报》的公益档案数据，通过不同渠道的数据对比以及详尽调查核实后进行统计。

2024年上榜慈善企业家捐赠额明显增长。上榜企业共1 370家，比去年有所增长，连续四年超过1 000家，企业捐赠额250.7亿元，增长24.9%。上榜亿元企业家捐赠额和占比大幅提升。2024年榜单显示，捐赠额在100万元至1 000万元的慈善企业家数量最多，共有80位，占上榜慈善家总数的35.4%；捐赠额在亿元及以上的慈善企业家家共20位，比去年减少3位，合计捐赠金额为93.3亿元，约占上榜慈善家捐赠总额的81.9%；捐赠额在1亿元及以上的企业共55家，合计捐赠金额为132.5亿元，占上榜企业捐赠总额的52.85%。

民营企业不负众望，继续担纲大额捐赠的主力军。2024年榜单中，民营企业数量为920家，占上榜企业总数的67.2%；合计捐赠约163亿元，占上榜企业捐赠总额的65%。在2023年榜单中，民营企业共有892家，占上榜企业总数的65.4%；合计捐赠超101亿元，占上榜企业捐赠总额的50.6%。2024年部分企业家和企业捐赠包括：首善何享健，年度捐赠30亿元；雷军年度捐赠13亿元；段永平年度捐赠10亿元；曹德旺年度捐赠9.4亿元；党彦宝年度捐赠6亿元；王锦华年度捐赠2亿元；杨元庆年度捐赠2亿元；张一鸣年度捐赠2亿元；赵焱年度捐赠1.8亿元；杨受成及杨政龙捐赠7 500多万元；蚂蚁集团年度上榜捐赠金额超过8亿元。尤其是一些民营企业家为慈善事业二十多年持续付出，令人感佩。世纪金源的黄如论、黄涛家族2024年捐赠1.33亿元，连续21次上榜，他们的各类慈善捐赠金额总计达71.2亿元，平均每年捐赠2.4亿元，投入精准扶贫、救灾济困、教育助学等领域。

教育、助学、体育教育是捐赠投入最多的领域，占上榜慈善家捐赠总额的53.3%，占上榜总人数的75%，20位亿元级慈善企业家中有17位慈善家的捐赠流向了教育及相关领域，涉及资金超60亿元。

四、中国最透明慈善公益基金会排行榜

2024年12月9日，界面新闻发布《2024年度透明慈善公益基金会榜单》，共有50家基金会上榜，这50家基金由界面新闻从民政部《2023年民政事业发展统计公报》披露的全国9 617个基金会中选出2023年度慈善活动支出最高的100家来进行评比，从基本信息披露、筹款信息披露、项目执行信息披露、财务信息披露、日常披露、披露渠道、披露频次等方面，共计43个指标进行衡量，以及从官方网站、微博等自有平台的易用性和更新频率等多方位评估中选出50家上榜的基金会。50家上榜基金会捐款总收入134亿元，增长7.2%，用于慈善活动的总支出达139亿元，增长4.5%。

公募基金依旧是慈善基金的主力。榜单中，公募基金会39家、非公募基金会11家，39家公募基金会2023年捐款收入总额和慈善活动支出分别为113亿元和118亿元，分别占84%、85%；11家非公募基金会2023年捐款收入总额、慈善活动支出分别为21亿元、21亿元，分别占16%、15%。

今年榜单上最高分为99分，上榜门槛为88分，平均得分为94分。中国妇女发展基金会、中国红十字基金会、中国人口福利基金会以及中国社会福利基金会均以99分并列榜首；浙江省新华爱心教育基金会和中国光华科技基金会则以98分的成绩并列第五。

专论与调研（一）

中国上市公司的比较优势到底如何
——上市公司在全国经济中的地位及与规上企业经营状况比较

上市公司在全国经济中的地位：增加值约占全国 GDP 的 15%、总市值大约相当于全国 GDP 的 62%、税收约占全国的 25%、从业人数约占城镇就业的 6.4%、员工平均工资约是城镇从业人员的 3 倍。

上市公司与全国规上大型企业经营状况比较：上市公司数量大约相当于全国规上大型企业的 23%、从业人数大约相当于后者的 73%、营业收入大约相当于后者的 77%、净利润大约相当于后者的 82%、营收净利润率和人均营业收入与后者基本相当。

中国目前有上市公司 5 000 多家，占全国法人企业（约 3 700 万家）的十万分之一多，占全国规模以上企业（约 114 万家）的千分之四多；占全国规模以上大型企业（约 2.3 万家）的 1/5 多。

从一般意义上讲，经过层层把关、全面审核、精挑细选、全方位监督的 5 000 多家上市公司，是我国企业的优秀代表，是行业经济发展的领头羊，是区域经济发展的稀缺资源，是中国企业参与国际市场竞争的排头兵，是中国经济的"精华"与"核心"。

但是，上市公司在全国经济中的地位与作用到底如何？上市公司与全国规模以上企业，特别是大型企业的经营状况之比较又如何？这是社会非常关心，但又很难得以明确、具体知道的事情。近年来，中国上市公司协会和上交所、深交所分别披露了部分数据。我们收集整理了非常有限的数据，并将其与全国数据进行了简要比较分析。从中可以看到，中国上市公司总体比较优势明显，但其效率与效益离国家和社会期望差距较大。以下数据比较仅供参考，敬请批评指正。

一、上市公司在全国经济中的地位作用

以下是上市公司的整体数据与全国经济宏观数据的简要比较。

1. 上市公司的整体经济贡献：增加值占全国 GDP 的 15.5%，总市值相当于 GDP 的 61.7%。

上市公司增加值占全国 GDP 比重是衡量上市公司在国民经济中的地位作用的重要指标，上市公司总市值相当于全国 GDP 的比例是衡量上市公司市场价值在国民经济中的分量的主要指标，这两项指标都是反映一国经济的市场化、资本化、证券化的重要指标。

根据中国上市公司协会近年公布的上市公司经营状况年度报告，2022 年和 2023 年，中国上市公司增加值分别为 18.23 万亿元和 19.49 万亿元，分别增长 4.9% 和 3.78%，分别占当年全国 GDP 的 15.1% 和 15.46%。

2021 年、2022 年和 2023 年，中国上市公司总市值分别为 96.53 万亿元、79.02 万亿元和 77.74 万亿元，分别为增长 13.96%、下降 18.1% 和下降 1.4%，总市值分别占当年全国 GDP 的 84.4%、65.83% 和 61.7%。

总体来看，上市公司增加值增长与全国 GDP 增长基本同步，占比基本没变；但其总市值相当于 GDP 的比例显著下降，下降了 22.7 个百分点。这反映了近两年中国股票市场的整体低迷（见表 1）。

表 1 上市公司增加值、总市值与全国 GDP 比较

单位：万亿元，%

	2021 年	增长	2022 年	增长	2023 年	增长
全国 GDP	114.92	13.38	120.47	4.83	126.06	4.64
上市公司增加值			18.23	4.9	19.49	3.78

续表

	2021年	增长	2022年	增长	2023年	增长
上市公司增加值/全国GDP			15.1		15.46	
非金融上市公司增加值					14.25	
非金增加值/全国GDP					11.3	
上市公司总市值	96.53	13.96	79.02	−18.1	77.74	−1.4
总市值/全国GDP	84.4		65.83		61.7	
沪深上市公司市值	91.6	14.9	78.8	−14	77.3	−2.1
沪深公司市值/全国GDP	79.7		65.4		61.3	

注：上市公司数据来源于中国上市公司协会报告，GDP等数据来源于国家统计局（以下各表相同）；部分增长率和占比为作者计算。

2. 上市公司税收贡献：占全国税收的25.51%。

上市公司的税收占比是衡量上市公司对国家的贡献的重要指标。2021—2023年，上市公司的税收分别为4.04万亿元、4.79万亿元和4.62万亿元，占全国税收的比重分别为23.41%、28.75%和25.51%，三年平均占比超过了1/4。总体来看，上市公司税收在全国税收中的占比高于其增加值在全国GDP中的占比（见表2）。

表2 上市公司税收与全国税收比较

单位：万亿元，%

	2021年	增长	2022年	增长	2023年	增长
全国税收	17.26	11.9	16.66	−3.5	18.11	8.7
上市公司税收	4.04		4.79	18.56	4.62	−3.55
上市公司税收/全国税收	23.41		28.75		25.51	

注：税收数据来源于上市公司协会的年度报告，税收数据来源于财政部，占比为作者计算。

3. 上市公司就业贡献：占城镇就业的6.4%、占规上企业就业的22.7%。

2021—2023年，上市公司就业人数分别为2 793.3万人、2 940.3万人和2 993.9万人，分别占全国城镇就业人数的6%、6.4%和6.4%，分别占全国规上企业就业人数的21.9%、22.5%和22.7%，分别占全国大型规上企业就业人数的 68.1%、70.1% 和 73.2%。由于 90% 以上的上市公司，其经营规模和就业规模都已经达到了大型企业规模，后一组数据概略地反映，中国大型企业从业人员中的 70% 以上在上市公司就业（见表 3）。

表 3　上市公司就业人数与全国城镇就业人数比较

单位：万人，%

	2021 年	增长	2022 年	增长	2023 年	增长
全国城镇就业人数	46 773	2.26	45 931	-1.8	47 032	2.4
规上企业就业人数	12 779	3.5	13 076	2.3	13 182	0.8
规上企业/城镇就业人数	27.3		28.5		28	
大型规上企业就业人数	4104	1	4 195	2.2	4 088	-2.6
大型规上/城镇就业人数	8.8		9.1		8.7	
上市公司员工数	2 793.3		2 940.3	5.26	2 993.9	1.82
上市公司/规上企业就业人数	21.9		22.5		22.7	
上市公司/大型规上就业人数	68.1		70.1		73.2	

注：上市公司数据源于上市公司协会的报告，其余数据源于国家统计局，占比为作者计算。

4. 上市公司员工工资：约为城镇员工工资 3 倍。

2022 年，全国城镇非私营单位就业人员平均工资为 11.4 万元，上市公司员工平均工资为 21.22 万元，上市公司的工资水平是城镇非私营单位从业人员的近 2 倍。如果将城镇私营单位从业人员工资（大约为非私营单位工资的 60%）纳入计算，上市公司员工平均工资可能是全国城镇就业人员工资的近 3 倍（见表 4）。

表 4　上市公司员工工资与全国城镇员工工资比较

单位：万元，万亿元，%

	2021 年	增长	2022 年	增长	2023 年	增长
城镇员工人均工资（万元）	10.68	9.7	11.4	6.74	12.1	5.8
上市公司员工工资（万元）	20.48		21.22	3.61		
上市公司/城镇员工	191.8		186.1			
上市公司员工总薪酬（万亿元）	5.72		6.24			

注：城镇员工工资源于国家统计局，上市公司员工工资源于上市公司协会，占比为作者计算。

二、上市公司与全国规上企业经营状况比较

中国 5 000 多家上市公司中，2023 年销售收入低于 4 亿元的有 600 多家，低于 3 亿元的公司有 400 多家，低于 2 亿元的公司大约有 200 家，低于 1 亿元的大约有 40 家，其余近 90% 的上市公司营业收入均超过 4 亿元，都达到了大型企业的销售收入标准。因此，可以将上市公司总体上视为都是规模以上的大中型企业，而且主要是大型企业。因此，将上市公司经济数据与规模以上大中型企业，特别是大型企业进行比较，具有很大的可比性。当然，需要注意的是，上市公司中包括了金融类公司，而规模以上企业都是非金融类企业，二者也有不可比的方面。由于上市公司中的金融类与非金融类公司的分类数据不全，只能主要将全部上市公司与全部规模以上企业进行比较，即便如此，这也具有很大的参考意义。

1.上市公司数量占全国规上企业的 0.47%、占规上大型企业的 23.1%。

2023 年，全国上市公司 5 346 家，占全国规模以上企业 114 万家的 0.47%、占全国规上大中型企业 16.2 万家的 3.3%、占全国规上大型企业 2.3 万家的 23.1%；其中非金融类上市公司 4 924 家，占规上大型企业 2.3 万家的 21.3%（见表 5）。

表 5　上市公司经营状况与全国规上企业经营状况比较

单位：万家，%

	2021 年	增长	2022 年	增长	2023 年	增长
全国规上企业数量（万家）	91.73	10.1	102.99	12.3	114.05	10.7
大中型规上企业	15.2	0.7	16.2	6.9	16.2	6.2
大型规上企业	2.19	−0.6	2.36	7.8	2.31	−0.4
上市公司数量（家）	4 682		5 079	8.48	5 346	5.26
沪深上市公司（A）数量	4 529		4 831		5 022	
上市公司/规上企业	0.51		0.49		0.47	
上市公司/规上大中企业	3.1		3.0		3.3	
上市公司/大型规上企业	21.4		21.5		23.1	

续表

	2021年	增长	2022年	增长	2023年	增长
非金上市公司数量（家）					4 924	
非金公司/大型规上企业					21.3	

2. 上市公司营业收入相当于全国规上企业的 26.1% 和规上大型企业的 76.9%。

2023 年，上市公司营业收入 72.69 万亿元，相当于全国规上企业营业收入 278.7 万亿元的 26.1%、规上大中型企业营业收入 171.4 万亿元的 42.4% 和规上大型企业营业收入 94.57 万亿元的 76.86%。数据表明，三年来上市公司营业收入在全国规上企业中的比重基本稳定。其中，更具可比性的是非金融类上市公司，其 2023 年的营业收入为 63.6 万亿元，占规上大型企业营业收入的 67.3%。这个数据反映，上市公司营收占据了中国大型企业的 2/3（见表 6）。

表 6 上市公司营收与全国规上企业营收比较

单位：万亿元，%

	2021年	增长	2022年	增长	2023年	增长
全国规上企业营收	249.6	24.1	270.9	8.5	278.7	2.9
规上大中型企业营收	156.5	20.3	169.1	8.0	171.4	1.4
规上大型企业营收	84.98	17.3	91.95	8.2	94.57	2.8
上市公司营收	64.97	19.81	71.53	7.2	72.69	0.86
上市公司营收/规上企业营收	26.0		26.4		26.1	
上市公司营收/规上大中型企业营收	41.5		42.3		42.4	
上市公司营收/大型规上企业营收	76.45		77.79		76.86	
非金上市公司营收			61.68		63.6	2.18
非金上市公司营收/大型规上企业营收			67.1		67.3	
金融类上市公司营收			9.85	-1.9	9.15	

3. 上市公司净利润相当于全国规上企业利润的42%、全国规上大型企业的82%。

本报告中上市公司的利润数据为净利润，即扣除了所得税后的利润，规上企业利润为包含了所得税的利润，二者不完全可比，但可以进行参考性比较。2023年，上市公司净利润为5.71万亿元，相当于全国规上企业利润总额13.74万亿元的41.6%、规上大型企业利润总额6.94万亿元的82.3%。其中，更具可比性的是，非金融类上市公司2023年的净利润为3.22万亿元，相当于规上大型企业利润总额的46.4%。需要特别指出的是，如果扣除规上企业的所得税，上市公司占规上企业、特别是占规上大型企业利润的比重更高，可能再高约10个百分点。这些数据反映，中国企业的利润近一半为上市公司创造；而上市公司净利润，40%以上为金融类上市公司创造（见表7）。

表7 上市公司利润与全国规上企业利润比较

单位：万亿元，%

	2021年	增长	2022年	增长	2023年	增长
全国规上企业利润	13.36	29.3	13.34	-0.2	13.74	3
大型规上企业利润	6.37	31.8	6.69	5.1	6.94	3.6
上市公司净利润	5.3	19.56	5.63	0.8	5.71	-1.57
上市公司净利/规上企业利润	39.7		42.2		41.6	
上市公司净利/大型企业利润	83.2		84.2		82.3	
非金上市公司净利润			3.18		3.22	
非金净利/大型企业利润			47.5		46.4	
金融类公司净利润			2.45	0.9	2.49	

4. 非金融类上市公司营收净利润率为5.1%，全国规上大型企业利润率为7.3%。

2023年，全国上市公司营收净利润率为7.8%，其中非金融类上市公司营收净利润率为5.1%；同期，全国规上企业的营收利润率为4.9%，其中规上大型企业营收利润率为7.3%。从非金融类上市公司与规上大型企业的可比性上看，若扣除规上大型企业利润中的所得税，非金融类上市公司的营收净利润率可能低于规上大型企业净利润率（见表8）。

表8 上市公司营收利润率与全国规上企业营收利润率比较

单位：%

	2021年	增长	2022年	增长	2023年	增长
全国规上企业营收利润率	5.4		4.9		4.9	
大型规上企业营收利润率	7.5		7.3		7.3	
上市公司营收净利润率	8.2		7.9		7.8	
非金融类上市公司营收净利润率			5.2		5.1	

5. 上市公司和规上大型企业的劳动生产率（人均营业收入）分别为243万元和231万元。

2023年，上市公司的人均营业收入为243万元，全国规上大型企业的人均营业收入为231万元，二者相差无几（见表9）。

表9 上市公司劳动生产率与全国规上企业劳动生产率比较

单位：万元，%

	2021年	增长	2022年	增长	2023年	增长
规上企业人均营业收入	195		207	6.2	211	2.0
大型规上企业人均营业收入	207		219	5.6	231	5.5
上市公司人均营业收入	236.9		243	2.6	243	1.57
上市公司人均增加值			62.1		64.4	3.2

2021—2023年上市公司与全国规上企业经济数据比较如表10所示。

表10 上市公司与全国规上企业经济数据比较（总表）

单位：万亿元，家，万人，%

	2021年	增长	2022年	增长	2023年	增长
全国GDP（万亿元）	114.92	13.38	120.47	4.83	126.06	4.64
上市公司增加值			18.23	4.9	19.49	6.9

续表

	2021年	增长	2022年	增长	2023年	增长
增加值/全国GDP			15.1		15.46	
非金融上市公司增加值					14.25	
非金增加值/全国GDP					11.3	
上市公司总市值	96.53		79.02			
总市值/全国GDP	84.4		65.83			
沪深上市公司市值	91.6	14.9	78.8	−14	77.3	−2.1
全国税收（万亿元）	17.26	11.9	16.66	−3.5	18.11	8.7
上市公司税收	4.04		4.79	18.56	4.62	−3.55
上市公司税收/全国税收	23.41		28.7		25.5	
非金上市公司税收						
非金公司税收/全国税收						
全国规上企业数量（万家）	91.73	10.1	102.99	12.3	114.05	10.7
大型规上企业	2.19	−0.6	2.36	7.8	2.31	−1.9
上市公司数量（家）	4 682		5 079	8.48	5 346	5.26
上市公司/规上企业	0.51		0.49		0.47	
沪深上市公司（A）数量	4 529		4 831		5 022	
上市公司/大型规上	21.4		21.5		23.1	
非金上市公司数量（家）						
非金公司/大型规上						
全国规上企业营收（万亿元）	249.6	24.1	270.9	8.5	278.7	2.9
大型规上企业营收	84.98	17.3	91.95	8.2	94.57	2.8
上市公司营收	64.97	19.81	71.53	7.2	72.69	0.86
上市营收/大型规上营收	76.45		77.79		76.86	
非金上市公司营收			61.68		63.6	2.18
非金上市营收/大型规上营收			67.1		67.3	
金融类上市公司营收			9.85	−1.9		
全国规上企业利润（万亿元）	13.36	29.3	13.34	−0.2	13.74	3
大型规上企业利润	6.37	31.8	6.69	5.1	6.94	3.6
上市公司净利润	5.3	19.56	5.63	0.8	5.71	−1.57
市公司净利/大型企业利润	39.6		42.3		41.7	
非金上市公司净利润			3.18		3.22	

续表

	2021年	增长	2022年	增长	2023年	增长
非金净利/大型企业利润			47.5		46.4	
金融类公司净利润			2.45	0.9		
全国城镇劳动生产率（万元）						
规上企业劳动生产率	195		207		211	
大型规上企业	207		219		231	
上市公司			243		243	1.57
上市公司/大型规上						
城镇员工人均工资（万元）	10.68		11.4	6.74		
上市公司员工工资	20.48		21.22	3.61		
上市公司/城镇员工	191.8		186.1			
上市公司员工总薪酬（万亿元）	5.72		6.24			
规上企业员工平均工资			9.25		9.81	6.1
上市公司工资/规上企业工资						
全国城镇就业人数（万人）	46 773	2.26	45 931	−1.8	47 032	2.4
规上企业就业	12 779	3.5	13 076	2.3	13 182	0.8
规上企业/城镇就业	27.3		28.5		28	
大型规上企业就业	4 104	1	4 195	2.2	4 088	−2.6
大型规上/城镇就业	8.8		9.1		8.7	
上市公司员工数	2 793.3		2 940.3	5.26	2 993.9	1.82
上市公司/规上企业就业	21.9		22.5		22.7	
上市公司/大型规上就业	68.1		70.1		73.2	

专论与调研（二）

中国上市公司控股情况
——从上市公司发展统计报告看民营上市公司

中国上市公司协会分别在 2023 年 6 月和 2024 年 6 月发布了《中国上市公司 2022 年发展统计报告》《中国上市公司 2023 年发展统计报告》。报告披露了全部上市公司的控股类型，包括国有控股、自然人控股、外商控股、社团集体控股及其他共 5 类，从中可见民营上市公司（自然人控股）在数量、市值、资产、负债、营收、利润等方面的情况。[①]

一、数量：自然人控股占比 63.6%

从控股类型看，自然人控股上市公司数量最多，为 3 401 家，占比 63.6%，同比增加 0.4 个百分点。科创板、创业板和北交所三大板块中民营上市公司占比分别为 75.80%、81.10%、67.31%；国有控股上市公司数量（含中央国有控股和地方国有控股）1 409 家，占比 26.4%，同比减少 0.2 个百分点。自 2019 年以来，自然人控股上市公司数量增幅为 51.29%，高于国有控股上市公司 26.6 个百分点，社团集体控股上市公司数量增幅为 43.50%，仅次于自然人控股上市公司（见表 1）。

[①] 本文摘自《中国上市公司 2023 年发展统计报告》《中国上市公司 2022 年发展统计报告》，供读者参考。除特殊说明，均为 2023 年数据。

表1　上市公司各控股类型数量

单位：家，%

控股类型	2023年 数量	占比	2022年 数量	占比	2021年 数量	占比	2020年 数量	占比	2019年 数量	占比
国有控股	1 409	26.4	1 353	26.6	1 294	27.5	1 202	28.7	1 130	29.9
其中：中央国有控股	460	8.6	444	8.7	428	9.1	407	9.7	390	10.3
地方国有控股	949	17.8	909	17.9	866	18.4	795	19.0	740	19.6
社团集体控股	320	6.0	313	6.2	285	6.1	257	6.1	223	5.9
自然人控股	3 401	63.6	3 210	63.2	2 917	62.1	2 543	60.6	2 248	59.5
外商控股	187	3.5	176	3.5	164	3.5	156	3.7	139	3.7
其他	29	0.5	27	0.5	37	0.8	37	0.9	37	1.0
总计	5 346	100.0	5 079	100.0	4 697	100.0	4 195	100.0	3 777	100.0

二、市值：自然人控股占比40.7%

国有控股上市公司总市值36.15万亿元，同比增长1.82%。其中，中央国有控股上市公司总市值19.87万亿元，同比增长8.18%。自然人控股上市公司总市值31.61亿元，同比下降6.10%。国有控股市值占比不断扩大，数量占26.36%的国有控股上市公司总市值占46.51%，万亿元以上市值的上市公司均为国有企业；千亿元市值以上的上市公司中，国有控股数量占56.44%；500亿元市值以上的上市公司中，国有控股数量占52.97%。（见表2、表3）

表2　上市公司各控股类型市值

单位：万亿元，%

控股类型	总市值	占比	同比增速
国有控股	36.15	46.5	1.82
其中：中央国有控股	19.87	25.6	8.18
地方国有控股	16.28	20.9	-4.99

续表

控股类型	总市值	占比	同比增速
社团集体控股	7.30	9.4	1.47
自然人控股	31.61	40.7	-6.10
外商控股	2.45	3.2	1.16
其他	0.23	0.3	-4.62
总计	77.74	100.0	-1.62

表3 上市公司各控股类型市值区间分布

单位：家

市值规模	国有控股	中央国有控股	地方国有控股	社团集体控股	自然人控股	外商控股	其他	总计
万亿元以上	4	3	1	0	0	0	0	4
1000亿~10 000亿元	53	35	18	16	27	1	0	97
500亿~1 000亿元	68	36	32	17	44	6	0	135
100亿~500亿元	486	211	275	100	598	47	7	1 238
50亿~100亿元	360	111	249	76	854	55	11	1 356
20亿~50亿元	403	60	343	97	1 568	70	10	2 148
20亿元以下	35	4	31	14	310	8	1	368
总计	1 409	460	949	320	3 401	187	29	5 346

三、总资产：自然人控股占比6.6%

国有控股上市公司资产总额318.09万亿元，同比增长10.39%，占比75.4%。其中，中央国有控股上市公司资产总额243.45万亿元，同比增长11.30%，占比57.7%。社团集体控股与自然人控股上市公司总资产分别同比增长6.79%和6.96%。国有控股上市公司资产扩张速度高于自然人控股3.43个百分点，外商控股上市公司在资产扩张方面则更显保守（见表4）。

表 4　上市公司各控股类型总资产

单位：万亿元，%

控股类型	总资产	占比	同比增速
国有控股	318.09	75.4	10.39
其中：中央国有控股	243.45	57.7	11.30
地方国有控股	74.64	17.7	7.53
社团集体控股	73.82	17.5	6.79
自然人控股	27.99	6.6	6.96
外商控股	1.50	0.4	1.34
其他	0.20	0.0	0.49
总计	421.6	100.0	9.47

四、总负债：自然人控股占比 4.3%

国有控股上市公司总负债 269.88 万亿元，同比增长 11.00%。其中，中央国有控股上市公司总负债 209.80 万亿元，同比增长 11.93%。自然人控股与社团集体控股上市公司总负债增速低于总资产，外商控股上市公司总负债增速为负（见表 5）。

表 5　上市公司各控股类型总负债

单位：万亿元，%

控股类型	总负债	占比	同比增速
国有控股	269.88	77.0	11.00
其中：中央国有控股	209.80	59.9	11.93
地方国有控股	60.08	17.2	7.86
社团集体控股	64.61	18.4	6.69
自然人控股	14.95	4.3	6.11
外商控股	0.73	0.2	-1.38
其他	0.12	0.0	-2.44
总计	350.29	100.0	9.93

五、融资：自然人控股首发融资额占比 61.5%

自然人控股上市公司首发募资 2 191.83 亿元，占比 61.5%，高于国有控股上市公司 35.0 个百分点。国有控股上市公司定增募集资金额 2 996.6 亿元，占比 59.0%，高于自然人控股上市公司 24.4 个百分点（见表 6、表 7）。

表 6　上市公司各控股类型首发融资

单位：家，亿元，%

控股类型	公司家数	占比	募资金额	占比
国有控股	40	12.8	943.32	26.5
其中：中央国有控股	15	4.8	294.62	8.3
地方国有控股	25	8.0	648.71	18.2
社团集体控股	10	3.2	257.58	7.2
自然人控股	251	80.2	2 191.83	61.5
外商控股	12	3.8	172.66	4.8
其他	0	0.0	—	—
总计	313	100.0	3 565.39	100.0

表 7　上市公司各控股类型定向增发

单位：家，亿元，%

控股类型	公司家数	占比	募资金额	占比
国有控股	87	28.8	2 996.6	59.0
其中：中央国有控股	33	10.9	1 934.05	38.1
地方国有控股	54	17.9	1 062.55	20.9
社团集体控股	11	3.6	213.41	4.2
自然人控股	198	65.6	1 760.75	34.6
外商控股	4	1.3	98.56	1.9
其他	2	0.7	12.70	0.2
总计	302	100.0	5 082.02	100.0

六、营收利润：自然人控股营收占比 23.9%、净利润占比 15.8%

国有控股上市公司营业收入 47.37 万亿元，占比 65.2%。其中，中央国有控股上市公司营业收入 31.06 万亿元，其营收同比增速略低于地方国有控股 0.41 个百分点。自然人控股上市公司实现营业收入 17.37 万亿元，同比增长 5.90%，高于整体增速 5.04 个百分点。国有控股上市公司净利润增长 0.81%，其中，中央国有控股净利增长 2.54%。自然人控股上市公司净利润有所下滑，同比降低 11.11%。从相对指标看，中央国有控股上市公司的 ROE 水平最高，为 8.95%，除其他外，各个控股类型的 ROE 水平较上年都有下降（见表 8、表 9）。

表 8　上市公司各控股类型营收和利润

控股类型	营业收入（万亿元）	占比（%）	同比增速（%）	净利润（亿元）	占比（%）	同比增速（%）	ROE（%）	同比增减（百分点）
国有控股	47.37	65.2	0.37	40 191.56	70.4	0.81	8.62	-0.56
其中：中央国有控股	31.06	42.7	0.23	29 070.66	50.9	2.54	8.95	-0.43
地方国有控股	16.31	22.4	0.64	11 120.90	19.5	-3.46	7.87	-0.87
社团集体控股	7.05	9.7	-6.97	7 465.25	13.1	0.16	8.40	-0.62
自然人控股	17.37	23.9	5.90	9 033.41	15.8	-11.11	7.20	-1.79
外商控股	0.82	1.1	0.97	393.09	0.7	-23.12	5.22	-1.98
其他	0.09	0.1	-0.19	27.15	0.0	76.42	3.35	1.40
总计	72.70	100.0	0.86	57 110.45	100.0	-1.56	8.29	-0.81

表 9　上市公司各控股类型 2021—2023 年营收和利润

控股类型	营收（万亿元） 2023 年	2022 年	2021 年	净利润（万亿元） 2023 年	2022 年	2021 年
国有控股	47.37	46.80	43.93	4.02	3.95	3.93
其中：中央国有控股	31.06	31.00	28.72	2.91	2.91	2.82
其中：地方国有控股	16.31	15.80	15.21	1.11	1.04	1.11
社团集体控股	7.05	7.37	7.25	0.75	0.73	0.71
自然人控股	17.37	16.49	14.57	0.90	0.88	0.86
外商控股	0.82	0.75	0.72	0.04	0.06	0.07
其他	0.09	0.12	0.27	0.00	0.00	0.01
总计	72.70	71.53	66.74	5.71	5.62	5.58

七、偿债能力：自然人控股资产负债率为53.4%

除国有控股上市公司外，其他控股类型的上市公司资产负债率皆有不同程度的下降。中央国有控股上市公司资产负债率最高，为86.18%，较上年增加0.49个百分点。自然人控股上市公司的资产负债率较低，为53.43%，低于整体29.66个百分点。从流动比率看，自然人控股上市公司的流动比率较高，为141.41%，高于国有控股上市公司25.42个百分点。社团集体控股上市公司与外商控股上市公司的流动比率较上年有所上升，分别增加2.52个与3.74个百分点（见表10）。

表10 上市公司各控股类型偿债能力

单位：%

控股类型	资产负债率	同比增减	流动比率	同比增减
国有控股	84.84	0.46	115.99	−1.33
其中：中央国有控股	86.18	0.49	110.14	−1.55
地方国有控股	80.49	0.24	126.52	−0.67
社团集体控股	87.52	−0.09	132.10	2.52
自然人控股	53.43	−0.43	141.41	−1.11
外商控股	48.87	−1.35	154.09	3.74
其他	59.00	−1.77	127.19	−0.71
总计	83.09	0.35	124.38	−1.04

八、营运能力：自然人控股总资产周转率为0.64

国有控股上市公司的总资产周转率为0.16次，其中，中央国有控股上市公司周转率偏低，为0.13次，净现比较高，为2.87。自然人控股上市公司的周转率最高，为0.64次；净现比最低，为2.09。各控股类型上市公司周转率较上年都有所下降，净现比中除社团集体控股上市公司和其他类型控股的上市公司外，都有所增加（见表11）。

表 11　上市公司各控股类型营运能力

控股类型	总资产周转率（次）	同比增减（次）	净现比	同比增减
国有控股	0.16	−0.02	2.75	0.27
其中：中央国有控股	0.13	−0.01	2.87	0.12
地方国有控股	0.23	−0.02	2.43	0.62
社团集体控股	0.10	−0.02	2.81	−0.87
自然人控股	0.64	−0.02	2.09	0.51
外商控股	0.55	−0.02	2.83	0.97
其他	0.43	−0.01	4.67	−0.05
总计	0.18	−0.02	2.65	0.18

九、经营现金流：自然人控股同比增长 17.90%

除社团集体控股上市公司外，其他控股类型上市公司的经营活动现金流净额均有不同程度增长。其中，中央国有控股上市公司现金流净额占比达 55.05%，地方国有控股上市公司和自然人控股上市公司现金流净额同比增长较快，分别为 29.21% 和 17.90%。除外商控股上市公司外，其他控股类型上市公司现金净增加额均为正，外商控股上市公司、地方国有控股上市公司和自然人控股上市公司现金净增加额降幅较大，分别同比下降 114.26%、85.72% 和 41.73%（见表 12）。

表 12　上市公司各控股类型经营现金流

单位：千亿元，%

控股类型	经营活动现金流净额	同比增速	现金及现金等价物净增加额	同比增速
国有控股	110.43	11.61	20.11	−3.62
其中：中央国有控股	83.41	6.89	19.83	4.76
地方国有控股	27.02	29.21	0.28	−85.72
社团集体控股	20.96	−23.52	2.93	368.05
自然人控股	18.91	17.90	3.22	−41.73
外商控股	1.10	16.77	−0.01	−114.26
其他	0.13	74.71	0.07	65.02
总计	151.52	5.67	26.31	3.52

十、分红：自然人控股股利支付率 41.0%

国有控股上市公司成为分红主力，合计分红金额 1.50 万亿元，占比 66.82%，股利支付率为 36.00%，低于自然人控股上市公司 4.97 个百分点。自然人控股上市公司分红金额合计 4 411.76 亿元，同比增长较快，为 20.09%。外商控股的股利支付率较高，为 58.35%。股利支付率超 50% 的上市公司中，国有控股上市公司 194 家，占比 15.98%；自然人控股上市公司 908 家，占比 74.79%（见表 13）。

表 13　上市公司各控股类型分红

控股类型	公司数量（家）	分红金额（亿元）	平均分红金额（亿元/家）	股利支付率（%）
国有控股	1 007	14 956.90	14.85	36.00
其中：中央国有控股	356	10 394.41	29.20	35.08
地方国有控股	651	4 562.48	7.01	38.28
社团集体控股	193	2 600.92	13.48	34.23
自然人控股	2 499	4 411.76	1.77	40.97
外商控股	145	393.20	2.71	58.35
其他	15	21.74	1.45	36.91
总计	3 859	22 384.52	5.80	36.91

专论与调研（三）

第五次全国经济普查企业主要经济数据简明比较

最近，国家统计局公布了第五次经济普查的一些重要经济数据。对这些重要数据的结构进行简要比较，可以看到全国企业经济的一些结构性特点，帮助我们从一个新的角度了解经济状况。这次经济普查公布了2023年全国和各类行业的企业法人、资产总额、营业收入和从业人员四大总体数据，我们来看看各类行业的四大数据在全国的地位，并与2018年进行比较。

1. 企业法人比较。2023年，全国第二产业和第三产业的法人单位数为3 327万家，比2018年末增加1 148.1万个，增长52.7%，年均增长8.8%；其中企业法人单位数为2 980万家，占全国二、三产业法人单位的89.6%。全国有个体经营户8 799.5万个，比2018年增加2 503.6万个，增长39.8%，年均增长6.9%。

在企业法人单位中，工业企业法人单位423.6万家，比2018年末增长22.7%，年均增长4.2%，占全国第二、三产业企业法人单位的14.2%。建筑业企业法人单位272.3万家，比2018年末增长123.5%，年均增长17.5%，占全国第二、三产业企业法人单位的9.1%。批零住餐业企业法人单位1 090.9万家，占全国第二、三产业企业法人单位的36.6%；服务业企业法人单位1 214万家，占全国第二、三产业企业法人单位的40.9%；金融业企业法人单位10.7万家，占全国第二、三产业企业法人单位的0.36%。

2. 企业资产比较。2023年，全国第二产业和第三产业的法人单位的资产总额为 1 439.1 万亿元，比 2018 年末增加 524.9 万亿元，增长 57.4%，年均增长 9.5%。其中，企业法人单位的资产总额为 1 365.1 万亿元，占全国法人单位资产总额的 94.9%。全国（非金融类）企业法人单位的资产总额为 859.5 万亿元，占全国企业法人单位资产总额的 62.9%；金融类企业的资产总额 505.9 万亿元，占全国企业法人单位资产总额的 37.1%。

2023 年，全国工业企业法人单位的资产总额为 201 万亿元，比 2018 年末增长 44.3%，年均增长 7.6%，占全国（非金融类）企业法人单位资产 859.5 万亿元的 23.5%。建筑业企业法人单位的资产总额为 52.3 万亿元，比 2018 年末增长 52.8%，年均增长 8.8%，占全国（非金融类）企业法人单位资产的 6.1%。批零住餐业企业法人单位的资产总额为 96.7 万亿元，占全国（非金融类）企业法人单位资产的 11.3%；服务业企业法人单位的资产总额为 1 012.7 万亿元，占全国企业法人单位资产的 74.3%；扣除金融业法人单位资产 505.9 万亿元后，非金融类服务业法人单位的资产总额为 506.8 万亿元，占全国（非金融类）企业法人单位资产的 59.2%。

3. 企业营收比较。2023 年，企业法人单位的营业收入总额为 442.6 万亿元，比 2018 年增加 148.0 万亿元，增长 50.2%，年均增长 8.5%。2023 年全国 GDP 为 126 万亿元，比 2018 年的 91.9 万亿元增长 37.1%（按当年绝对数计算），年均增长 6.5%。同期 5 年，全国消费品物价指数年均上涨 1.7%，工业生产者出厂价格指数年均上涨近 1%。

工业企业法人单位的营业收入总额为 152.4 万亿元，比 2018 年增长 28.6%，年均增长 5.2%，占全国企业法人单位营业收入的 34.4%。建筑业企业法人单位的营业收入总额为 37.1 万亿元，比 2018 年增长 44.7%，年均增长 7.6%，占全国企业法人单位营业收入的 8.4%。批零住餐业企业法人单位的营业收入总额为 156.0 万亿元，占全国企业法人单位营业收入的 35.2%；服务业企业法人单位的营业收入总额为 96.36 万亿元，占全国企业法人单位营业收入的21.8%；服务业中，金融业企业法人单位的营业收入为17.25万亿元，占全国企业法人单位营业收入的3.9%。

4. 企业从业人员比较。2023年，全国法人单位从业人员为42 898.4万人，其中企业法人单位从业人员为35 819.9万人，占全国企业法人单位的83.5%。在企业法人单位从业人员中，工业企业从业人员11 429万人，占全国企业法人单位的31.9%；建筑业企业从业人员5 115.9万人，占全国企业法人单位的12.3%；批零住餐业企业从业人员为6 219.3万人，占全国企业法人单位的17.4%；服务业企业从业人员为13 055.7万人，占全国企业法人单位的36.5%；服务业中的金融业从业人员为1 235.5万人，占全国企业法人单位的3.45%。

5. 国有控股企业与全国企业比较。一是资产总额比较。根据国务院每年向全国人大提交的全国国有资产情况报告公布的相关数据，2018年和2023年，全国（非金融类）国有及国有控股企业资产总额分别为210.4万亿元和371.9万亿元，5年增长76.8%，年均增长12.1%；金融类国有及国有控股企业资产分别为264.3万亿元和445.1万亿元，五年增长68.4%，年均增长11%。

全国第二、三产业法人单位资产，2023年末为1 439.1万亿元，比2018年末的914.2万亿元，增加524.9万亿元，增长57.4%，年均增长9.5%；全国第二、三产业（非金融类）企业法人单位资产为859.5万亿元，比2018年的545.1万亿元，增加314.1万亿元，增长57.7%，年均增长9.5%；全国金融类企业法人资产总额为505.9万亿元，比2018年末的321.8万亿元增长57.2%，年均增长9.47%。

2018年和2023年，全国（非金融类）国有企业资产分别为210.4万亿元和371.9万亿元，分别占全国第二、三产业（非金融类）企业法人同年资产545.1万亿元的38.6%和869.1万亿元的43.0%；金融类企业国有资产264.3万亿元和445.1万亿元，分别占全国金融类企业法人资

321.8万亿元的82%和505.9万亿元的88%。

全国（非金融类）国有企业资产5年年均增长12%，全国（非金融类）企业资产5年年均增长9.5%。由于全国企业资产包括国有企业资产，因此，如果将国有企业与非国有企业即全国企业扣除国有企业后的资产增长进行比较，国有企业资产增速（12.1%）高于非国有企业资产增速（8.2%）约4个百分点。

二是营业收入比较。根据财政部每年公布的（非金融类）国有及国有控股企业的数据，国有企业营业收入2018年为58.75万亿元，2023年为85.73万亿元，5年增长46%，年均增长7.85%。

同期，全国第二、三产业企业法人单位的营业收入，2023年为442.6万亿元，比2018年增加148.0万亿元，增长50.2%，年均增长8.5%；（非金融类）企业法人单位的营业收入，2023年为425.4万亿元，比2018年的294.6万亿元增长44.4%，年均增长7.6%；金融业企业法人单位全年实现营业收入17.25万亿元，比2018年增长25.8%，年均增长4.7%。

全国（非金融类）国有及国有控股企业营业收入占全国第二、三产业法人企业营业收入的比重，2018年为19.94%，2023年为20%，占比基本没有变化。

三是资产效率比较。资产营收率（营收/资产）是衡量资产效率的主要指标。2018年和2023年，全国（非金融类）企业法人单位的资产营收率分别为45.6%和49.7%，5年提高了4个百分点；同期，（非金融类）国有企业的资产营收率分别为27.9%和23.1%，5年降低了近5个百分点。2023年，全国企业的资产营收率是国有企业资产营收率的2倍多；非国有企业，其资产营收率（69%）是国有企业（23.1%）的3倍。

附表：

表1 2023年全国企业法人单位数、从业人员、资产总额和营业收入数据

	企业法人单位数（万家）	资产总额（万亿元）	营业收入（万亿元）	从业人员（万人）
全国第二、三产业法人单位	3 327	1 439.1		42 898.4
全国第二、三产业企业法人单位	2 980.1	1 365.1（含金融）	442.6	35 819.9
企业法人单位（非金融）	2 970	859.5	425.4	34 584.5
企业法人/全国法人	89.6	59.7（94.9含金融）		83.5
全国工业企业法人单位	423.6	201.1	152.4	11 429
工业企业/全国企业	14.2	23.4	35.83	31.9
全国建筑业企业法人单位	272.3	52.3	37.1	5 115.9
建筑业企业/全国企业	9.1	6.1	8.7	12.3
全国批零住餐业企业法人单位	1 090.9	96.7	156.0	6 219.3
批零住餐业企业/全国企业	36.6	11.3	36.7	17.4
其中：全国批零企业法人单位	1 019.7	93.0	153.8	5 325.7
全国住餐业企业法人单位	71.2	3.7	2.23	893.6
全国服务业企业法人单位（非金融）	1 214	506.8	96.36	13 055.7
服务业企业/全国企业	40.9	58.6	22.7	36.5
其中：交运仓储邮电业	93.4	57.38	13.48	1 554.2
信息传输、软件、技术服务业	169.1	29.96	15.2	1 506.7
房地产业	104	169.3	19.3	1 439.8
租赁和商务服务业	457.3	185.63	16.0	3 858.3
科研和技术服务业	206.7	27.59	8.6	1 574.0
居民服务修理业	87.6	1.79	1.37	652.5
水利、环境和公共设施管理业	17.7（22.3）	26.5	1.39	366.3（485.5）
教育	43.6（81.8）	1.51	0.9	436（2 677）
卫生与社会工作	18.9（33.7）	1.75	1.1	351（1 462）
文化体育娱乐	5（81.7）	5.4	1.7	81.4（519.5）
金融业	10.7	505.9	17.25	1 235.5
金融业企业/全国企业（含金融）	0.36	37.1	3.9	3.45

注：1.数据来自第五次全国经济普查各个公报；2.占比为作者计算，资产占比是非金融企业数据；3.营业收入和从业人员是全部企业法人数据；4.水利及后面行业中的括号数据是全部法人数据，非括号是企业法人数据；5.批零住餐业企业法人单位数据和服务业企业法人单位为其下属栏目各项数据的加总。

表2 国有控股企业与全国企业法人数据对比

单位：万亿元，%

	2018年	2023年	5年增长	年均增长
全国第二、三产业法人单位资产	914.2	1 439.1	57.4	9.5
其中：净资产	290.2	463.7	60.0	9.8
全国第二、三产业企业法人资产	545.1	869.1	59.4	9.8
其中：净资产				
全国国有控股企业资产	210.4	371.9	76.8	12.1
其中：净资产	75.4	130.9	73.6	11.7
国有企业资产占比	38.6	43.0		
非国有企业资产	334.7	497.2	48.6	8.2
全国第二、三产业企业营业收入	280.9	428.9	52.7	8.8
全国国有控股企业营业收入	58.75	85.73	46	7.85
国有企业占比	20.1	20.0		
非国有企业营业收入	222.2	343.2	54.5	9.1
全国第二、三产业企业资产营收率	51.5	49.4		
国有企业资产营收率	27.9	23.1		
非国有企业资产营收率	66.4	69.0		
全国GDP	91.9	126	37.1	6.5
全国投资	41.82	50.97	21.88	4.0
全国固定资本形成	40.26	53.04	31.7	5.7

注：1.国有控股企业数据来源于国务院向全国人大提交的国有资产管理情况报告，第二、三产业企业数据来源于第五次经济普查数据公报；2.数据均为非金融类企业数据；3.非国有企业数据与各项占比数据为推算数据。

专论与调研（四）

突围与融合：全球产业链重构中民企战略选择
——大成企业首脑沙龙（2024·长沙）观点综述

（2024年10月26日）

2024年10月25—26日，"大成企业首脑沙龙"在长沙举行，沙龙主题为"突围与融合——全球产业链重构中民企战略选择"。第十、十一届全国政协副主席黄孟复出席并讲话，全国工商联原副主席张元龙、谢伯阳出席沙龙。70余位国内知名大中型民营企业（制造业为主）的董事长或主要决策人参加了沙龙。这是北京大成企业研究院举办的第十六次沙龙活动。

沙龙上，华立集团董事会主席汪力成做了题为《全球供应链重构中的中国制造业发展之路》的主旨发言，沙特国际电力和水务公司全球执行副总裁吕云鹤、中非民间商会执行会长王晓勇就沙特及中东、非洲的合作商机发言。企业家们围绕当前经济形势、全球产业链重构的特点、趋势及应对、民营企业如何"走出去""走得好""走得稳"等问题积极讨论。

会上向与会企业家发放了调查问卷，对当前企业经营状况、经济形势判断以及政策等方面做了调查。

沙龙前，举办了主题为"飞秒根技术与场景应用创新"的前沿技术专题圆桌会，武汉虹拓新技术有限责任公司董事长曹祥东做主旨报告。沙龙期间，与会企业家考察了大汉集团和华自科技。

本次沙龙由北京大成企业研究院主办，大汉集团和湖南湘江新区大成企业研究院承办。沙龙坚持小规模、高层次、闭门式，突出平等参与、交流互鉴，为企业家创造一个畅所欲言、思想碰撞、头脑风暴的宽松环境。

沙龙上企业家的主要观点综述如下。

一、关于当前经济形势和企业经营状况

当前我国经济下行的压力较大，内需不振，外贸承压，一些行业和领域内卷严重，民营企业经营艰难。有企业家认为，民营企业和企业家信心不足的趋势没有得到有效扭转，甚至在一部分企业家当中，"焦虑""躺平"等情况还不同程度存在。

1. 企业经营较为艰难，不同行业、企业分化明显

关于当前我国民营企业的总体经营状况，问卷调查显示，45.1%的企业家认为比较艰难，32.4%的企业家认为很艰难，两者合计达77.5%，认为经营状况很好或比较好的只有1人。

关于本企业今年经营情况，在营业收入方面，18.3%的企业较去年有大幅增长，45.1%的企业有所增长或持平，36.6%的企业下降；关于盈利情况，18.3%的企业盈利并较去年增长，23.9%的企业持平，25.4%的企业较去年下降，32.4%的企业亏损甚至有大幅亏损。增收不增利的现象明显。

关于企业未来两年的投资计划，28.2%的企业家选择加大投资力度，29.6%的企业家选择仅继续完成现有投资项目，分别有23.9%的企业家和15.5%的企业家选择不增加投资和收缩投资。关于企业未来两年的用工计划，33.8%的企业家表示增加员工，32.4%的企业家表示保持员工数量基本不变，32.4%的企业家选择适当裁员。

有企业家表示，当前企业经营状况明显分化，有三类企业活得比较好，其他的企业都活得比较累。这三类企业分别是：国内面向消费者（2C

的企业，如果企业有更高的竞争力，还有降价空间，还能够在激烈竞争中活下来；那些已经走向国际，并建立了渠道面向国外消费者的2C企业；2B行业中的领先者，在国内有技术优势，业务还可以。

2. 面对压力和挑战，民营企业更要坚定信心、以变应变

汪力成说，民营企业家要有强大的韧性和适应能力，在好的时候可以发展，在不好的时候也可以活下去，要改变自己，只要以变应变，相信大家一定可以渡过难关。

泰豪集团董事会主席黄代放说，应对经济下行压力，民营企业活下去是第一位的，现金流第一，利润第二。

大汉控股集团董事长傅胜龙说，民营企业不能悲观和"躺平"，要在新的时代承担新的使命和责任，主动"走出去"，把内卷的坏事变成全球化的好事。在"走出去"帮助其他国家工业化的过程中，资本获得增值，中华文化也一定会随着资本传播到世界各地，服务全球社会，这就是中华民族伟大复兴的国运。

远东控股集团资深合伙人卞华舵说，要从战略上构建信心，从底层逻辑上确立信心：一是尽管矛盾很多，但全球经济增长的总体态势并没有改变；二是人们对于美好生活的向往没有变，市场需求依然还在；三是无论是企业家、政治家、学者，服务大众的理念和决心没有变；四是科技发展和科技向善的大局和趋势没有变；五是国内近期出台了促进民营企业和经济发展的政策。在这样的形势下，要保持理性的乐观，保持民营企业家的精气神，民营企业将依然是中国经济增长的重要源动力。

有企业家表示，没有人可以精准预测未来会发生什么，但趋势是可以预判的，我们需要通过判断演变趋势，在不确定中寻找"确定"。这是一个"仁者见仁、智者见智"的时代，没有成功的企业，只有时代的企业，始终与时代保持同步，顺势而为就是成功的。

二、全球产业链、供应链重构的新特点、影响及应对

有企业家指出,以 2018 年美国发动对华贸易战为时间标志,特别是近几年来受国际形势和疫情等多重因素影响,全球产业链供应链正在加速调整和重构,中低端供应链正在从"几乎都聚集在中国"的国家间分工合作模式逐步向全球分布式"集散型"发展,中国企业,尤其是作为中国制造业和外贸出口主体的民营企业受到很大的冲击和影响。

(一)"安全"成为全球产业链重构的主要驱动力

有企业家认为,自工业革命以来,全球产业一直在扩散和梯度转移,这是经济发展的客观规律。每一次产业梯度转移,都伴随着产业升级、技术进步和经济结构优化。一般来说,产业转移的主要驱动力是生产要素成本,哪里生产要素最有竞争力,产业就往哪里转移。但这次全球产业转移和供应链调整重构的底层逻辑又不同于以往的特点和规律,大国博弈的冲击,以往的全球经济分工合作模式正在被改变,供应链安全超越成本和效率成为更重要的考量因素。很多国家意识到,供应链安全关系经济安全,甚至影响国家安全,尽量减少对单一国家的供应链依赖。特别是美西方通过贸易战,推行"近岸外包""友岸外包""价值观外包",甚至"脱链""断链",通过关税等手段,正在全力扶植中国的替代国,如北美、东盟、印度等。许多国外采购商因为担忧供应链安全,以及规避关税壁垒,以供应链半径和供应链安全作为主要考量因素,纷纷要求中国企业转移制造地或最迟 2027 年前必须在其他国家有生产基地(备胎),否则将被踢出供应链名单。

(二)全球产业链、供应链重构冲击中国企业

1. 出口受阻,产能过剩导致国内企业内卷严重

有企业家说,中国加入 WTO 之后,融入全球经济合作的大家庭,凭

借低要素成本和高效率，全球很多产业和供应链向中国转移，中国成为世界工厂。有企业家估算，中国制造业占全球制造业总量的30%~35%，其中60%~70%供应全球市场。全球市场对于中国来说非常重要，一旦出问题，中国会出现严重产能过剩，会有大批企业没有订单，而且国外客户也会利用这一点压价，影响出口企业利润，同时也会导致国内市场内卷日益加剧，企业陷入低水平恶性竞争的泥潭。

2. 制裁打压愈演愈烈，中国企业跨国经营压力倍增

企业家们表示，近年来逆全球化、贸易保护主义抬头，反倾销、反补贴等在各个行业都具有显著的影响，一些国家泛化国家安全概念、滥用国家力量，无底线、无原则打压中国企业。

江苏亨通光电股份有限公司董事长崔巍说，亨通光电是国内唯一一家可参与全球海洋通信市场全产业链竞争的企业，近些年受到了以欧美国家为首的外部竞争对手的打压。2021年，亨通光电旗下3家产品公司被美国商务部以威胁美国国家信息安全为理由列入实体清单，外方和资方直接对合资公司解散和撤资，500多种进口物料、耗材、原材料和检测用的一些仪器仪表等直接禁运。由于美国打压，公司在海外市场的部分已中标项目被迫取消。

华大集团执行董事梅永红说，国际地缘政治关系变化给企业带来非常大的压力，华大现在倍受打压，已经有4家下属机构被美国列入实体清单。梅永红表示，现在美西方对中国企业的打压不断升级，已经上升为全政府、全社会、全方位打压，不仅仅是在贸易层面，在人员交往、项目合作等方面，都以国家安全等名义对中国企业进行全面打压。欧洲某国甚至采取了比美国更极端的做法，华大的设备再好也不可以买，华大的服务再好也不可以用，用华大的设备做出来的数据被废掉，换成美国设备重新做，很多与华大合作完成的论文不许发表。

还有企业家指出，疫情之后明显感受到欧盟、美国、澳大利亚等

国家和地区对于中国工作签证、商务签证采取收紧政策，另外像南非、墨西哥、印度等国也因为不明因素导致签证递交很困难，致使国内人员在开拓国际市场、拜访客户、参加展会、管理海外工厂等方面难度大幅增加。

（三）应对全球产业链、供应链重构，民营企业要主动融合、积极突围

企业家们表示，面对全球产业链、供应链重构，中国民营企业要顺势而为、以变应变，要摆脱路径依赖，积极主动嵌入到正在重构的全球供应链之中，尽快实现从"中国制造全球卖"向"中国创造、全球制造"转变。

问卷调查显示，关于企业如何应对全球产业链供应链重构，76.1%的企业家选择打造核心竞争力，主动融入全球产业链供应链；60.6%的企业家选择积极开拓国际新市场；57.7%的企业家选择积极进行海外布局，规避国际贸易壁垒。

1. 更加开放、合作，以深度融合应对"脱钩""断链"

梅永红说，逆全球化不得人心，也不可能走得太远。在全球产业链重构中，无论面对什么样的国际环境，都要坚持开放道路，义无反顾走向全球化。华大在美国、欧洲受到围困，仍然把触角延伸到中东、中亚、南亚、非洲等地。我们不只是把全球化作为权宜之计，而是要打造具有竞争力的国际性企业。

有企业家指出，产地多元化是国内企业应对高关税等贸易壁垒的策略。国际贸易的底层逻辑是产地，不是企业由哪个国家投资，而是产品在哪里制造。依赖国际市场的企业，为了应对高额关税，要主动走出去，积极实现产地多元化。过去中国是世界工厂，相信未来世界是中国的工厂。

2. 以创新实现不可替代，打造中国民企的全球竞争力

汪力成说，中国虽然是全球第二大经济体、全球最大的生产制造国，但以技术领先和不可替代性来看，中国产品并不多。当前中国的竞争优势主要还是靠性价比，而最终的方向是通过技术创新生产全球不可替代的产品。要加大创新力度，大力发展新质生产力，开发新技术、新应用、新市场、新模式，保持和扩大部分领域暂时领先的态势，逐步建立起中国企业在全球产业链、供应链中不可替代的竞争优势。曹祥东说，民营企业要有独门绝招，在"走出去"的竞争中，靠自己的核心力量，例如，我们将自己的专利技术无所不用其极。

有企业家说，技术创新非常重要，未来中国经济不可能像以前依靠人口红利和市场，中国制造业未来必须有核心技术，不然只能是同质化生产和价格竞争，导致行业内企业都没有利润。

梅永红说，创新是华大一路走过来的看家本领，面对现在的局面，更是把创新作为企业的生存之道。华大前年和美国领军企业打了一场知识产权官司，这家企业在全球对华大提起知识产权侵权诉讼，华大在美国对它进行反诉，最终美国法院判定它恶意侵权，赔偿华大3.334亿美元。

有企业家表示，打造品牌同样重要，"走出去"之后如何避免在海外还是同质化竞争和价格战，需要建立品牌，因为品牌包括质量控制、海外服务、客户关系等整套体系，如果积累起品牌声誉，别人再很难撼动。

北京万度健康科技有限公司董事长张晓崧说，上一轮全球化中，美国是引领者，中国是模仿、追随的角色。中国有各种各样的小创新，但原创性、战略性的应用架构大多是美国先形成之后，中国在其基础上模仿学习，利用中国人口多、语言统一、市场大的优势，取得巨大的应用市场。在下一轮全球化过程中，中国要扮演更重要的角色，真正对全球化起到引领作用，最重要的是要形成有利于原创性、战略性、颠覆性创

新的机制和环境。

三、民营企业更好地"走出去""走得好""走得稳"

在全球产业链、供应链加速重构背景下,"走出去"正日益成为越来越多中国企业的选择和行动。问卷调查显示,关于企业境外投资情况,40.8%的企业已有境外投资,32.4%的企业尚无境外投资,但已计划投资。沙龙上,企业家们围绕当前民营企业"走出去"的特点、趋势、投资机会、面临的风险及应对等方面的问题进行了讨论。

(一)民营企业"走出去"正在进入新的发展阶段

新形势下,民营企业出海的广度、力度、深度和竞争力都在不断增强,企业"走出去"在动因、模式和成效上都呈现出新特点和新趋势。

企业家们表示,当前民营企业"走出去"既有"主动出击",也有"被动出海"。中新嘉创(江苏)环保科技公司董事长徐善平说,企业出海有几类:第一类是全球化布局和有全球化眼光的大企业,出海是企业发展到一定水平的需要;第二类是受到欧美供应链脱钩和贸易壁垒影响的企业,走出去实现产地证多元化,是被迫出海;第三类是国内产能过剩,在国内没有太大空间和机会,到外面去博弈,是被动出海。

有企业家说,对参与国际复杂供应链合作的企业,如苹果公司生产线搬到印度或其他国家,就要求供应链上的企业跟着一起去。然而有一大批参与国际供应链合作的中国企业,从被动变成主动,逐步形成了全球化布局,成为国际化的跨国公司。

崔巍说,亨通光电致力于打造具有全球竞争力的国际化公司,在十多年前就提出"看着世界地图做企业",沿着"一带一路"走出去,已经在海外的9个国家布局了12个生产基地,在海外的员工超过4 000人。

汪力成说,华立走出去比较早,在全球规划布局"三大三小"工业园。大工业园10平方公里以上的规模,是全球市场的制造平台;小工业园

3~5平方公里，是区域市场的制造平台。泰国罗勇工业园占地面积20平方公里，园区内已投产的中国企业超过260家，成为中泰两国交流合作的重要平台。其他工业园包括在墨西哥的北美工业园，计划明年初在摩洛哥启动的北非工业园，计划2024年底在乌兹别克斯坦启动的中亚工业园，以及规划中位于乌克兰的东欧工业园。

（二）民企"走出去"要慎重决策，避免盲目跟风

有企业家表示，尽管"走出去"热潮涌动，但多数中国企业在全球化过程中都是"菜鸟"，我们过去更多的是外贸出口思维，是销售模式的国际化，而不是经营管理的全球化，如不转变有可能会引起巨大的风险。出海是再次创业，需要一个实践、探索、逐步提升全球化经营程度的过程。汪力成介绍，华立出海24年，走过很多的弯路，交的"学费"已达7 000万美元。

还有企业家说，"走出去"并不适合于所有的行业和企业，很多中国企业没有必要"走出去"，"走出去"也不一定能活下来。企业要首先问自己出海是可选项还是必选项，再根据自身情况作出决策，避免盲目跟风。

汪力成说，企业出海，国别选择是一门技术活，一定要慎之又慎，华立建立了一套十个维度的投资目的地评判标准。海外投资选址不仅要考虑制造平台，还要考虑未来走向全球主要市场是否具备自主掌控的仓储、物流，以及自营的供应链服务等。如果当地的生产体系和供应链体系不足以达到获得产地证的要求，就不适合投资建厂。有些国家虽然工资较低，但是效率也很低，其生产产品的成本比在中国制造加上关税的成本还要高，另外一些国家对劳动力的过度保护也是考量标准之一。

有企业家建议，出海企业可把国际总部设在国际化程度较高的地方，如新加坡和迪拜。出海企业要选择当地可靠的合作伙伴，打造更加本地化的国际企业,这样也能够有效降低风险,更易获得订单,大幅提高"出海"的成功率。

(三)优化管理体系、打造国际化团队是出海企业"走得好"的关键

有企业家表示,中国企业缺少跨国管理的经验,要慢慢去适应;对于文化差异,企业也要有思想准备。崔巍说,为了面对国际化带来的挑战,要进一步优化管理体系,提升总部和海外产业的信息畅通和决策执行效率,在国际化发展过程中充分学习同行业企业的先进做法,不断优化组织架构,建立完善的绩效考核评价体系,提升管理效率,激发海外员工工作活力。

中非民间商会执行会长王晓勇说,成功企业有成功团队,缺乏国际化团队是中国出海企业长期存在的短板。不仅在东道国需要国际化人才,在国内的后台也很需要,后台的国际化使得国内企业在派出人员之前已经有了跨文化的理解和沟通。有企业家说,跨境投资没有人才不行,在企业出海之前就要培养专业人才,短时间内培养跨境投资相关人才有难度,可以借助外力,以最优的成本投入达到最好的效果,如财税法务外包等方式。

(四)注重风险防范,加强合规建设,才能保证"走出去"企业行稳致远

企业家们表示,民营企业到海外投资应特别关注、重视不同层面的风险,包括决策风险、融资风险、安全风险、文化风险、合规风险,等等,并做好防范和应对。

崔巍说,企业"走出去",要建立一套完善的投前、投中、运营、投后退出等各阶段风险评估体系,要高度关注政治风险、经济风险和法律风险,要强化和提高供应链抗风险能力,在知识产权风险方面,可以

通过并购海外优质企业、设立本地化创新平台以及有效的专利布局等方式来规避。

有企业家说，民营企业"走出去"，最重要的是合规经营。要摒弃在国内的惯性思维，加强在税务、海关、环保、人权、知识产权、商业贿赂等方面的合规意识，否则可能会有很严重的后果。

利安达会计师事务所首席合伙人黄锦辉说，很多出海企业因为财务管理和会计核算的不规范，经常会被所在国家政府检查，或者被罚款。有的企业因为无法向外界提供相关审计报告，错失了重大融资并购和投资机会。建议企业从健全合规管理制度机制、完善管理组织体系、建立管控信息系统、优化管控防范机制四方面入手来做好合规风险的防范和管理。

（五）期待更多政策支持鼓励民营企业高质量"走出去"

企业家们表示，当前民营企业"走出去"仍然面临不少问题和障碍，希望国家能够提供更多支持和帮助。问卷调查显示，对鼓励企业境外投资的政策建议，64.8%的企业家建议完善外汇管理制度，便利化资金跨境流动；63.4%的企业家建议简化备案、审批等对外投资监管程序；57.7%的企业家建议鼓励支持企业采取国际国内多渠道融资方式；42.3%的企业家建议进一步提升保护我国企业海外利益的能力；28.2%的企业家建议化解国际经贸纠纷，以减少企业境外投资的壁垒和障碍。他们认为，如果我们的投资环境、营商环境、创新环境进一步优化，中国是能够在这一轮全球供应链重构中实现产业升级、进入高质量发展轨道的。

专论与调研（五）

困难压力仍然较大，预期信心有待增强
——对 806 家民营企业的问卷调查

（2024 年 11 月）

北京大成企业研究院　北京知行合一阳明教育研究院

在 2024 年接近尾声之际，为了解当前民营企业的经营状况、民营企业家对经济形势的判断，以及对未来的发展预期和政策期盼等方面的情况，北京大成企业研究院与北京知行合一阳明教育研究院合作开展了"民营企业发展情况问卷调查"。问卷于 11 月下旬向北京润泽园教育科技公司"董事长公开课"参加人员和润泽园 App 学员发放，共有不同地区 806 家民营企业负责人填写问卷，参与调查的企业大多数为中小企业，在填写了所属行业的企业中，29.8% 来自第一产业，23.2% 来自第二产业，46.7% 来自第三产业。

问卷调查结果显示，当前民营企业经营仍面临不少困难，压力较大，信心和预期仍需进一步提振，政策支持仍需进一步发力。问卷调查结果也表明，面对困难、压力和挑战，大多数受调企业没有"躺平"，而是主动应变，在困境中求生存、谋发展。

一、企业经营困难较多，对经济增长预期谨慎

当前，我国经济发展仍然面临外部环境复杂严峻，国内有效需求偏弱，居民和企业信心不足等挑战，经济持续回升基础仍待巩固，下行压力较大。民营企业生产经营仍面临不少困难，经营成本高企、账款拖欠等问题时

有发生,一些行业和领域"内卷"严重。问卷调查结果显示,多数受调企业认为当前民营企业经营艰难,企业投资意愿较为谨慎,整体呈收缩态势。

关于当前我国民营企业的总体经营状况,39.6%的受调企业认为比较艰难,13%的企业认为很艰难,两者合计52.6%;认为一般的占32.5%,认为比较好的为11.5%,认为很好的仅占3.3%(见表1)。

表1 关于我国民营企业的总体经营状况调查结果统计

选项	人数	比例
很好	27	3.3%
比较好	93	11.5%
一般	262	32.5%
比较艰难	319	39.6%
很艰难	105	13.0%

关于本企业今年经营情况,受调企业中有74.2%实现营收增长和持平(其中大幅增长16.2%,有所增长35.1%,持平22.9%)。利润方面,受调企业中与去年相比持平、增长的比例合计为36.7%,盈利较去年下降、亏损的企业合计达63.3%。表明企业经营压力较大,增收不增利的情况较为普遍(见表2、表3)。

表2 关于本企业今年营业收入情况预计调查结果统计

选项	人数	比例
较去年大幅增长(≥10%)	128	16.2%
较去年有所增长(<10%)	278	35.1%
与去年基本持平	181	22.9%
较去年有所下降(≤10%)	114	14.4%
较去年大幅下降(>10%)	91	11.5%

说明:共792家企业负责人回答,比例按照回答数计算。

表3 关于本企业今年利润情况预计调查结果统计

选项	人数	比例
盈利,较去年增长	142	17.6%

续表

选项	人数	比例
盈利，与去年持平	154	19.1%
盈利，较去年下降	285	35.4%
小幅亏损	151	18.7%
大幅亏损	74	9.2%

关于企业未来两年投资计划，55.2%的企业未来两年不增加投资（44.0%）或处置项目、收缩投资（11.2%），表示加大投资力度的企业占比为16.0%，仅继续完成现有投资项目的企业占28.8%（见表4）。

表4 关于本企业未来两年的投资计划调查结果统计

选项	人数	比例
加大投资力度	129	16.0%
仅继续完成现有投资项目	232	28.8%
保持观望，不增加投资	355	44.0%
处置项目，收缩投资	90	11.2%

关于企业未来两年的用工计划，35.7%的企业表示增加员工（其中较多增加为8.9%），表示保持员工数量基本不变的占比最高，为38.0%（见表5）。

表5 关于本企业未来两年的用工计划调查结果统计

选项	人数	比例
较多增加员工	72	8.9%
少量增加员工	216	26.8%
保持员工数量基本不变	306	38.0%
适当裁员	174	21.6%
大规模裁员	38	4.7%

二、减税降费、金融支持和保护企业产权的需求最为迫切

问卷调查结果显示，关于当前提振民营企业信心，在哪些方面发力

最迫切、最有效，50% 的受调企业认为是更好落实减税降费和金融支持措施；40.7% 的企业认为应依法保护企业产权和企业家人身权，切实纠正错案冤案；38.0% 的企业家认为是防止政策多变、"一刀切"；36.8% 的企业认为是制止、纠正一些地方和部门的趋利执法和"远洋捕捞"式异地执法。此外，选择"以发展眼光客观看待和依法妥善处理涉企历史案件""禁止在招标投标和政府采购中设置隐性壁垒，限制或者排斥民营企业""切实解决拖欠民营企业和中小企业账款问题""进一步营造良好国际环境，改善企业对外贸易和投资环境""及时制止否定改革开放、诋毁民营经济的错误言论"五个方面选项的企业占比都超过了三成（见表6）。

表6 关于当前提振民营企业信心，在哪些方面发力最迫切、最有效的调查结果统计

选项	人数	比例
更好落实减税降费和金融支持措施	403	50.0%
依法保护企业产权和企业家人身权，切实纠正错案冤案	328	40.7%
防止政策多变、"一刀切"	306	38.0%
制止纠正一些地方和部门趋利执法和"远洋捕捞"式异地执法	297	36.8%
以发展眼光客观看待和依法妥善处理涉企历史案件	286	35.5%
禁止在招标投标和政府采购中设置隐性壁垒，限制或者排斥民营企业	282	35.0%
切实解决拖欠民营企业和中小企业账款问题	275	34.1%
及时制止否定改革开放、诋毁民营经济的错误言论	274	34.0%
进一步营造良好国际环境，改善企业对外贸易和投资环境	270	33.5%
最大限度减少政府对市场活动的直接干预	229	28.4%
其他	158	19.6%

问卷调查结果表明，中小企业对政策变动比较敏感，受影响较大，同时中小企业经营压力大，融资渠道少，更需要政府提供针对性的支持。受调企业对民营企业和企业家合法权益及人身权利保护高度关注，有企业负责人在留言中表示，受经济下行影响，地方财政、税收压力较大，近一段时间以来，一些地方和部门趋利执法和"远洋捕捞"式异地执法

时有发生，让不少企业家缺乏安全感，严重影响企业发展信心，希望中央采取有力措施加以制止，尽快扭转这种情况。

三、面对全球产业链供应链加速调整，民营企业应主动积极应对

近年来，受国际形势和疫情等多重因素影响，全球产业链供应链正在加速调整和重构，中低端供应链正在从"几乎都聚集在中国"的国家间分工合作模式逐步向全球分布式"集散型"发展。中国企业，尤其是作为中国制造业和外贸出口主体的民营企业，受到很大的冲击和影响。

问卷调查结果显示，关于企业如何应对全球产业链供应链重构，56.5%的受调企业选择更加深耕国内市场，50.9%的企业选择打造核心竞争力，主动融入全球产业链供应链，37.0%的企业选择积极开拓国际新市场，30%的企业选择在提高进口替代能力中发挥更大作用（见表7）。问卷调查结果与参加调研的企业多为中小企业，第三产业占比较多的情况较为符合。同时也表明，面对国际局势风云变幻和全球产业链供应链加速调整，我国民营企业更多选择主动作为、积极应对，很多企业都意识到要更加积极融入全球产业链供应链，以创新而非"内卷"打造不可替代的核心优势，迎难而上，在日趋激烈的国内外市场竞争中生存好、发展好。

表7 关于企业如何应对全球产业链供应链重构的调查结果统计

选项	人数	比例
更加深耕国内市场	455	56.5%
打造核心竞争力，主动融入全球产业链供应链	410	50.9%
积极开拓国际新市场	298	37.0%
在提高进口替代能力中发挥更大作用	242	30.0%
积极进行海外布局，规避国际贸易壁垒	208	25.8%
将发展重心转移到国外	119	14.8%
其他	13	1.6%

后 记

《2024年民间投资与民营经济发展重要数据分析报告》是北京大成企业研究院2024年度重要研究课题。为做好本课题研究，北京大成企业研究院将国家统计局、国家税务总局、商务部、海关总署、全国工商联等官方机构权威数据进行了系统完整的搜集整理、筛选汇总。在此基础上，通过数据对比分析研究，形成了一整套客观、系统的数据图表，清晰准确地展现了2024年社会经济发展的真实情况，主要是民营经济发展情况。

第十、十一届全国政协副主席黄孟复对课题研究进行了指导，提出了不少重要意见。本书由北京大成企业研究院组织撰写，北京大成企业研究院副院长陈永杰为课题组组长，拟定全书思路并负责全书统稿。导言是根据黄孟复主席在2024年大成企业首脑沙龙上的讲话整理而成；概述一、概述二由北京大成企业研究院副院长陈永杰撰写；第四章、第八章、第九章由北京大成企业研究院徐鹏飞撰写；第一章、第二章、第三章、第五章、第六章由北京大成企业研究院刘贵浙撰写；第七章、第十章、第十一章由北京大成企业研究院葛佳意撰写；专论与调研（一）、（三）由陈永杰撰写；专论与调研（二）由刘贵浙撰写；专论与调研（四）、（五）由北京大成企业研究院调研组撰写。

国务院参事谢伯阳、北京大成企业研究院院长欧阳晓明参加了课题研究并提供重要意见，北京大成企业研究院李立杰为本课题提供了帮助和支持。珠海网灵科技有限公司提供了数据库技术支持。